Mathias Bertram
Entwicklungsorientierte Berufsbildung

D1672527

Buchtips von Ullstein Medical

Mathias Bertram

Entwicklungs-orientierte Berufsbildung

ULLSTEIN
MEDICAL

Mathias Bertram, Krankenpfleger, Lehrer für Pflegeberufe, Dipl.-Med.-Pädagoge, Herdecke

Bearbeitung: Michael Herrmann, Berlin

Die Deutsche Bibliothek - CIP Einheitsaufnahme

Bertram, Mathias:
Entwicklungsorientierte Berufsbildung / Mathias
Bertram. - Wiesbaden : Ullstein Medical 1999
    ISBN 3-86126-694-6

1. Auflage 1999. Ullstein Medical Verlagsgesellschaft
mbH & Co., Wiesbaden 1999

© Ullstein Medical Verlagsgesellschaft mbH & Co.,
Wiesbaden 1999

Lektorat: Jürgen Georg, Detlef Kraut
Herstellung: Stefan Wiesner
Layoutsatz: FEMOSET GmbH, Wiesbaden
Titelillustration: pinx. Winterwerb und Partner
Druck und buchbinderische Verarbeitung:
Freiburger Graphische Betriebe

Printed in Germany

ISBN 3-86126-694-6

Geleitwort

„Bildung dient nicht dazu, ein Faß zu füllen,
sondern eine Flamme zu entzünden."

(Heraklit)

In unserer Kultur wird ein Entwicklungsvorgang, durch den ein Mensch darin gefördert wird, sich mit Lust und Interesse Kenntnisse und Fähigkeiten anzueignen, sich fortwährend neuen Aufgaben zu stellen und mit der Praxis zu verändern, von alters her als Bildung verstanden. Bildung wurde damit zu einem individuellen Rüstzeug, sich auf eine verständige und gestaltende Art und Weise den Herausforderungen des Lebens stellen zu können, wie es sich heute am deutlichsten im Berufsleben verkörpert. Bereits Pestalozzi bezeichnete die Berufsbildung als „die Pforte zur Menschbildung", und seine pädagogischen Grundbegriffe fußten in der Durchdringung von Kopf, Herz und Hand. Bildung und Beruf können als etwas Verbundenes und sich gegenseitig Bedingendes angesehen werden. Aus pädagogischer Sicht macht es daher keinen Sinn, zwischen Allgemeinbildung und Berufsbildung zu trennen.

Die Verbindung von beruflicher Bildung und Persönlichkeitsentwicklung stellt gerade auch für die Pflegeberufe eine zentrale Notwendigkeit dar. Die humane Pflege von kranken, gebrechlichen und gesundheitsgefährdeten Menschen beruht ganz existentiell auf der Bereitschaft und Befähigung zu tätiger Mitmenschlichkeit. Die fachlichen und menschlichen Anforderungen, die im Zuge der Veränderungen in Medizin und Gesellschaft heute und mit zunehmender Tendenz an eine professionelle Pflegepraxis gestellt werden, haben enorm zugenommen. In der Pflegeausbildung muß heute auf der Basis grundlegender Fachlichkeit und Verantwortungsfähigkeit vor allem auf Schlüsselkompetenzen Wert gelegt werden, um die Weiterentwicklung von Gestaltungs-, Solidaritäts- und Selbstbestimmungsfähigkeit zu ermöglichen. Hierunter sind heute neben der Entfaltung von kognitiven und instrumentellen Kompetenzen vor allem auch die Entwicklung der zwischenmenschlichen Beziehungsmöglichkeiten, der ethischen und politischen Entscheidungs- und Handlungsfähigkeit und nicht zuletzt auch von ästhetischer Wahrnehmungs-, Gestaltungs- und Urteilsfähigkeit zu verstehen (vgl. Klafki 1993).

Der Pflegepädagogik, als einer noch jungen Disziplin, mangelt es bisher an einschlägiger Literatur, mit welcher die skizzierten Bildungsanforderungen genügend differenziert und spezifisch begründet sowie inhaltlich und didaktisch umgesetzt werden.

Das hier von Mathias Bertram vorgelegte Buch verhilft dazu, diese Lücke zu schließen. Der Autor – selbst Pflegepädagoge – hat es unternommen, den Zusammenhang zwischen beruflicher Bildung und Persönlichkeitsentwicklung systematisch zu reflektieren sowie anhand eines entsprechenden Bildungskonzeptes und eigener Erfahrungen zu verdeutlichen. Das ist ihm auf eine gleichermaßen aufschlußreiche wie ambitionierte Art und Weise gelungen.

Ein Buch wie dieses – sowohl, was die differenzierte geistesgeschichtliche und erziehungs-wissenschaftliche Grundlegung des Zusammenhangs von Beruf und Bildung als auch die pädagogisch-praktische Relevanz betrifft – hat man für die Pflege bisher vermißt. Ich bin sicher, daß dadurch viele Lehrende und Studierende – auch langjährige Insider der Pflegepädagogik – zu neuen Einsichten und zu innovativen Schritten in ihrer pädagogischen Praxis ermutigt werden können. Daher wünsche ich diesem Werk – ganz im Sinne des Eingangs-Mottos – eine „ansteckende" Verbreitung.

Fröndenberg (Ruhr), im September 1998

Christel Zander
(Dipl.-Päd., MPH)
Lehrerin für Pflegeberufe
Professorin der Pflegepädagogik i. R.

Vorwort

Grundlage dieses Buches ist meine, im Rahmen eines Medizinpädagogikstudiums, an der Martin-Luther-Universität in Halle/Saale erstellte Diplomarbeit mit dem Titel „Lehren und Lernen in der Pflege". Genau genommen verdankt es seine Entstehung also dem glücklichen Umstand, daß ich, bereits seit Jahren als Lehrer an einer Krankenpflegeschule tätig, durch ein Studium noch einmal Gelegenheit bekam, meine Erfahrungen zu reflektieren und theoretisch zu fundieren. Diese Kombination von akademischem Lernen und praktischem Arbeiten am Ausbildungsinstitut in Herdecke hat sich, trotz aller Belastung, als außerordentlich fruchtbar erwiesen. Meiner damaligen Schulleiterin, Dörthe Krause (†), die mir dieses Studium ermöglichte, bin ich zu tiefem Dank verpflichtet. Es war eines Ihrer Talente, wesentliche (berufspolitische) Entwicklungen immer besonders früh erahnen zu können und Menschen gezielt zu fördern.

Inhaltlich spiegelt dieses Buch den Hintergrund seiner Entstehung wider. Einerseits ist es Erfahrungsbericht, angefüllt mit Beispielen aus meiner Praxis im Aus- und Fortbildungsbereich. Den Kontext dazu bilden andererseits ausgewählte Aspekte der Bildungstheorie. So sind theoretischer Begründungsrahmen und praktische Beispiele in zahlreichen Kapiteln miteinander verwoben. Das Buch soll auf diese Art alle mit der beruflichen Bildung Erwachsener beschäftigten Lehrer, Anleiter und Ausbilder ermutigen, aus einem Kurs oder einem Seminar eine „Lernwerkstatt" zu machen, mit anderen Worten: konsequent Bildung zu praktizieren. Jeder Rahmen bietet Freiräume bezüglich der inhaltlichen, mindestens jedoch der methodischen Gestaltung eines Kurses. Diese Freiräume können zu Gestaltungsräumen werden, in die die Erfahrungen und Fähigkeiten von KursteilnehmerInnen fruchtbar, das heißt auf der fachlichen und der persönlichen Ebene lernwirksam, einfließen können.

Der Ausbilder oder die Lehrerin verlieren so möglicherweise die Sicherheit, die Ihnen die Lernzielkataloge bieten. Ihre SchülerInnen oder KursteilnehmerInnen als Subjekte des Lernprozesses gewinnen jedoch die Chance, einen persönlichen Bildungsweg zu gehen und (z. B. schon während der Ausbildung) ihr eigenes Profil zu entwickeln. Dieses Buch ist als ebenso persönliches, wie auch wissenschaftlich begründetes Plädoyer zu verstehen für eine konsequent bildungstheoretisch motivierte Didaktik auf dem Feld der beruflichen Bildung. Und es gründet auf der (empirisch belegten) Erfahrung, daß auf diesem Weg beachtliche Kompetenzen entwickelt werden können.

Sehr zu Dank verpflichtet bin ich Fr. Prof. Zander, die mir als Gutachterin meiner Arbeit gewissermaßen zu einem späten wissenschaftlichen Propädeutikum verhalf. So konnten manche „journalistische" Formulierung versachlicht und verschiedene fehlende Begründungen nachgeholt werden.

Der größte Dank geht an meine Familie, die die Zweigleisigkeit von Beruf und Studium mit mir überstanden hat.

Noch vielen Menschen kommt das Verdienst zu, mich in meiner Arbeit durch Gedankenaus-tausch und konstruktives Streitgespräch unterstützt zu haben. Zu nennen wären zahlreiche (Hochschul-)LehrerInnen, Kommiliton-Innen, KollegInnen, und nicht zuletzt SchülerInnen und KursteilnehmerInnen, insbesondere diejenigen unter ihnen, die bereit waren, mich durch ihre aktive Beteiligung an den Befragungen und der Gruppendiskussion zu unterstützen. Sie alle mögen sich in meinen herzlichen Dank einbezogen fühlen.

Mathias Bertram
im September 1998

Inhaltsverzeichnis

Einleitung

Thema dieses Buches ist das Lernen des Erwachsenen und des erwachsen werdenden jungen Menschen. Der Begriff des Lernens wird hier weit gefaßt und bedeutet einen Vorgang des Erwerbs von Fähigkeiten, Kompetenzen und Kenntnissen, der mit dem Prozeß der Persönlichkeitsentwicklung korreliert. Seit der Mitte des 18. Jahrhunderts wird dieser Vorgang Bildung genannt. Die Überzeugung, daß die Seele *sich bildet* im Sinn eines aktiven *Gestaltungsprozesses,* geht bis auf die griechisch-hellenistische Zeit zurück. Dieses auf Wachstum seelischer Kräfte gerichtete Verständnis von Bildung stellt eine Grundannahme der vorliegenden Schrift dar.

Im Rahmen dieses Buches wird die These vertreten, daß eine maßgebliche Aufgabe der in der beruflichen Bildung Erwachsener engagierten Lehrer-Innen[1] darin besteht, diesem Bildungsprozeß eine bestimmte Richtung zu geben. Während er in der Allgemeinbildung von den Pädagogen gesteuert wird, kommt es hier darauf an, ein Lernfeld zu schaffen, das es den Lernenden erlaubt, ihren Bildungsprozeß in die eigene Verantwortung zu nehmen und selbst zu gestalten. Der Lehrer in der Erwachsenenbildung[2] schafft den Rahmen und stellt die Mittel und Inhalte zur Verfügung. Er versteht sich als **Lernbegleiter.** Der Lernprozeß an sich gehört in die Autonomie der sich bildenden Persönlichkeit. In der Berufsausbildung junger Erwachsener kommt es darauf an, diesen selbständigen Lernwillen mit allen Kräften zu fördern. Geschieht das nicht, gerät die Ausbildung in zunehmenden Widerspruch zu den

---

[1] Im Interesse einer besseren Lesbarkeit schließt die Verwendung der männlichen oder weiblichen Form das jeweils andere Geschlecht mit ein, ohne daß dieses ausdrücklich genannt wird. Den traditionellen Verzicht auf die weibliche Form empfinde ich als nicht zeitgemäß. Wo möglich werden beide Geschlechter mit einem Begriff bezeichnet; Beispiel: SchülerInnen.
[2] Auch die berufliche Bildung wird hier mit eingeschlossen, insofern die SchülerInnen das selbständige Erwachsenenlernen lernen müssen.

tatsächlichen Erfordernissen, die sich durch die soziale und biographische Situation der Lernenden einerseits und die beruflichen Anforderungen andererseits ergeben.

Die ästhetische Dimension der Bildung wird in diesem Buch besonders berücksichtigt. Es ist meine These, daß eine ästhetische Wahrnehmungs- und Gestaltungsfähigkeit zu den grundlegenden Kompetenzen zählt, die in allen menschlichen Lebensäußerungen wirksam wird.[3] Es soll hier gezeigt werden, daß diese Dimension in der abendländischen Kultur seit der Antike explizit gepflegt worden ist. Erst in den letzten 200 Jahren wurde die Trichotomie von „Kopf, Herz und Hand" (Pestalozzi) mehr und mehr zu einer Dichotomie von Kopf und Hand.[4] Nach meiner Überzeugung, die in diesem Buch begründet wird, sollte ein Bildungskonzept jedoch alle drei grundlegenden Dimensionen ausgewogen integrieren.

In den folgenden Kapiteln sollen der hier skizzierte Bildungsbegriff und seine historischen Hintergründe dargestellt werden. Weiterhin soll seine Bedeutung für die Berufsbildung in der Gegenwart verdeutlicht und anhand von Beispielen veranschaulicht werden. Die Fragestellungen lassen sich folgendermaßen zusammenfassen:

- Was sind die Kernelemente (-konzepte) eines konsequent an individueller Entwicklung orientierten Bildungsverständnisses?
- Wie korreliert dieses Bildungsverständnis mit der gegenwärtigen Situation der Lernenden?
- Wie ist dieses Bildungsverständnis historisch verankert?
- Welche zeitgemäßen (Erwachsenen-) Bildungskonzepte lassen sich von diesem Bildungsverständnis ableiten?

Im 2. Kapitel des Buches werden die maßgeblichen Bedingungen dargestellt, die auf die berufliche Bildung in der Pflege wirken. Da ist zunächst das soziokulturelle Umfeld der jungen Menschen, das einem immer rascheren Wandel unterliegt und in der zweiten Hälfte dieses Jahrhunderts zu einer tiefgreifenden Umgestaltung der Lebensverhältnisse geführt hat. Die Jugendzeit wird heute deutlich anders erlebt, als beispielsweise noch vor 20 Jahren. Die LehrerInnen, obwohl sich selbst durchaus noch als jung erlebend, verlieren darüber bisweilen den verstehenden Zugang zu ihren SchülerInnen. Im Vordergrund des Erlebens Jugendlicher stehen heute neue Erfahrungen durch Freizeitindustrie und elektronische Medien, andererseits aber auch ein Verlust an kon-

---

[3] Vergl. Fußnote 38
[4] Ersteres vor allem in der gymnasialen Bildung, letzteres besonders in der betrieblichen beruflichen Bildung. Erst in den letzten Jahren spielt die Berücksichtigung des affektiven Bereichs neben dem kognitiven und dem sensomotorischen wieder eine Rolle in der Didaktik.

ventionellen Erfahrungsmöglichkeiten im emotionalen und sensomotorischen Bereich.[5] Eine allgemeine Verunsicherung geht mit dem Verlust an gesellschaftlich konsensfähigen Traditionen und Werten einher. Im Gegensatz zu den kulturellen, politischen und familiären Orientierungsmöglichkeiten in den ersten Jahrzehnten des demokratischen Nachkriegsdeutschland scheinen für die Jugend seit den 80er Jahren immer deutlicher Individualisierung, Isolierung und Verunsicherung, andererseits aber auch eine tiefgreifende Befreiung von konventionellen Beschränkungen zu zentralen Aspekten der Lebensbewältigung geworden zu sein.

Diese Entwicklungsbedingungen bestimmen Erleben, Sozialverhalten sowie Lebens- und Lernstrategien der jungen Menschen ganz erheblich. Viele Verhaltensweisen lassen sich erst aus einer Kenntnis der veränderten und sich weiter wandelnden Lebenswelt der Jugendlichen deuten. Daher sollen in diesem Buch empirische Befunde der Sozialwissenschaften zusammengestellt werden, um daraus den Begriff der **Risikogesellschaft** zu entwickeln.

Eine zweite maßgebliche Bedingung beruflichen Lernens liegt in der biographischen Situation der Lernenden. Es ist durchaus ein großer Unterschied, ob eine Schülerin mit 17 Jahren noch ganz auf fremdbestimmtes Schullernen eingestellt ist,[6] oder ob sie mit 20 oder 22 Jahren deutlich spürt, daß das nicht mehr die richtige Art des Lernens ist. Auch die TeilnehmerInnen einer Fortbildung konfrontieren den Mitarbeiter in der Erwachsenenbildung mit ganz verschiedenen Erwartungen. Ein Dreißigjähriger hat einen stärker intellektuellen Zugang zu einem Thema als eine Mittvierzigerin, für die die moralischen Fragen mehr im Vordergrund stehen. Diese verschiedenen Erwartungen zu integrieren stellt besondere Anforderungen an die Lehrenden in der Aus- und Fortbildung.

Als dritte wesentliche Bedingung, unter der berufliches Lernen stattfindet, wird das Berufsfeld angesehen. Es konfrontiert die Lernenden von Beginn an mit sehr hohen Anforderungen an ihr Aufnahmevermögen, ihre Beziehungsfähigkeit und Beharrlichkeit, wenn es darum geht, das als richtig Erkannte umzusetzen. Sie sind teilweise großen Widerständen ausgesetzt und kommen andererseits unweigerlich an ihre eigenen Grenzen.

Als eine Art Vision soll schließlich ein Berufsbild entwickelt werden, wie es einer als Profession verstanden Ausübung des Pflegeberufs zugrunde liegen kann. Dies geht von der Überzeugung aus, daß an einem Institut, an dem für einen bestimmten Beruf Bildung betrieben wird, eine Vision dieses Berufes so gelebt werden muß, daß sie Lernenden erfahrbar wird.

---

[5] Durch die Überreizung im audiovisuellen Bereich
[6] Ein Bildungsinstitut kann dieser Tatsache Rechnung tragen, die berufliche Wirklichkeit in der Pflege tut das nicht. Hier sind SchülerInnen von Anfang an Belastungen ausgesetzt, die einen jugendlichen Menschen leicht überfordern können.

Im 3. Kapitel wird die historische Entstehung des Bildungsbegriffs anhand exemplarischer Epochen der Kulturentwicklung verdeutlicht. Ich gehe davon aus, daß der zeitgenössische Stand der Bildungsdiskussion eine Momentaufnahme in einem Entwicklungsprozeß markiert, die erst richtig verstanden werden kann, wenn sie in den historischen Zusammenhang eingefügt wird. Interessanterweise hat die akademische Pädagogik im 20. Jahrhundert keine wesentlichen neuen Schlüsselkonzepte entwickelt. Die grundlegenden Begriffe (Autonomie der Persönlichkeit, individuelle Urteils- und Verantwortungsfähigkeit, Einzigartigkeit der Individualität, Bildungsfähigkeit) reichen teilweise zurück bis in die Antike. Das Verdienst der zeitgenössischen Pädagogik liegt in der Anwendung und Differenzierung dieser Konzepte in der gegenwärtigen Kultur.[7] Die exemplarisch ausgewählte Kulturepochen dienen also dazu, Entwicklungs-, Individualitäts- und Bildungsbegriff historisch zu verankern. Explizit wird hier unter besonderer Berücksichtigung von Schillers Schriften zum Thema Ästhetik auch die ästhetische Wahrnehmungs- und Gestaltungsfähigkeit des Menschen diskutiert. Das Kapitel wird abgerundet durch die Darstellung zeitgenössischer bildungstheoretischer Konzepte am Beispiel der **kritisch konstruktiven Didaktik** Klafkis und der **Schlüsselqualifikationen.**

Im 4. Kapitel wird vor dem hier gegebenen Hintergrund der psychologische Prozeß des Lernens im engeren Sinn entwickelt. Im beruflichen Lernen geht es weniger um den Erwerb eng umrissener Kenntnisse.[8] Vielmehr liegt die Aufgabe vor allem im Vermitteln instrumenteller Fähigkeiten, die den späteren Arbeitnehmer in die Lage versetzen sollen, jeweils selbständig die konkreten Kenntnisse zu erwerben, die ein Arbeitsfeld erfordert. Dieser Lernprozeß setzt intensive Auseinandersetzung mit exemplarischen Lerninhalten voraus. Neue Fähigkeiten werden aber erst dadurch individuell erworben, daß auf die Auseinandersetzung mit dem Lerninhalt eine Phase des übenden Aneignens folgt. Charakteristisch für das hier entwickelte ganzheitliche Lernmodell ist also eine Spannung (Polarität) zwischen Auseinandersetzung und individueller Synthese. Es erlaubt eine eindeutige Abgrenzung von jeglicher Form der Konditionierung. Dieses **Modell der sieben Lernprozesse** kann von den Lehrenden als didaktische Hilfe bei der Planung einer Unterrichtseinheit oder eines Kurses genutzt werden; den Lernenden kann es helfen, ihren individuellen Lernprozeß besser zu verstehen und ggf. zu verändern.

---

[7] Vergl. hierzu die Auseinandersetzung mit der „kritisch konstruktiven Didaktik" und den „Schlüsselkompetenzen" in Kap. 3.4 und 3.5.
[8] Diese These wird vor allem in den Kapiteln 3.4 und 3.5 begründet.

Im 5. Kapitel werden anhand des Herdecker Ausbildungskonzepts einige exemplarische Strukturelemente und Bildungsinhalte aus der Krankenpflegeausbildung beschrieben. Ihr gemeinsames Merkmal ist das Ziel der Persönlichkeitsentwicklung. Es schließen sich zwei kleine empirische Erhebungen über die Motivation der SchülerInnen für die Ausbildung und ihre Einschätzungen, Haltungen und Kompetenzen nach der Ausbildung an.

In Kapitel 4 und 5 werden also Konzepte beschrieben und erläutert, die sich unmittelbar an das entwickelte Bildungsverständnis anschließen. Sie sind gleichwohl nur als einer von vielen möglichen Versuchen zu verstehen, Berufsbildung vor dem gegebenen Hintergrund zu praktizieren. Sie mögen dem Leser als Beispiele, aber auch als Möglichkeit dienen, um die Gültigkeit des in diesem Buch entwickelten Bildungsbegriffs gedanklich zu prüfen.

Es liegt im Wesen geisteswissenschaftlicher Zusammenhänge, daß sie sich nicht beweisen lassen. Es gibt keine unmittelbar kausalen Beziehungen zwischen einer Bildungsmaßnahme und dem Lernerfolg. Bildung ist nicht mit statistischen Mitteln meßbar. Insofern findet der Leser in diesem Buch keine Leistungsindikatoren zur Bewertung von Unterricht. Bildung ist jedoch wissenschaftlich deutbar.

Natürlich ist es wichtig, was eine Lehrerin, ein Lehrer im Unterricht tut; entscheidender ist jedoch, wie sie es tun, welche Bedeutung sie ihrem Unterricht verleihen, und welcher Sinn darin steckt und erlebbar wird. Dieser Sinn erschließt sich am überzeugendsten an konkreten Beispielen. Davon findet der Leser reichlich in diesem Buch. Sie sind es auch, die als hermeneutische Praxisbelege für die Richtigkeit der hier vertretenen Thesen dienen sollen. Ergänzt werden sie durch die empirischen Erhebungen in Kapitel 5.4 und 5.5.

Wo es möglich war, wurde daher die Erörterung der theoretischen Aussagen ergänzt und unterstützt durch Erläuterungen anderer Autoren und durch eigene Erfahrungsberichte oder Exkurse, die im Zusammenhang mit dem entwickelten Gedankengang stehen. Sie sind durch Kleindruck von der theoretisch-argumentativen Ausführung abgesetzt.

2 Bedingungen des beruflichen Lernens

2.1 ## Herkunft und kulturelles Umfeld der Lernenden

Wenn man als Berufspädagoge mit Menschen in einer Fortbildung zusammenarbeitet, bewegt man sich auf mehr oder weniger bekanntem Terrain: Zahlreiche Teilnehmer unterscheiden sich im Lebensalter nicht erheblich vom Fortbilder. Alle kommen unmittelbar aus der beruflichen Situation. Es existiert ein gemeinsamer Erfahrungshintergrund. Dies gilt um so mehr, wenn der Fortbilder den Vorzug genießt, selbst den Beruf erlernt zu haben. Man kennt die „Geschichten", versteht die Sprache und die spezifischen sozialen Konstellationen in der Berufspraxis. Diese Faktoren, gepaart mit Erfahrung, erlauben eine relativ realistische Vorplanung eines Seminars. Auch wird es in der Regel verhältnismäßig leicht gelingen, Vertrauen aufzubauen. Vor einer ganz anderen Situation steht der Lehrer immer wieder, wenn ein Kurs die Grundausbildung in der Pflege beginnt. Jeder neue Kurs konfrontiert ihn mit neuen Anforderungen. Jeder Jahrgang stellt sich auf seine eigene Weise dar, entwickelt andere Formen der sozialen Interaktion: In einem Kurs bildet sich eine starke Fraktion, die den Lehrer in die Rolle des „Paukers" drängt. In einem anderen Kurs sind viele SchülerInnen in ihrem Lernverhalten schon sehr schnell selbständig. Hier muß der Ausbilder achtgeben, daß er diejenigen nicht übersieht, die doch noch mehr seine Hilfe brauchen. Ein Kurs entwickelt mehr naturwissenschaftliches Interesse, und in einem anderen steht die sozialtherapeutische Perspektive im Vordergrund. Ein Kurs kultiviert stärker Cliquenbildung; ein anderer lernt rasch, in Gruppen sachorientiert und konstruktiv zu arbeiten. Richtet man den Blick auf die einzelne Schülerpersönlichkeit, so fällt auf, wie groß die Palette der Talente und Entwicklungsmöglichkeiten in einem Kurs ist. Auch die Fragen und Sorgen, die Ängste, die Lernschwierigkeiten sind höchst individuell. Die spannende Frage ist jedesmal wieder, wie es möglich sein wird, im Kurs eine tragfähige soziale Gestaltung herbeizuführen und eine positive, produktive Lernatmosphäre zu schaffen.

2.1.1   Leben in der Risikogesellschaft

Die SchülerInnen kommen aus unterschiedlichsten Situationen in die Ausbildung. Unmerklich hat die Gesellschaft in den westlichen Industrieländern in der zweiten Hälfte des Jahrhunderts einen grundlegenden Wandel vollzogen, der dem der industriellen Revolution nicht nachsteht. *„Die klassisch-moderne Industriegesellschaft wurde von zwei Klammern festgehalten [...]: Die Erwerbsarbeit und die Familie."* (Gil 1993, S. 148) Schaut man in die Lebensläufe der BewerberInnen, stellt man rasch fest, daß die traditionelle Familie eher die Ausnahme darstellt. Oft gilt die klassische Rollenverteilung nicht mehr: Vielfach sind die Eltern geschieden. Besonders die verschärfte Situation auf dem Arbeitsmarkt, unter Umständen Arbeitslosigkeit, haben gravierende Auswirkungen. Eventuell haben Mutter oder Vater auch noch einmal eine Ausbildung oder ein Studium begonnen. Viele SchülerInnen haben mehrere Wohnort- und Schulwechsel hinter sich. Alles in allem sind diese Biographien durch zahlreiche kleinere oder größere Brüche gekennzeichnet. Wie der Soziologe Hurrelmann schreibt, *„tragen Eltern diejenigen Wertvorstellungen auch in den familialen Erziehungsprozeß hinein, die sie an ihren Arbeitsplätzen entwickelt haben."* (Hurrelmann 1995, S. 115) Besonders durch Arbeitslosigkeit wird das eigene Selbstwerterleben erheblich gestört. Berufstätige reagieren *„empfindlich auf Weichenstellungen in der Berufslaufbahn und tasten sie nach dem materiellen und immateriellen Wert für die Definition der eigenen Person, besonders auch in der öffentlichen Wahrnehmung durch die soziale Umwelt ab."* (Hurrelmann 1995, S. 149)

Der Philosoph Thomas Gil bringt die Situation (der Eltern) auf folgende Formel: *„Meine, deine, unsere Kinder konkurrieren mit meinen, deinen, unseren beruflichen und sonstigen Selbstverwirklichungsplänen und -erwartungen sowie Lebenschancen und -möglichkeiten."* (Gil 1993, S. 149) Damit treten neue Belastungen auf: Diese Entwicklung bringt *„notwendig auch neuen sozialen Streß, neue Risiken des Leidens, des Unbehagens und der Ungewißheit mit sich, die mit eben diesem hohen Grad der Notwendigkeit von Selbstregulierung des Menschen einhergehen."* (Hurrelmann 1995, S. 261)

Abb. 2-1 Individuelle Mobilität und Isolierung, totale Information und Verunsicherung sind die Widersprüche der postmodernen Gesellschaft.

Die gesellschaftliche Entwicklung hat in der Industriegesellschaft in diesem Jahrhundert eine vorher nicht gekannte Beschleunigung erfahren. *„Das Wachstum von Industrie und Technik hat zum Aufbrechen von traditionellen Strukturen und Lebensarten sowohl in der Stadt, als auch in der Provinz geführt, so rapide, daß man – kaum mit dem neuen vertraut – schon wieder in den Mahlstrom der Veränderung hineingeworfen war. Man hat es sozusagen nicht geschafft, heimisch in der Zeit zu werden, ehe sie sich bis zum Unverkennbaren verändert hatte."* (Myhre 1991, S. 16) Der Pädagoge Reidar Myhre führt weiter aus, daß maßgebliche gesellschaftliche Strukturen inzwischen einem Fünfjahreswechsel unterliegen. (Ebd.)

Viel grundlegender noch als der Wandel scheint die Differenzierung in unterschiedlichste „Szenen" zu sein, die zeitgleich nebeneinander existieren. Die demokratische Gesellschaft ist ohne eine Expansion dieses Pluralismus gar nicht vorstellbar. Im Sinn eines Minderheitenschutzes übernimmt der Staat sogar in gewissem Umfang die Gewähr dafür. *„Daß verschiedene Auffassungen zum Ausdruck gebracht werden dürfen [...] ist [...] Charakteristikum eines Staates, der sich zum Prinzip der Geistesfreiheit bekennt. Dies schafft die Grundlage für die Erörterung und individuelle Prüfung dessen, was man* *für falsch und richtig hält.*" (Myhre 1991, S. 18) Anderenfalls wären freie Wahlen sinnlos.

Jedoch haben sich die westlichen Industrieländer damit auch auf eine komplizierte politische Konstruktion eingelassen. Pluralismus allein ist nämlich keineswegs gesellschaftserhaltend. *„Wenn eine Gesellschaft bestehen soll, muß eine gewisse gemeinsame Grundlage von Ideen, Normen und Werten vorhanden sein. Sonst können die widerstreitenden Normensysteme auf dem Wege einer Verwirrung des Autoritätsbegriffs zu einer Auflösung der Gesellschaft führen.*" (Myhre, 1991, S. 18) Die Existenz solcher Auflösungstendenzen steht außer Zweifel. Jede und Jeder möchte ihren bzw. seinen berechtigten Anteil an individueller Lebensgestaltung verwirklichen. *„Die alte Form der Familie und Ehe als Bündelungsmöglichkeit von Lebensplänen und Biographien ist gesprengt worden.*" (Gil 1993, S. 148) Thomas Gil bezeichnet diese „postindustrielle" Gesellschaft als **Risikogesellschaft**[9]. Risiko bedeutet in diesem Zusammenhang, daß es kaum noch tragfähige Traditionen gibt, auf die ein Mensch ungeprüft bauen kann. *„Eine vollmobile Gesellschaft etabliert sich auf diese Art und Weise. Individualisierung bedeutet dabei in der Regel Vereinzelung, Flexibilisierung keineswegs Freiheit, Liberalisierung meistens nicht-kompensierbare Überforderung.*" (Gil 1993, S. 150) Die Ergebnisse der Sozialisationsforschung scheinen Gil Recht zu geben: Dieser Weg ist *„auch ein Weg in die zunehmende soziale und kulturelle Ungewißheit und Zukunftsunsicherheit und möglicherweise auch in ein Stadium von normativer und wertmäßiger Widersprüchlichkeit. Menschen in allen Lebensphasen, besonders auch Jugendliche, erleben eine hohe Segmentierung und Abschottung von Verhaltensanforderungen in verschiedenen Lebensbereichen, die die Tendenz haben, sich zunehmend voneinander abzugrenzen und sich systemhaft zu organisieren. Jugendliche sind vor eine wachsende Zahl von Alternativen gestellt und haben bei der Gestaltung ihres eigenen Bildungs- und Lebenlaufs einen großen Spielraum von Wahlen. Sie können diese Wahlen in einem hohen Maß individuell, jeder für sich selbst, entscheiden.*" (Hurrelmann 1995, S. 261)

Während die Industriegesellschaft durch Expansion, zunehmenden Wohlstand und Glauben an den wissenschaftlichen Fortschritt geprägt war, ist inzwischen der Preis deutlich geworden, den sie dafür zu entrichten hat. Umweltzerstörung, neue, schwer beherrschbare Infektionskrankheiten, globale Bedrohung durch Atomkraft und Gefährdung des Weltfriedens durch Länder außerhalb der Industriegesellschaft, ungelöste ethische Fragen, etwa zur

---

[9] In Anlehnung an den Münchener Soziologen U. Beck, der diesen Begriff in seiner gleichnamigen Schrift 1986 einführte. Während bei Beck der Aspekt der globalen Bedrohung im Vordergrund steht, entwickelt Gil auf dieser Grundlage den Gedanken der Labilisierung *aller* Verhältnisse in der postmodernen Gesellschaft.

Organtransplantation, Genmanipulation oder Indikation zum Schwanger-
schaftsabbruch u. a. sind nur einige Aspekte, die verdeutlichen: *„Während
in der Industriegesellschaft die 'Logik' der Reichtumsproduktion die 'Logik"
der Risikoproduktion dominiert, schlägt in der Risikogesellschaft dieses Verhältnis um."* (Beck 1986, S. 17) Damit wird die Kontrolle durch politische
Organe eingeschränkt. *„Der subpolitische Neuerungsprozeß des 'Fortschritts'
verbleibt in der Zuständigkeit von Wirtschaft, Wissenschaft und Technologie,
für die demokratische Selbstverständlichkeiten gerade außer Kraft gesetzt
sind."* (Beck 1986, S. 17) Für den Einsatz neuer Technologien wird nicht mehr
der gesellschaftliche Konsens gesucht, sondern Fachleute entscheiden. Aktuell
wird das erlebbar in dem Ringen um eine Bioethik-Konvention.

Eine wesentliche Auswirkung dieser Entwicklungen scheint in einer allgemeinen Verunsicherung und einem Werteverlust zu liegen, den ja vor allem
die Pädagogen seit vielen Jahren beklagen. Und mit diesem Werteverlust geht
ein Orientierungsverlust einher. Der betrifft in erster Linie immer die Jugend,
die erst dabei ist, sich in der Gesellschaft einzurichten. Die schulische und
berufliche Sozialisation, die in diesem Lebensalter gerade auch durch persönliche Sinnfindung markiert ist, vollzieht sich in einer Gesellschaft, die sich
in einer allgemeinen Sinnkrise befindet. Daß diese Krise auch eine Krise der
Pädagogik ist, faßt Postman[10] pointiert in den Satz: *„Es gab einmal eine Zeit,
da Erzieher dafür berühmt wurden, daß sie Gründe für das Lernen lieferten;
jetzt werden sie berühmt, weil sie eine Methode erfinden."* (Postman 1995,
S. 44) Es ist beispielsweise auch in der Industrie viel und teils sehr erfolgreich
darüber gearbeitet worden, wie ein Unterrichtsinhalt mit dem größtmöglichen
Lernerfolg vermittelt werden kann. Mindestens ebenso wichtig scheint aber
die Frage zu sein, welche Bedeutung denn der Stoff für den Menschen haben
könnte. Es sind, um mit der Terminologie Neil Postmans zu sprechen, neue
Götter an die Stelle der traditionellen Werte getreten. Einen charakterisiert
er so: *„Ich meine den Gott des Konsums, dessen grundlegendes moralisches
Axiom sich mit dem Schlagwort zusammenfassen läßt: 'Wer mit dem meisten Spielzeug stirbt, hat gewonnen'."* (Postman 1995, S. 52) Wie immens
die psychologische Bedeutung dieser Tatsache sich auswirken mag, macht
folgende Beobachtung deutlich: *„Die meisten Werbespots haben die Form
von religiösen Gleichnissen [...]. Wie alle religiösen Gleichnisse entwerfen
diese Werbespots ein Konzept der Sünde, [...] Erlösung und [...] des Him-
mels. [...] zum Beispiel das Gleichnis des Menschen mit schlechtem Mund-
geruch."* (Postman 1995, S. 54) Und: *„Zwischen drei und achtzehn Jahren
sieht das durchschnittliche amerikanische Kind etwa 500.000 Werbespots,*

---

[10] Neil Postman, Professor für Medienökologie an der New York University in Manhattan, hat sich in
mehreren Publikationen kritisch mit der Wirkung der modernen Medien auf die Kultur auseinander-
gesetzt.

was bedeutet, daß die Fersehwerbung die quantitativ bei weitem bedeu-tendste Quelle von Werten ist, der die Kinder und Jugendlichen ausgesetzt sind." (Postman 1995, S. 53) Hier wird deutlich, wie der Pluralismus sich nicht einfach im Generieren neuer Werte erschöpft, sondern wie auch die Tendenz darin steckt, Werte zu profanieren.

2.1.2　Auswirkungen der Medien

Ein weiterer maßgeblicher Faktor der Sozialisation darf nicht außer acht gelassen werden, will man die jungen Menschen verstehen, die heute in die Berufsausbildung kommen. Gemeint sind die modernen elektronischen Medien. Exemplarisch herausgegriffen sei hier das Fernsehen, das das Verhältnis der Menschen zu ihren Wahrnehmungen und Erfahrungen in den vergangenen Jahrzehnten entscheidend geprägt hat. Da ist zunächst die Informationsmenge, die jeden Tag ins Wohnzimmer geliefert wird und jedes menschenmögliche Maß übersteigt. Der Bremer Medienforscher Heinz Buddemeier hat in diesem Zusammenhang einmal eine „Tagesschau" der ARD[11] analysiert. Zunächst stellt er den Unterschied dar zwischen der Rezeption von Nachrichten aus Zeitungen und der von Nachrichten aus dem Fernsehen. Beim Lesen einer Zeitung ist zunächst einmal die Aktivität des Informationskonsumenten gefordert. Er schlägt die Zeitung auf, wählt aus, verschafft sich vielleicht erst einen Überblick und liest. Er hat den Prozeß der Informationsaufnahme in seiner Hand. Er kann unterbrechen, zwischen Artikeln springen, vielleicht erst den Kommentar zu einem tagespolitischen Geschehen lesen usw. Ganz anders beim Fernsehen: *„Die 'Tagesschau' wählt nicht nur aus, sie bestimmt außerdem die Reihenfolge und das Tempo. Dadurch wird dem Zuschauer eine ganz und gar passive Haltung aufgezwungen. In dieser Haltung werden Nachrichten angeboten, die ohne jeden inneren Zusammenhang sind. [... Sie] laufen automatisch und ohne Pause ab. Dabei sind die Übergänge von einer Nachricht zur anderen so geartet, daß man, in der Terminologie der Filmdramaturgie, von harten Schnitten sprechen muß, das heißt, Ereignisse, die nichts miteinander zu tun haben, werden übergangslos zusammengerückt. Oft merkt man erst nach einigen Sekunden, daß Text und Bilder sich auf eine neue Nachricht beziehen. Die Nachrichten werden dadurch zur 'Information', das heißt zu etwas, das man zur Kenntnis nimmt, ohne daß es einem etwas bedeutet und ohne daß man sich innerlich damit verbindet."* (Buddemeier 1987, S. 143–144)

Es kann dadurch deutlich werden, daß die Informationsübermittlung durch das Fernsehen eine ganz eigene Qualität hat. Extrem rascher Wechsel der Er-

---

[11] Tagesschau vom 3.3.1986, 20:00–20:15 Uhr

Abb. 2-2
Körpersprache –
aktiv erlebte
Kommunikation in
einem Seminar

eignisse und Zusammenhanglosigkeit scheinen sie zu kennzeichnen.[12] Passivität des Betrachters ist Grundvoraussetzung ebenso wie eine weitgehend emotionslose Gleichgültigkeit: Man stelle sich nur das Elend eines Bürgerkriegs vor, und seine Abhandlung in einer vielleicht halbminütigen Sendung, gefolgt

---

[12] Der einzelne in die Tagesschau eingebaute Nachrichtenfilmbeitrag dauert durchschnittlich sechs Sekunden und besteht aus 20 Einstellungen (vgl. Buddemeier 1987, S. 152).

von dem Bericht über einen Wirtschaftsgipfel. Aber auch die Qualität der Nachricht ist nicht erst seit der Möglichkeit der Bildmanipulation durch Computergraphik in Zweifel zu ziehen. In der von Buddemeier analysierten Sendung wurde für einen Beitrag in Ermangelung aktueller Bilder offensichtlich auf verschiedenste Archivaufnahmen zurückgegriffen, die, zusammengeschnitten, einen sinnvollen Eindruck machten, mit der Wirklichkeit des beschriebenen Ereignisses aber nichts zu tun hatten. (Vgl. Buddemeier 1987, S. 155–158) *„Die Wirklichkeit, die der Zuschauer erlebt, ist eine reine Medienwirklichkeit, die dadurch entsteht, daß er die Bruchstücke, die ihm angeboten werden, zusammenfügt."* (Ebd., S. 159) Die Ganzheitlichkeit des Eindrucks ist also allein eine psychologische Leistung des Zuschauers. Das hindert ihn aber nicht, den Nachrichtensendungen höchste Glaubwürdigkeit zuzusprechen. (Vgl. ebd., S. 153) Vor diesem Hintergrund muß es nicht mehr widersprüchlich erscheinen, daß demoskopische Untersuchungen zeigen konnten, daß die Informiertheit, beispielsweise über politische Zusammenhänge, in der regelmäßig fernsehenden Bevölkerung konstant gering ist. *„Die Bekanntheit der führenden Persönlichkeiten des öffentlichen Lebens hat zugenommen. Politische Zusammenhänge erfassen kann jedoch nur eine Minderheit, die trotz steigender Ausbreitung des Fernsehens konstant klein bleibt. Der Anteil derer, die zu wichtigen politischen Fragen keine eigene Meinung haben, ist sehr hoch (im Durchschnitt die Hälfte der Befragten)."* (Ebd., S. 142–143)

Der Fernsehkrimi avancierte derweil zur besten Abendunterhaltung. Gewalttätigkeit wurde zu einem herausragenden Inhalt des Fernsehens, der meistverbreiteten Freizeitbeschäftigung. Der von Eltern kaum noch kontrollierbare Konsum von Horrorvideos und pornographischen Inhalten, z. B. über den Computer, ist keine neue Erscheinung, sondern die logische Weiterentwicklung des Medienverhaltens einer Gesellschaft. Auf den Einwand, der Computer fördere als interaktives Medium die aktive Auseinandersetzung und Initiative bei den jungen Menschen, kann hier nicht weiter eingegangen werden. Es sei nur auf den Gegensatz hingewiesen, der zwischen dem technisch bedingten Zwang zu eindeutigen Verhaltensweisen in der Bedienung des Computers und der sozialen Wirklichkeit eines Menschen besteht, die sich durch Deutungsvielfalt auszeichnet.[13]

Die hier eingenommene zugegebenermaßen einseitig kulturkritische Perspektive soll der Pointierung dienen. Keineswegs geht es mir darum, die Ge-

---

[13] In der Bedienung eines Computers gibt es nur eindeutige Handlungen, die eine Denkstruktur des Entweder-Oder erfordern. Soziale Reife zeichnet sich demgegenüber durch eine Kultur des Verständnisses gegenüber vielschichtigen Situationen aus. Dieses Sowohl-Als-auch-Denken wird am Computer nicht erlernt.

genwart schlecht zu reden oder die Zeit zurückdrehen zu wollen! Vielmehr liegen in der Hochtechnologie der Industrieländer zahllose Möglichkeiten zur Arbeitserleichterung und Verbesserung der Lebensqualität. Es soll hier lediglich dem Mißverständnis vorgebeugt werden, daß die Anwendung einer Technik allein schon die Lebens- und Arbeitsbedingungen verbessere. Vielmehr zeichnet sich gerade die Hochtechnologie (Atomtechnologie, Biotechnologie, Kommunikationstechnik, Datenverarbeitung etc.) durch ihren Januskopf aus. Sie eröffnet Tore in eine neue Welt. Wenn wir diese beherrschen wollen, müssen wir jedoch auch die Rückseite dieses Tores anschauen. Sonst könnten wir allzu leicht in ihre Knechtschaft geraten. Das andere Gesicht der Medien- und Kommunikationserfahrungen in den Industrienationen heißt eben auch:

- Verunsicherung des Urteils durch Manipulierbarkeit von Informationen;
- Vereinseitigung der Sinneserfahrungen durch Überbetonung der audiovisuellen Reize (vgl. Fußnote 14);
- Gefahr der Isolierung, da die neuen Medien die direkte soziale Auseinandersetzung zwischen Menschen ggf. erübrigen.

Hier geht es nicht um weltanschauliche Vorlieben – etwa ob man „gegen" oder „für" den Einsatz einer Technik sei. Es geht vielmehr darum, der sich rasant wandelnden Wirklichkeit mit einer kritischen, vorurteilsarmen Gesinnung zu begegnen. Aufgrund dieser veränderten Lebenswelt bringen junge Menschen heute einen anderen Bildungsbedarf und andere Kompetenzen in die berufliche Ausbildung ein. Um das zu verstehen, reicht es nicht mehr, Erfahrungen aus der eigenen Biographie zu aktivieren. Gerade die in der Ausbildung tätigen LehrerInnen können viel über ihren Beruf lernen, wenn sie beginnen, sich ernsthaft für die Lebensbedingungen und Bewältigungsstrategien der jungen Generation zu interessieren.

2.1.3 Die Bedeutung des soziokulturellen Umfelds für die junge Generation

Fassen wir zusammen, welche neuen, kulturprägenden Faktoren in den letzten vier bis fünf Jahrzehnten mit wachsender Beschleunigung auf die Jugend wirken. Da ist zunächst die Auflösung traditioneller Strukturen in Beruf und Familie, gepaart mit einer enormen Steigerung des Informationsflusses und der Mobilität. In der Folge ergab sich eine Vervielfältigung individueller Normsetzungen und Lebensentwürfe, die ein Zurechtfinden, eine Orientierung in der Gesellschaft sehr erschweren. Die im Sinn der Findung und Verwirklichung eigener Lebensziele notwendige traditionelle Opposition der Jugend gegen Werthaltungen der Alten findet kaum noch Widerstand. Im Sog der gesellschaftlichen Differenzierung werden Bedeutungen relativ. Durch das

Nebeneinander unterschiedlichster Lebensstile in der pluralistischen Gesellschaft sind Begegnung und Verständigung zwischen Menschen zunehmend erschwert, nicht nur zwischen den Generationen, sondern auch innerhalb einer Generation. Unsicherheit und Intoleranz gegenüber anders denkenden, empfindenden und handelnden Menschen kann eine Konsequenz sein. Das Verhältnis zur Umwelt hat sich verändert. Die elektronischen Medien haben Passivität und Empfindungsarmut gegenüber den von ihnen dargestellten Ereignissen erzeugt. Als Konsequenz müssen die Reize immer stärker werden, damit eine Botschaft die Zuschauer noch erreicht.

Die hier geschilderten Entwicklungsfaktoren haben zu einem Wandel im Verhalten der SchülerInnen geführt, der von Lehrern oft nicht mehr verstanden werden kann. Der Lehrer Wolfgang Bergmann zitiert eine Kollegin, die die Reaktion ihrer Kinder an einer Grundschule auf autoritäres Verhalten beschreibt: Ihre SchülerInnen *„reagierten überhaupt nicht, schienen vielmehr seelisch zu erstarren. [...] Die Gründe seien ihr als Lehrerin nicht klar."* Weder durch ihr psychologisches Wissen könne sie dieses Verhalten verstehen, noch, *„was viel beunruhigender sei, auch aus ihrer eigenen Lebenserfahrung heraus könne sie diese Gründe nicht nachvollziehen. Sie verstehe eine ganze Reihe von Verhaltensweisen ihrer Schüler schon lange nicht mehr."* (Bergmann 1996, S. 13) Bergmann macht vor allem die Medien-Alltagswirklichkeit der Kinder für ihr Verhalten verantwortlich. Er kann die Beobachtung der Lehrerin bestätigen: *„Sie weichen eher aus, als daß sie sich gegen etwas stemmen. Alles Festgefügte erscheint ihnen unbehaglich. Da langweilen sie sich schnell, wobei ihre Langeweile sich wiederum nicht in Protest oder ähnlichen 'selbstbestimmten' Formen äußert, sondern in einer Art von seelischem 'Weggleiten'."* (Ebd., S. 15) Und: *„Was schnell geht, erzwingt ihre Konzentration. Was Schritt für Schritt 'linear' vorgetragen wird, bereitet ihnen Probleme. Was von Rhythmuswechsel und einer Ästhetik der 'Plötzlichkeit', des Unerwarteten geprägt ist, findet Aufmerksamkeit; dagegen langweilt alles, was rational und vorhersehbar erscheint, sehr rasch. Wir erkennen in dieser Skizze eine Erlebnisweise wieder, die sich in modernen Filmen und TV-Serien ebenso zeigt, wie im Pop-Entertainment, den Techno-Nächten und besonders in den neuen Erfahrungen mit Computern und Computerspielen."* (Ebd., S. 13) Bergmann stellt heraus, daß diese Kinder und Jugendlichen in ihrer Alltagsbewältigung sehr hohen Anforderungen ausgesetzt seien. Zu verschieden seien die Welten, die sie seelisch zu ihrer persönlichen Wirklichkeit integrieren müßten. *„Kinder und Jugendliche befinden sich immer in Übergängen. Sie bewegen sich zwischen zwei oder mehreren Wirklichkeitsräumen und müssen sich zurechtfinden."* (Ebd. 1996, S. 15)

Zusammenfassend läßt sich diese Situation charakterisieren als ein Verlust an Sicherheiten:

- ▪ Sehr viele teilweise widerstreitende Werthaltungen und Lebensstile konkurrieren miteinander und erschweren die Orientierung.
- ▪ Die Zukunft der Gesellschaft ist von innen (selbst produzierte Risiken) und außen (globale Umweltzerstörung und Bedrohung des Weltfriedens) gefährdet.
- ▪ Kindheit ist keine geschützte Lebensphase mehr. „Kindern und Jugendlichen stehen Handlungsfelder offen, die noch vor einer Generation ausschließlich erwachsenen Menschen zugänglich waren." (Hurrelmann, 1995, S. 176) Es werden ihnen also wesentlich früher eigene Entscheidungen abverlangt, ohne daß ausreichend geklärt wäre, ob sie die Kompetenzen dazu besitzen.
- ▪ Es kann zu Unsicherheiten kommen bezüglich der eigenen Handlungsfähigkeit angesichts des mehr passiven Konsumverhaltens in Schule und Freizeit und des Agierens in virtuellen Medien- und Computerwelten.
- ▪ Das Vertrauen in die eigene Wahrnehmung ist durch Medienkonsum und die Relativierung des Wahrheitsgehalts von Informationen durch die Medien teilweise verunsichert.[14]
- ▪ Auch im Fall einer qualifizierten Ausbildung steht der junge Mensch vor der Ungewißheit, welche soziale Position er selbst einmal wird einnehmen können.

Diese Faktoren erschweren die persönliche Urteilsbildung und das situationsgerechte Handeln. *„Die wachsende Partikularisierung von Lebensbereichen erhöht das Risiko einer gelingenden Identitätsbildung ebenso, wie der zunehmende Druck zur individualisierten Gestaltung von Lebenslaufübergängen, durch die die eigene Lebensgeschichte anfällig für unvorhersehbare Brüche und Umdispositionen wird. [...] Es ist zu vermuten, daß hierdurch auch die Gefahren für Problembelastung und Problemverhalten steigen."* (Hurrelmann 1995, S. 178) Diese Bedingungen beeinflussen auch die berufliche Bildung, wie die nachfolgende Textpassage zeigt.

---

[14] In Bezug auf die Entwicklung der Sinne stellt Hurrelmann fest: *„Vielen Kindern fehlt heute eine ausgewogene Stimulierung und Entwicklung aller Sinnesbereiche: Sie erfahren eine Überreizung im audiovisuellen Bereich, aber eine Unterreizung im emotionalen, motorischen, taktilen und haptischen Bereich, also im Bereich des Fassens, Erfassens und Fühlens. Es stellt sich die Frage, ob die zunehmenden Wahrnehmungs- und Verarbeitungsstörungen, Kommunikationsprobleme und Anzeichen von Aggressivität bei Kindern mit dieser unausgewogenen Stimulierung von Sinnen und Erfahrungen zusammenhängen."* (1995, S. 248)

In persönlichen Gesprächen habe ich bisweilen folgende Erfahrung gemacht: Das Problem, das mir geschildert wird, und das sehr gravierend zu sein scheint, bezieht sich nur bedingt auf eine konkrete Situation. Es mischen sich auch Vorstellungen und Gefühle mit hinein, die in dieser Situation gar nicht ihre Ursache haben. Der Kontext wird aus der Schilderung nicht richtig greifbar. So ein Problem kann eine unrealistische Selbsteinschätzung sein: Eine Schülerin hat den Grad an Fähigkeiten und Kenntnissen erworben, der dem Ausbildungsstand entspricht, ist aber zutiefst davon überzeugt, daß sie den anderen weit hinterherhinkt. Und andersherum: Ein Schüler beherrscht elementare Grundlagen nicht, ist aber überzeugt davon, daß er im entscheidenden Moment, d. h. bei der Prüfung, alles parat haben wird. Diese Situation kann zu echten Krisen – bis zum Abbruch eines Praktikums oder der ganzen Ausbildung – führen. Zugleich wächst nach meinem Eindruck die Zahl von Pflegeschülerinnen, denen es an Kraft zu mangeln scheint, ihre Motive in die Tat umzusetzen. Alles Handeln, was sich nicht wie von selbst aus den äußeren Umständen ergibt, ermüdet schnell und wird schließlich aufgegeben. Zahlreiche Gespräche mit KollegInnen anderer Ausbildungsstätten haben meine Erfahrung bestätigt, daß der Bedarf an persönlichen Gesprächen zur Beratung oder Krisenbewältigung deutlich zunimmt. Das gleiche scheint für die Ausbildungsabbruchquote zu gelten. Immer öfter muß eine Schülerin während der Ausbildung erkennen und akzeptieren, daß sie den falschen Beruf gewählt hat oder den Anforderungen nicht gewachsen ist.

Dieser Verlust an Sicherheiten kann aber andererseits auch eine Chance sein:

- Die junge Generation scheint sich eher durch Nonkonformismus auszuzeichnen. Ideologien haben keine Konjunktur. Erklärungen – und seien sie auch wissenschaftlich – werden in der Regel nicht unkritisch akzeptiert.
- Personen, denen Kraft ihrer sozialen Position der Status einer Autorität zukommt, werden nicht ungeprüft anerkannt. Was zählt, ist die Tat.
- Schon der Lebenslauf des Jugendlichen hat oft eine ausgeprägt individuelle Gestalt.[15]

Die Bildung der persönlichen Identität stellt heute offenbar die sehr individuelle Syntheseleistung eines jungen Menschen dar.[16] Diese beginnt späte-

---

[15] Die Sozialisationsforschung bietet folgende Erklärungsmöglichkeit: Kindheit und Jugendzeit werden heute erlebt als *„Lebensphasen mit eigener Gestalt und eigenem Gewicht"* (Hurrelmann 1995, S. 252) und nicht als Vorstufen des Erwachsen-Seins. Jugendliche entwickeln *„schon zu Beginn des zweiten Lebensjahrzehnts einen von den Eltern unabhängigen persönlichen Lebensstil"*, der *„erhebliche Anforderungen an die Selbstorganisaaiton"* stellt. (Ebd.)

[16] *„Charakter und Gestalt der Persönlichkeit sind das Resultat der individuell spezifischen Auseinandersetzungs- und Verarbeitungsprozesse, die von den äußeren Lebensbedingungen und den individuellen Bedürfnissen abhängig sind und durch die Syntheseleistungen eines jungen Menschen bestimmt werden."* (Ebenda, S. 176)

Abb. 2-3 Rock'n Roll in der Ausbildung – eine Jahresarbeit schafft Raum für persönliche Initiative (vgl. Kap. 5).

stens mit der Pubertät. Es erscheint insofern die Möglichkeit nicht abwegig, daß diese Anforderung auch in besonderer Weise Flexibilität und Kreativität fördert. Jedenfalls entwickeln die meisten SchülerInnen individuelle Ressourcen und Fähigkeiten. Oft haben sie sich auch schon gegen Ende der Ausbildung ein persönliches Profil erarbeitet, das ihnen die Achtung der BerufskollegInnen einbringt.

2.2   Die biographische Situation

Wenn einige Aspekte der biographischen Gesetzmäßigkeiten entwickelt werden sollen, die für den (jungen) Erwachsenen von Bedeutung sind, scheint es ratsam, den Bezug zum Entwicklungsgedanken herzustellen. Biographie in diesem Sinn meint nicht eine Typologie von altersgemäßen Verhaltensweisen, wie sie berechtigterweise die Entwicklungspsychologie oder die Tiefenpsychologie dargestellt haben. Das hier zugrundeliegende Konzept geht vielmehr davon aus, daß es im Rahmen eines Lebenslaufs verschiedene, gesetzmäßig auftretende, lebensalterstypische Entwicklungsmöglichkeiten gibt, denen das Individuum frei gegenübersteht. Diese Ereignisse und Erfahrungen erfordern das aktive Engagement und eine jeweils individuelle Lösung. Der Mensch ist ihnen gegenüber nicht an bestimmte Verhaltensweisen gebunden. Er kann diese Entwicklungschancen auch ungenutzt an sich vorüberziehen lassen, wenn ihm z. B. gerade der Mut zum Ergreifen einer beruflichen Aufgabe, zu einer unausweichlichen Trennung oder dergleichen fehlt. Diese Art der Betrachtung hat die humanistische Psychologie – als Kontrapunkt zur behavioristischen und psychoanalytischen Psychologie – Mitte dieses Jahrhunderts neu aufgegriffen. Im Humanismus steht die Einzigartigkeit der Persönlichkeit im Vordergrund. *„Eine zentrale Annahme ist, daß der Mensch in seiner Richtung im Kern konstruktiv, fähig und willens ist, zu wachsen."* (Käppeli 1994, S. 14) Und Zimbardo schreibt: *„Die humanistische Psychologie befaßt sich mit der Entwicklung des menschlichen Potentials und nicht nur mit dessen angemessenem Funktionieren [...sie] tritt für das Wesen des Menschen ein, für die Ganzheit und Einmaligkeit des Individuums."* (Zimbardo 1983, S. 43)

Bereits 50 Jahre früher hat Rudolf Steiner sehr klar unterschieden zwischen der geistigen Individualität des Menschen und den seelischen und leiblichen Bedingungen, denen er unterliegt. Lievegoed charakterisiert diese Denkungsart folgendermaßen: *„Wie im biologischen Bereich Verlangen und Befriedigung als Gegensatzpaar zusammengehören, so gehören im geistigen Bereich Zielsetzung und Erfüllung zusammen."* (Lievegoed 1986a, S. 25) Im Bereich von „Verlangen und Befriedigung" befindet sich der Mensch in vielfältigen Zwängen. In Bezug auf seine Individualität jedoch ist er frei. Hier ist die Quelle seiner Initiative und Kreativität. Hier liegen auch seine Zukunftsmöglichkeiten. Temperament, Charakter und schließlich körperliche Merkmale sind Eigenschaften, die bereits manifest geworden sind und den Menschen binden. Als geistige Individualität kann er daran arbeiten.

Ein Beispiel: Der russische Maler Alexej Jawlensky brach seine Offizierslaufbahn ab, um sich ganz der Malerei widmen zu können. Seine intensive Auseinandersetzung mit den Qualitäten von Farbe und Struktur versetzte ihn immer mehr in die Lage, bis an die Grenze zur Abstraktion reduzieren zu können. Seine Bewegungsfähigkeit wurde mit zunehmendem Alter durch eine schwere rheumatoide Arthritis stark eingeschränkt. Die von ihm gegen das Lebensende hin gemalten Gesichter, seit 1934 „Meditationen" genannt, zeigen bei extrem reduziertem Bildaufbau ein Maximum an Ausstrahlung und Ausdruckskraft. An dieser Künstlerbiographie wird wie durch ein Vergrößerungsglas deutlich, was als Kraft in jedem Lebenslauf wirksam ist. Da ist ein Impuls, der gegen allen Zwang und alle Nötigung (bürgerliche Karriere und chronische Schmerzkrankheit) durchgetragen wird und der in der aufgezwungenen Beschränkung schließlich sogar seine höchste Erfüllung erfährt.

In diesem Sinn hat es eine besondere Bedeutung, wenn eine junge Frau, Ende 20, nach abgeschlossenem Lehramtsstudium schließlich den Mut aufbringt, gegen gesellschaftliche Widerstände eine Ausbildung in der Krankenpflege zu beginnen. Sie schreibt in ihrem Lebenslauf (nach einem Identitäts- und Glaubensfindungskurs): *„Die Erfahrungen dieser Woche haben mich gestärkt und auch befähigt, die notwendigen Konfrontationen mit meinen Eltern und meinen Freunden auszutragen."* (Vgl. Anhang, Abschn. Bewerbermotive) Gerade für den Pädagogen ist es wichtig, diese individuellen Impulse zu berücksichtigen. In einem Lebenslauf können sie als „roter Faden" erkennbar werden. Sie stellen eine wesentliche Ressource einer entwicklungsorientierten Berufsbildung dar. Alle Pädagogik, die sich nicht an das sich selbst steuernde Subjekt richtet, befindet sich in Bezug auf den Lernweg noch im Bereich der Konditionierung. Das prüfende und selbständig handelnde Ich des Menschen ist die Instanz, die den Bildungsinhalten Bedeutung und Sinn verleiht, und nicht der Lehrer, wenn er auch bisweilen von dieser Illusion geleitet wird. In dieser Art Berufsbildung müssen Lehrende sich von der Vorstellung lösen, sie könnten „ihre" SchülerInnen und Schüler zu ihrem Idealbild einer Pflegeperson erziehen. Der Berufsbildungsprozeß wird sich in dem jeweils möglichen Rahmen individualisieren. Und wenn die Ausbildung gut verläuft, hat am Ende jede Schülerin bzw. jeder Schüler die persönlichen Motive in der Pflege ein Stück weit Wirklichkeit werden lassen können. Auf diesem Weg kann auch ohne Groll erkannt und akzeptiert werden, daß es einige SchülerInnen gibt, deren Wege wieder aus der Pflege herausführen.

Manchen Pädagogen beschleicht hier die verständliche Sorge, daß bei aller Individualisierung das Berufsziel diffus werden könnte. Diese Sorge ist vermutlich auch ein Grund dafür, daß in Deutschland traditionell die Allgemeinbildung scharf von der beruflichen Bildung (im dualen System) getrennt wurde.[17] Erstere soll die Persönlichkeit bilden, letztere Fertigkeiten trainieren, die ein bestimmtes Berufsbild erfordert. Mit diesem Buch soll belegt werden, daß im Gegenteil ein entwicklungsorientierter Bildungsprozeß auf besondere Weise geeignet ist, eine beruflich handlungsfähige Persönlichkeit hervorzubringen.

2.2.1   Adoleszenz – Erwachsenwerden

Der Übergang vom Jugendalter in das junge Erwachsenenalter (16/17 bis 22–24 Jahre) kann erlebt werden als eine erste Konsolidierung. Die Stürme der Pubertät sind mehr oder weniger überstanden. Das Wechselbad zwischen

---

[17] Nach dem Berufsbildungsgesetz staatlich anerkannte Ausbildungsberufe werden dual, d. h. an zwei Lernorten ausgebildet: Berufsschule und Ausbildungsbetrieb. Die meisten nichtakademischen Berufe (z. B. Handwerk) werden in Deutschland auf diese Art erlernt. Die scharfe Trennung zwischen Allgemein- und Berufsbildung wird von zeitgenössischen Autoren allerdings nicht mehr aufrecht erhalten. (Vgl. Golas 1992, S. 4–8)

„himmelhoch jauchzend" und „zu Tode betrübt" hat zumindest seinen existentiellen Charakter verloren. Die Schulzeit ist Geschichte, und der Eintritt ins Berufsleben oder die Aufnahme eines Studiums können neugierig in Angriff genommen werden.

Stand in der Pubertät das Erwachen der Persönlichkeit im Vordergrund, so ist es jetzt die Lösung vom Elternhaus. *„Die wichtigsten Fragen dieser Phase sind daher: Wer bin ich? Was will ich? Was kann ich?"* (Lievegoed 1986a, S. 51) Hatte in der Pubertät das Kennenlernen des eigenen seelischen Erlebens Priorität, geht es jetzt darum, den eigenen Platz in der Welt auszuloten.

Kennzeichnend für diese Zeit ist die Suche nach Idealen, an denen die weitere Entwicklung ausgerichtet werden kann. Das kann sich in der Begeisterung für Mahatma Gandhi oder eine politische Partei oder Ideologie ausdrücken – das junge Israel hat ebenso wie die junge DDR auf diese Kräfte gebaut. Andere führt es auch in die Auseinandersetzung mit religiösen oder philosophischen Themen. Schlimm sind in diesem Zusammenhang nicht ideologische Verirrungen, sondern das Ausbleiben dieses Experimentierens mit Idealen. Die Suche nach Idealen darf allerdings nicht als weltabgewandte Schwärmerei mißverstanden werden. Der hier gemeinte Idealismus drückt sich aus in der Art, wie die Umwelt erlebt wird. Und das ist wiederum abhängig von den Bildern, die sie anbietet. Daraus entwickelt der junge Mensch zunächst probeweise seine Haltung, in der er der Welt begegnet. Ein Milieu, das durch scharfe Ironie gekennzeichnet ist, wird beim Jugendlichen Skeptizismus hervorrufen. Der Zweifel wird hier zum „Ideal". Ein utilitaristisches Umfeld, das von ständigen Aufwand-Nutzen-Kalkulationen geprägt ist, wird eher einen abgeklärten Realismus erzeugen. Das Ideal wird dann sein: Mir macht keiner etwas vor, ich werde schon das Maximum für mich herausholen. Andererseits wird ein Klima der gegenseitigen Achtung und Toleranz Vertrauen stärken und Solidarität als Ideal aufleuchten lassen. Die beschriebenen Negativ-Ideale sind nicht das Physiologische, sondern in Wirklichkeit Ideal-Karikaturen. Bei diesen jungen Erwachsenen ist es schwer, den eigentlichen Impuls herauszufinden. Der Pädagoge Hartmut von Hentig: *„Wer keine Beunruhigung durch letzte Dinge zeigt, bleibt ein unzuverlässiger, weil unkritischer und ein geistig armer, weil geistig oberflächlicher Mensch. Wenn Bildung dazu beitragen soll, den Menschen vor einem zweiten Auschwitz zu bewahren, dann muß sie zu jenen Fragen ermutigen, ihnen Sprache geben, ihnen einen hohen Rang einräumen, damit die Menschen Zeit und Ernst auf sie verwenden."* (von Hentig 1996, S. 16)

Jedenfalls sind Pädagogen dafür verantwortlich, die Auseinandersetzung mit Idealen, die in keinem anderen Alter so essentiell notwendig ist, wie in Pubertät und Adoleszenz, zuzulassen und auch anzubieten. *„Ohne Sinn sind*

Schulen Häuser der Leere, nicht der Lehre." (Postman 1995, S. 20) Legt die Ausbildung in der Krankenpflege beispielsweise ihren Schwerpunkt allzusehr auf naturwissenschaftliche Themen und Deutungsmuster, huldigt sie damit dem „Gott der Machbarkeit", der die Illusion erzeugt, alles sei erklärbar. *„Das Maß der 'Wahrheit' oder 'Unwahrheit" einer Erzählung [Postmans Synonym für Ideal; Anm. d. Autors] liegt in ihren Folgen: Gibt sie den Menschen ein Gefühl persönlicher Identität, ein Gefühl der Gemeinschaft, eine Grundlage für moralisches Verhalten und Erklärungen dessen, was nicht erforscht werden kann?" (Postman 1995, S. 20) Denn: „Das Ziel einer Erzählung ist es [...], der Welt Bedeutung zu geben, nicht sie wissenschaftlich zu beschreiben.*" (Postman 1995, S. 20)

Ein weiteres Thema dieser Altersgruppe liegt in einer ersten Wandlung der Sexualität. *„Die Aufgaben dieser Lebensphase sind [...] u. a. die Verbindung zwischen sinnlicher (biologischer) Sexualität und seelischem Eros.*" (Lievegoed 1986a, S. 51) Es erwacht hier das Gefühlsleben in der Hinwendung zu einem anderen Menschen. Im Zustand des Verliebtseins ist das ganze Erleben verwandelt. Die biologische Sexualität kann in der Regel davon sehr gut abgegrenzt werden.

Sexistische Übergriffe (z. B. durch Patienten) sind in diesem Alter besonders demütigend, weil sie eine Grenze verletzen, die gerade erst entdeckt worden ist. Aber auch die alltägliche Intimität zwischen den Geschlechtern bei der Körperpflege, der Hilfe bei Ausscheidungen, ist nicht ohne Spannungen. Veranstaltet man in der Ausbildung ein Seminar zur Geschlechterproblematik, von der die Sexualität nur eines mehrerer Themen ist, kann es nicht verwundern, daß die Reflexion des eigenen Erlebens zunächst ganz im Vordergrund steht. Dagegen verblaßt das Interesse an der beruflichen Situation. Ältere Teilnehmer einer Fortbildung können in der Regel distanzierter an dieses Thema herangehen und Situationen leichter objektivieren.

Während sich für den Studenten an der Hochschule das Erwachsenwerden auf eine gewisse Weise verzögert, wird für die jungen Menschen in der Ausbildung der Begriff der Verantwortung zu einem Leitthema. Adoleszenz bedeutet, *„ 'daß der junge Mensch sich selbst übernimmt', das heißt, daß er lernt, sich selbst anzunehmen und seine Wahl und Entscheidung selbst zu verantworten [...] Aber auf dem Weg dahin muß Erfahrung gesammelt werden, muß 'jeder seine Dummheiten selber machen', wenn er nur bereit ist, aus ihnen zu lernen.*" (Lievegoed 1986a, S. 53)

Die Schülerin in der Pflegeausbildung muß nicht nur Entscheidungen treffen, deren Folgen sie selbst ausbaden muß, sondern auch solche, deren Folgen z. B. Patienten erdulden müssen. Das kann sie unmittelbar erleben, wenn

Abb. 2-4 Der Umgang
mit Konflikten läßt
sich auch im Klassen-
zimmer üben.

Maßnahmen der Körperpflege, therapeutische Eingriffe wie Injektionen oder
das Legen einer Magensonde und andere pflegetechnische Verrichtungen
zunächst an MitschülerInnen geübt werden, bevor sie am Patienten zur Anwendung kommen. Zehn Theoriestunden Ethik können nicht ersetzen, was
in einer solchen Übungsstunde an moralischen Erfahrungen entsteht. Natürlich muß diese Erfahrung auch reflektiert werden, sonst ist der Lernerfolg
gering. Im übrigen ist eine nichtreflektierte Erfahrung möglicherweise schlim-
mer als gar keine. Ausgestandene Ängste, Verletzungen und andere Gefühle
suchen sich andere Kanäle, wenn sie nicht bewußt gemacht werden. Auch
im theoretischen Unterricht läßt sich eine Kultur der gegenseitigen Achtung

und Verantwortung voreinander entwickeln. Es muß nicht immer der Lehrer sein, der darauf hinweist, daß ein Schüler die Angewohnheit entwickelt hat, in seinen Beiträgen umständlich noch einmal zu erörtern, was thematisch bereits abgeschlossen war. Hier ist ein großes Übungsfeld, was unter anderem dadurch besonders fruchtbar ist, daß die Lehrer-Schüler-Hierarchie durchbrochen werden kann. Diese Übungssituation lebt davon, daß jeder seine persönliche moralische Kompetenz einbringt. Wenn die Lehrerin es ernst meint und sich auch kritisieren läßt – Anlässe dazu gibt es genug –, kann eine partnerschaftliche soziale Übung daraus werden.

Es ist hier aber auch Gelassenheit angesagt, denn *„es fehlt noch die 'grundlegende Haltung der Geduld' gegenüber einer von Mittelmaß und Alltäglichkeit beherrschten Wirklichkeit.“* (Lievegoed 1986a, S. 53) Lievegoed führt weiter aus: *„In dieser Situation beschleunigt und intensiviert die 'Triebkraft' der Vitalität die Entwicklung. Zusammenhängend mit einer noch fehlenden Erfahrung vom zähen Widerstand der Realität, entsteht ein Defizit an Wirklichkeitssinn, das dazu führt, daß jedes Urteil bedingungslos gefällt und jeder Kompromiß abgewiesen wird.“* (Ebd., S. 52) Man darf nicht glauben, daß der Unterricht unbedingt harmonischer wird. Lebendiger wird er gewiß – und Üben heißt nicht Können. Welche Chance jedoch in dieser Auseinandersetzung steckt, deutet Lievegoed an: *„Aber dieselbe Unerfahrenheit mit den Widerständen der Realität kann den Mut zu einem Lebensentschluß geben, zu dessen Verwirklichung noch Jahrzehnte nötig sind.“* (Lievegoed 1986a, S. 53)

Ein Mensch kann an den schwierigen Bedingungen des Berufsfeldes schon während der Ausbildung verzweifeln, oder die Schwierigkeiten wecken seinen Ehrgeiz, es mit ihnen aufzunehmen. Das hängt maßgeblich davon ab, ob es in seiner Ausbildung gelingt, den Handlungsspielraum erfahrbar zu machen, den er trotz aller Beschränkungen hat. Nur darüber kann sein Wille geweckt werden, aktiv einzugreifen. Ein passives Konsumieren der Ausbildung lähmt diesen Willen. Die besten Möglichkeiten, den SchülerInnen diese Erfahrungen zu erschließen, liegen in der Praxisbegleitung. Ein pflegeerfahrener und pädagogisch geschulter Anleiter ist in der Lage, im Praxisfeld exemplarische Situationen bewußt zu machen und mit der Schülerin Lösungen zu entwickeln. Dieses ist die authentischste Lernsituation, die sich herstellen läßt. Was hier funktioniert, ist unmittelbar glaubwürdig. Einer Schülerin, die einmal erlebt hat, wie sich ihr durch ein gezieltes Gespräch mit einem Patienten ein neues Verständnis für dessen Situation erschlossen hat, braucht man nicht mehr lange vom Sinn der Pflegeanamnese zu erzählen.

2.2.2   In den 20ern – Die romantische Phase

Die Jahre zwischen Anfang und Ende 20 sind weitgehend bestimmt durch ein positives Lebensgefühl. Die Unsicherheiten und Zweifel der Adoleszenz sind überwunden. Mann und Frau richten sich im Leben ein. Im Privaten bedeutet das oft das Eingehen einer Partnerschaft, eventuell auch schon Kinder. *„Man beginnt nun, die Zukunft in den Griff zu bekommen. Auf allen Gebieten setzt ein starker, vitaler Drang nach Expansion ein."* (Lievegoed 1986a, S. 63–64) Beruflich werden erste Schritte gemacht. Erfolge stellen sich ein. Anerkennung ist sehr wichtig. *„Ich erwarte, daß meiner enormen Kraft entsprechend das Leben enorme Dinge für mich bereithält! Und ich werde bestimmt Großes leisten!"* (Wais 1992, S 164)

Es ist wichtig, daß der Arbeitsplatz nicht ganz von dieser tatkräftigen Generation dominiert wird, sonst kann es passieren, daß innerhalb eines Jahres eine ganze Station reformiert ist: Viele alte Regeln sind umgestoßen, die neuen können jedoch nicht immer genau erinnert werden. Man hat sich ein neues Arbeitszeitmodell ausgedacht. Alle Funktionen, wie z. B. Schülerbetreuung, Bestellwesen und Dienstplanung, sind nach dem Delegationsprinzip auf alle Mitarbeiter verteilt worden, und zu spät wird bemerkt, daß in der Urlaubszeit Schwierigkeiten entstehen. Es ist diese Zeit, in der die eigene Innenwelt erstmalig als geschlossene Einheit erlebt wird. Nicht mehr jede neue Idee ist mitreißend. *„Die ganze mittlere Phase des Lebens, vom frühen Erwachsenenalter bis Anfang 40, ist die Zeit, in der sich ein reiches Innenleben in seiner ganzen Vielfalt entwickelt und sich in nach außen gerichteten Zielsetzungen manifestiert."* (Lievegoed 1986a, S. 67) Bewußt wird *„die konkrete Erfahrung vom Anfang und Ende des Lebens, von Sinn und Sinnlosigkeit und von freiwillig gewählter Verantwortung gegenüber den Menschen und den gesellschaftlichen Institutionen."* (Lievegoed 1986a, S. 66–67) Alle Ereignisse wirken in dieser Zeit stark auf das Empfindungsleben. *„Es ist die romantische, gefühlsgetränkte Zeit der Biographie."* (Wais 1992, S. 167)

Für den Pflegeberuf ist das Chance und Gefahr zugleich. Empathie und Mitleidskräfte entwickeln sich hier. SchülerInnen in diesem Alter entfalten bisweilen auch ihren jüngeren Kurskolleginnen gegenüber eine große Hilfsbereitschaft, werden zu einem sozialen Mittelpunkt. Der junge Mensch ist aber berechtigterweise noch mit sich beschäftigt. *„Natürlich steigern sich die biographischen Entwicklungen oft zur Selbstlosigkeit hin. Aber das ist erst nach der Lebensmitte das Thema."* (Wais, 1992, S. 166) Sowohl der Lernende, als auch der im Beruf stehende muß in diesem Alter Strategien entwickeln, die ihn davor schützen, am Mitleid mit zu leiden, krank zu werden. In Aus- und Fortbildung ist es daher notwendig, dem Thema „Nähe und Distanz" viel Aufmerksamkeit zu widmen. Das kann in kursinternen, aber auch persönlichen Rückblicken auf Situationen aus dem beruflichen und ggf. auch privaten Alltag geschehen.

Von besonderer Bedeutung für die Berufsbildung ist das veränderte Lernverhalten. Erwachsensein bedeutet, *„daß da jetzt jemand ist, ein Ich, das selbst festlegt, was es lernen möchte [...], das aus sich selbst heraus [...] Interessen entwickelt, Fragen hat an die Welt und diesen aus eigenem Antrieb nachgeht.“* (Wais 1992, S. 163)

Abb. 2-5 Produkt einer Jahresarbeit: ein teelichtbetriebener Sterling-Motor (vgl. Kap. 5)

Es ist für den Erwachsenenbildner Chance und Verpflichtung gleichermaßen, diesen Interessen und Fragen entgegenzukommen. Ein starres Ausbildungsprogramm erzeugt Lethargie und Abwehr. In der Vergangenheit
entsprachen diesem biographischen Bedürfnis die Wanderjahre des Gesellen
in den Handwerkergilden. Aber auch die gesetzlichen Rahmenbedingungen
der Ausbildung für die Pflegeberufe bieten einigen Spielraum zur freien Gestaltung. So sind beispielsweise Seminar- und Projektunterricht geeignet,
um individuelle Kompetenzen und Bedürfnisse in den curricularen Kontext
einzubeziehen. Ganz allgemein ist jede Maßnahme gut, die die Verantwortung für einen bestimmten Teil der Ausbildung an die SchülerInnen delegiert.
Oft bringen SchülerInnen auch Fachkenntnisse und manchmal schon Ex-
pertenwissen aus Praktika oder aus ihrer vorberuflichen Entwicklung mit.
Es gibt vielfältige Möglichkeiten, dieses Expertentum in die Ausbildung einfließen zu lassen. Das reicht von der Gestaltung einer kleinen Übung bis
zur Übernahme ganzer Unterrichtsstunden durch SchülerInnen. Die anfäng-
liche Scheu wird angesichts der positiven Erfahrungen mit den Mitschüler-
Innen rasch überwunden. In der Fortbildung sind die Möglichkeiten, auf
den echten Bedarf der TeilnehmerInnen einzugehen natürlich noch viel
größer.

Es darf jedoch nicht unterschlagen werden, daß die neue Lebenssituation auch
*„zu Empfindungen der Unsicherheit und Ratlosigkeit oder des Ausgesetzt-
Seins führen [kann]."* (Wais 1992, S. 165) Manch einer fühlt sich schlicht
überfordert. Er hatte vielleicht gedacht, die eine Schulsituation mit der anderen zu vertauschen und stellt auf einmal fest, daß die Ausbildung nur stattfindet, wenn er sich engagiert und daß eine Haltung des Sich-bedienen-lassens
zu Störungen führt. Auch hier sind Toleranz und Unterstützung angezeigt,
wenn auch in der Sache keine Nachgiebigkeit. Neue Lernformen müssen ein-
geübt werden. Hier ist die individuelle Beratung oft unverzichtbar.

Engagierte LehrerInnen sind hier in der Versuchung, die Krise durch ein
verstärktes und noch großartigeres Angebot zu entschärfen. Es ist jedoch in
diesem Alter nicht mehr angezeigt, eine Bildungsmaßnahme nur zu konsumieren. Durch brillante Vorträge und aufwendigen Multimedia-Einsatz läßt
sich diese physiologische Lernkrise hinauszögern, nicht jedoch verhindern.
Am Ende der Jahre zwischen Anfang und Ende 20 schließlich *„findet die erste
Rückschau statt, das deutliche Gefühl, von seiner Jugend Abschied genommen zu haben, kommt auf."* (Lievegoed 1986a, S. 69) Ein neuer Lebens-
abschnitt beginnt.

2.2.3 Ende 20 bis Mitte 30 –
Mit beiden Beinen fest auf der Erde

Zum ersten Mal hat der schon vielfach vernommene Satz, daß der Ernst des
Lebens nun beginne, eine Berechtigung. *„In den zwanziger Jahren konnte
man seine Hoffnungen und Wünsche testen, jetzt kommt es darauf an, den
weiteren Verlauf des Unternehmens zu planen."* (Lievegoed 1986a, S. 70)
Der Mensch hat in der Regel seine berufliche Situation gefestigt. Seine Lei-
stungsfähigkeit befindet sich auf ihrem Gipfel. Er ist verwoben in einem Netz
von Verpflichtungen. Er ist Realist, weiß, was er kann. *„Was das Berufsleben
angeht, so kann man diese Phase die organisatorische Phase nennen, weil
der Mensch in dieser Periode dazu neigt, alle Probleme organisatorisch zu
lösen. Man muß einen Überblick haben, Faktoren analysieren können und
logische Entscheidungen treffen, die auf Tatsachenermittlung und Prognose
beruhen."* (Lievegoed 1986a, S. 70) In den Schulkollegien muß man sich an
Menschen dieses Alters wenden, wenn man irgendwelche Gesetze, Verord-
nungen oder Erlasse vergessen hat, die es z. B. zur Vorbereitung einer Prüfung
einzuhalten gilt. *„Die Person wird selbstbewußt und meint, das Leben gehe
nun so weiter."* (Lievegoed 1986a, S. 72) *„Ein neuer Wert entsteht: Bei der
Aufgabe, einer Partnerschaft, bei den gegebenen Verhältnissen zu bleiben.
Dies aber nicht mit einer passiven Haltung – 'So ist es eben' – sondern mit
dem Impuls, daß die gegebenen Verhältnisse gestaltbar sind."* (Wais 1992,
S. 168–169) Menschen dieses Alters sind Garanten für Kontinuität.

Daß diese Generation in Pflegegruppen in Kliniken und Heimen in Deutschland (West)[18] oft unterrepräsentiert ist, hat einen wesentlichen Anteil an
den Schwierigkeiten, einen bestimmten Qualitätsstandard über Jahre auf-
rechtzuerhalten. In der Schülerrolle kann jemand mit Anfang 30 eine sehr
wohltuende Wirkung ausüben. Nicht lieblos, aber mit gelassenen Worten
kann er bisweilen emotionale Wogen glätten. So überläßt er diese Rolle
nicht der Lehrerin allein. Das ist für das soziale Lernen sehr hilfreich.

2.2.4 Mitte 30 bis Anfang 40 – Existentielle Fragen

*„'Wie ein Dieb in der Nacht' schleicht sich in diese sichere und verplante
Welt der Zweifel ein."* (Lievegoed 1986a, S. 74) Man kennt sich gut, hat eventuell erreicht, was möglich ist, und nun stellt sich die Frage: Wozu? Zunächst

---

[18] Bei Besuchen in verschiedenen Kliniken Ostdeutschlands Anfang der 90er Jahre habe ich die Erfahrung gemacht, daß in den Stationsgruppen die verschiedenen Lebensalter ausgewogener repräsen-
tiert waren, als in vergleichbaren Häusern in Westdeutschland. Diese Beobachtung wurde bestätigt
und begründet mit der anderen Stellung der Frau im Erwerbsleben in der ehemaligen DDR: Auch in
der sogenannten Familienphase blieb die Mutter in aller Regel berufstätig.

läßt sich diese neue Unsicherheit übertönen durch noch mehr Arbeit oder Intensivierung der Hobbys. Aber langsam zeichnet sich immer deutlicher ab: Es *„geht nicht mehr um die Frage: 'Was hat mir die Welt zu bieten?' [...] sondern nun bewegt die Frage: 'Was habe ich der Welt zu bieten?'"* (Wais 1992, S. 172) Bis eben noch habe ich fest auf mein Wertesystem gebaut, jetzt sehe ich es in Frage gestellt. Existentielle Fragen treten auf. Eine Sinnkrise zeichnet sich ab.

Bisweilen wird die berufliche Laufbahn an dieser Stelle abgebrochen. Es bewirbt sich jemand um einen Ausbildungsplatz in der Krankenpflege, der bisher als Informatiker arbeitete. Hier muß sehr genau geprüft werden, ob das wirklich der richtige Weg sein kann. *„Nichts ist dagegen einzuwenden, daß jemand etwas anderes tun will, nur sollte er das Gewohnte erst einmal anders tun können, dann ist es meistens auch nicht mehr nötig, den Beruf oder die Stelle zu wechseln."* (Lievegoed 1986a, S. 76)

Die Krankenschwester um die 30 erwartet in einer Fortbildung über die Schüleranleitung praktische Ratschläge und konkrete Methoden. Die Enddreißigerin stellt eventuell erleichtert fest, daß sie das nicht geboten bekommt. Denn sie hat ganz andere Fragen. Sie hat schon erlebt, daß das berufliche Lernen leicht zur „Dressur" werden kann, wenn die Bedeutung nicht geklärt wird, die es für den Lernenden und die Anleitende hat. Während die eine sich für eine Methode oder Struktur der Anleitung begeistern, oder zehn konkrete Gründe aus der Praxis liefern kann, warum das nicht geht, fragt die andere nach dem Sinn, der persönlichen Bedeutung für die Schülerin, die Patientin und sich.

Dieses Alter stellt eine echte Klippe dar. Es werden gewissermaßen die Weichen gestellt für den zweiten Teil des Lebens. Lievegoed sagt *„daß die geistige Entwicklung des Menschen Anfang der vierziger Jahre vor einem Scheideweg steht. Entweder nimmt sie mit den biologischen Funktionen ab, oder sie steigt zu völlig neuen Bereichen empor, wo ganz andere, schöpferische Kräfte geweckt werden, die einen zweiten Höhepunkt der menschlichen Schaffenskraft ermöglichen."* (Lievegoed 1986a, S. 76–77) Um das zu erreichen, muß der Mensch aufgehört haben, jung sein zu wollen. Schafft er das nicht, *„dann entsteht der alte Mensch im schlimmen Sinn; genauer gesagt, jener, der nicht 'alt' werden will."* (Guardini 1994, S. 55). Schlimmstenfalls macht sich jemand zur Karikatur eines „50jährigen Jugendlichen", oder er wird Tyrann, der sich ständig beweisen muß, daß an ihm noch keiner vorbeikommt. Das ist sicher eine der schwersten physiologischen Krisen des Lebenslaufs. Über diese zweite Lebenshälfte sei nur soviel gesagt: Ab diesem Alter muß man nicht mehr alles selbst machen. Es ist richtig, daß zunehmend die Jüngeren

Verantwortung übernehmen. Lebenserfahrung kann jetzt zur Frucht werden, die den Jüngeren begleitend und beratend zur Verfügung gestellt wird.

In einem Schulkollegium kann eine ältere Kollegin das Kunststück vollbringen, einerseits den jüngeren Mut zu machen in ihrer Kreativität, im Ausprobieren neuer Wege. Andererseits können sich die Jüngeren darauf verlassen, daß die erfahrene Kollegin in den 50ern das Leitbild der Institution nicht aus den Augen verliert. Ist beispielsweise ein junges Kollegium begeistert ergriffen von der Woge des Projektunterrichts, wird es die ältere sein, die anmahnt, daß den SchülerInnen vor lauter Aktivität die Kraft auszugehen droht.

2.2.5 Die Bedeutung von Krisen

Kann man als „Motor" des individuellen Lebensweges das Ich des Menschen ansehen, so sind die Krisen der „Treibstoff". Biographische Entwicklung vollzieht sich – wie jede Entwicklung – nicht linear. Sie ist kein additiver Prozeß, in dem kontinuierlich Kompetenzen angereichert werden. Der Lebenslauf ist gekennzeichnet durch Sprünge, Stillstand, Rückschritte und Durchbrüche. Das Motiv einer neuen Phase muß erarbeitet werden. Die Veränderungen im seelischen Erleben, die neuen Fragen sind immer zunächst unbequem. Man hatte sich gerade so gut eingerichtet. So liegt das Alte mit dem Neuen im Streit, der nur dialektisch aufgelöst werden kann: Der Mensch muß aus eigener Kraft neue Eigenschaften und Fähigkeiten einüben, die ihn schließlich im Sinne einer Synthese seinen eigenen Weg finden lassen. *„Wir erinnern uns, worin das Wesen jener besonderen Beunruhigungen bestand, die wir mit dem Wort 'Krise' bezeichnet haben. Während eine Lebensgestalt noch in Kraft war, aber ausgelebt wurde, drängte eine andere vor und brachte sich zur Geltung. Die Abfolge der Phasen geht ja nicht so vor sich, daß die eine mit glattem Schnitt zu Ende ginge, während die nächste als Ganzes neu ansetzte [...] Andererseits geht der Übergang aber auch nicht so vor sich, daß die erste Lebensphase sich allmählich in die folgende umwandelte, sondern jede der beiden behauptet sich als Gestalt. Daher muß die neue sich im Bereich der alten durchsetzen, und ruft eben jene Spannungen und Durchkreuzungen hervor, die wir als Krise bezeichnen."* (Guardini 1994, S. 61)

Wie im Großen, so auch im Kleinen. Jedem echten Lernprozeß mangelt es nicht an Schwierigkeiten, Hürden, Verzweiflungen, Teilerfolgen und Rückschlägen. Gelingt er jedoch, ist er von einem mehr oder weniger befriedigenden Erfolgserlebnis gekrönt. Und blickt man ganz ehrlich zurück, spürt man deutlich, daß man den Streß, der durchgestanden wurde, gar nicht wegwünschen mag. Er war es nämlich, der den Erfolg erst ermöglichte. Wieviel Schweiß hat jeden Lehrer die erste Lehrprobe gekostet. War sie aber erfolgreich, ist jeglicher Groll über die Anstrengung verflogen. Neben dieser (Willens-) Anstrengung hat Lernen auch immer mit Verlust und Ungewißheit zu tun. Wo das Alte noch nicht losgelassen werden kann, kann keine wirklich neue Fähigkeit entstehen. Es geht hier wohlgemerkt nicht um das Aneignen neuer Kenntnisse oder Fertigkeiten allein, sondern um das persönliche Verbinden mit ihnen, bis hin zum freien, selbständigen Handhabenkönnen. Oft verliert man alte Sicherheiten, bevor ein neuer, tragfähiger Grund gelegt werden kann. Lernen ist also immer auch Krise – in verschiedenen Graden. Das gilt gleichermaßen für das berufliche Lernen. Der Lehrer tut gut daran, Krisen als „Methode des Lernens" ernstzunehmen. Die Regel der Themenzentrierten Interaktion[19], „Störungen haben Vorrang", ist meiner Meinung nach so zu verstehen, daß Störgefühle, widerstreitende Gedanken usw. zu schöpferischen Elementen des Lernprozesses werden können, wenn Störer und auch Gestörter die Störung wirklich ernstnehmen – bloße Krittelei ist hier nicht gemeint – und konstruktiv reflektieren.

2.3   Das Berufsfeld der Pflege

Anders als in zahlreichen anderen westlichen Ländern[20] ist es in Deutschland, Österreich und der Schweiz bis heute nicht befriedigend gelungen, die berufliche Pflege zu einer Profession[21] zu entwickeln. Weder ist eine einheitliche Definition dessen, was Pflege sei, gefunden und in gesetzliche Regelungen überführt worden, noch ist der Bedarf der Bevölkerung an professioneller Pflege verbindlich festgestellt worden. Diese besondere Situation ist nur vor dem Hintergrund der historischen Entwicklung zu verstehen, auf die an dieser Stelle nicht vertiefend eingegangen werden kann (vgl. dazu Mischo-Kelling und Wittneben 1995, S. 207–251).

Besondere Bedeutung kommt der Tatsache zu, daß sich die berufliche Pflege auf der Grundlage weltlicher und kirchlicher Pflegeorden zu einem Frauenberuf entwickelte. Bäcker schreibt: *„Diese geschlechtsspezifische Berufsorientierung entspricht der weiblichen Haushalts- und Familienarbeit, die in die Berufstätigkeit hinein verlängert wird."* (Bäcker 1990, S. 66)[22] Vor diesem Hintergrund entstand *„das traditionelle Leitbild der Krankenpflege als dienender Hilfe sich aufopfernder, selbstloser Krankenschwestern."* (Ebd., S. 66) Denn: *„Diese die Krankenpflege charakterisierende Vermischung aus ge-*

---

[19] Die TZI (Themenzentrierte Interaktion) geht auf Ruth C. Cohn zurück, die damit ein Lernmodell geschaffen hat, bei dem die Beziehung zwischen Lernenden und Lehrenden im Vordergrund steht, und mit dem eine einseitig kognitive Ausrichtung des Lernprozesses überwunden werden soll. Seine Grundlagen gehen auf die humanistische Psychologie und Pädagogik zurück.
[20] Insbesondere die USA, Großbritannien, Skandinavien und die Benelux-Staaten.
[21] Zu den Merkmalen einer Profession vgl. Käppeli 1988: gesellschaftliches Mandat, spezifisches Fachwissen, strukturierte Berufsausbildung, Autonomie, Organisation des Berufes in Verbänden, Kodifizierung berufsethischer Normen.
[22] Die im folgenden zitierten Befunde Bäckers wurden in Westdeutschland erhoben. Sie sind sicher nicht ungeprüft auf den Bereich der neuen Bundesländer übertragbar.

schlechtsspezifischen und berufsideologischen Zuschreibungen findet ihren historischen Ursprung in der Hinwendung bürgerlicher Frauen zu dieser Tätigkeit. " (Ebd., S. 66) Das hatte folgende Konsequenz: „*Schlechte Arbeitsbedingungen und hohe Arbeitsbelastungen werden als normal empfunden; sie werden so akzeptiert oder geduldet wie die einseitige Belastung der Frauen durch Haus- und Familienarbeit.* " (Ebd., S. 66)

Die gesellschaftlichen Erwartungen orientieren sich gleichfalls an dieser Ideologie, daher scheint an den problematischen Arbeitsbedingungen in der Pflege kein öffentliches Interesse zu bestehen. Vor dem Hintergrund der demographischen Entwicklung und rückläufiger öffentlicher Mittel wird die sozialpolitische Diskussion von zwei Problemstellungen beherrscht: „*Es geht einerseits um die Ausgaben- und Kostenentwicklung und andererseits um die inhumanen Auswirkungen der Leistungserstellung auf die Betroffenen selbst.* " (Ebd., S. 61) Für die Leistungserbringer gilt hingegen: „*Soziale Dienstleistungen müssen in der Humanisierungsforschung und -umsetzung als besonders vernachlässigter Bereich gelten.* " (Ebd., S. 61) Diese Situation wird noch verschärft durch die geringe Konfliktfähigkeit der ArbeitnehmerInnen in der Pflege. Die meisten Arbeitsplätze außerhalb der städtischen Ballungsgebiete liegen z. B. für die Krankenpflege im Bereich freigemeinnütziger Träger. Das hat arbeits- und tarifrechtliche Konsequenzen: Zumindest „*die Kirchen regeln die Arbeitsbedingungen und Verhältnisse in eigener Zuständigkeit.* " (Ebd., S. 65) Daraus resultiert: Der Mitarbeitervertretung stehen im Vergleich zu einem Betriebsrat geringere Rechte zu; der Kündigungsschutz gilt nur eingeschränkt; die Gewerkschaften werden nicht als Tarifparteien anerkannt. Die negative Auswirkung der unzureichenden berufspolitischen Interessenvertretung wird ergänzt durch die besondere berufliche Aufgabe der Pflegenden: Mittel der Konfliktaustragung wie Überstundenverweigerung oder Streik würden der Fürsorgeverantwortung eklatant zuwiderlaufen. Im übrigen steht das Krankenpflegepersonal „*noch unter dem Druck der hohen Zahl unentgeldlicher Mitarbeiter durch Ordensangehörige [...] ehrenamtliche Kräfte, Zivildienstleistende, junge Frauen im 'freiwilligen sozialen Jahr'.* " (Ebd., S. 65)

Bäcker identifiziert bezüglich der Krankenpflege, die er als exemplarisch für einen sozialen Dienstleistungsberuf herausgreift, insbesondere folgende besondere Arbeitsbelastungen (vgl. Bäcker 1990, S. 71–82):

- ■ Personalbemessung und Arbeitsintensität. Rationalisierungsmaßnahmen im Krankenhaus haben zu einer Steigerung der Arbeitsintensität geführt: Sogenannte pflegefremde Tätigkeiten, wie z. B. Hol- und Bringedienste, wurden und werden zentralisiert, persönliche Dienstleistungen zunehmend technisiert; qualifizierte Mitarbeiter werden durch ungelernte ersetzt, und die Verkürzung der Verweildauer führt zu größerer Arbeitsdichte (vgl. Bäcker 1990 S. 69). Aus diesen Gründen hat die Möglichkeit der psychosozialen Betreuung trotz steigenden Personalstands abgenommen. Pflegende geraten dadurch in wachsenden Widerspruch zu ihrem eigenen Humanitätsideal.[23]

■ Arbeitszeit und Arbeitsbelastungen. Wechselschicht und insbesondere Nachtarbeit[24] sind im Klinikbereich die Regel. Dadurch wird *„die gesellschaftlich übliche Synchronisation der Zeitstruktur von Arbeit, Erholung, Freizeit und Schlaf durchbrochen."* (Ebd., S. 75) Überstunden sind die Regel.[25] Die Arbeitszeitgestaltung ist mit dem Familienleben nur schwer oder oft gar nicht vereinbar.

■ Belastungen durch den Arbeitsvollzug und Einflüsse aus der Arbeitsumgebung. In der Pflege gilt bis heute: *„Frauen müssen hier körperliche Schwerarbeit verrichten, die in anderen Berufen, bzw. Branchen (z. B. Bauwirtschaft) als unzumutbar eingestuft wird."* (Ebd., S. 79)[26] Chemische (z. B. durch Desinfektions- und Reinigungsmittel, Medikamente), physikalische (z. B. Strahlen) Risikofaktoren und Infektionsgefahren sind erheblich. Insbesondere aber der *„ständige Umgang mit Patienten, die an unheilbaren Krankheiten leiden, stellt besondere emotionale Anforderungen an das Pflegepersonal. 'Erfolge' der Arbeit werden kaum sichtbar."* (Ebd., S. 80)

■ Gesundheitliche Folgen. An erster Stelle stehen Beeinträchtigungen durch Rückenschmerzen.[27] Oft kommen auch vegetative Beschwerden vor.[28] Infektionskrankheiten und Hauterkrankungen stellen weitere Risikofaktoren dar.

Das Bild wäre nicht vollständig, zöge man nicht auch die Tatsache in Betracht, daß Pflegende in vielen Bereichen ihres beruflichen Handelns unselbständig sind: Die Gesamtverantwortung für alle Maßnahmen, die über die sogenannte Grundpflege[29] hinausreichen, liegt zumindest im Krankenhaus beim medizinischen Dienst. Dieser Umstand stellt einen bedeutenden Streßfaktor dar. So schreibt der Soziologe Hurrelmann: *„Nach den bisherigen Untersuchungen erweisen sich solche Faktoren wie [...] schwere körperliche Arbeit, monoton-repetitive, anforderungsarme Tätigkeiten, mangelnde soziale Anerkennung*

---

[23] Vgl. dazu Kap. 2.4.

[24] 51 % der Pflegenden im Krankenhaus versehen Wechseldienst einschließlich Nachtschichten. Der Anteil der Nachtarbeit liegt auf peripheren Stationen bei 20, in der Intensivpflege bei 30 %. (Vgl. Bäcker 1990, S. 75)

[25] 75 % der Krankenschwestern leisten nach eigenen Angaben durchschnittlich acht bis neun Überstunden pro Monat (vgl. Bäcker 1990, S. 77).

[26] Nur auf 16 % der Stationen stehen Einrichtungen zum Heben und Lagern zur Verfügung. Wo sie vorhanden sind, werden sie aus Zeitmangel oft nicht eingesetzt (vgl. Bäcker 1990, S. 79).

[27] 63 % der Befragten (vgl. Bäcker 1990, S. 80)

[28] Genannt werden: Konzentrationslosigkeit, Energielosigkeit, Reizbarkeit, Angespanntheit, Schlafstörungen und Kreislaufbeschwerden (vgl. Bäcker 1990, S. 80–82).

[29] Diesen Terminus führte der Krankenhausökonom Eichholz zur Bezeichnung aller pflegerischen Tätigkeiten ein, die unabhängig von Diagnostik und Therapie durchgeführt werden (z.B. Körperpflege).

*und Fehlen von Kooperations- und Kommunikationsbeziehungen sowie <u>das</u>
<u>Gefühl von geringer Kontrolle über die Arbeitssituation</u>[30] als ungünstig für
das Wohlbefinden von Berufstätigen."* (Hurrelmann, 1995, S. 270) Qualifi-
kationsniveau und Anforderungen stehen in den Pflegeberufen in erheblichem
Widerspruch zu den tatsächlich eingeräumten Kompetenzen. Ich schließe
mich dem Resümee Bäckers an: *„Die Krankenpflege muß zu einem Beruf werden, der bis zum Erreichen der Altersgrenze in Gesundheit ausgeübt werden
kann."* (Bäcker 1990, S. 82)

Eine Berufsgruppe, die wie die Pflege dazu neigt, ihre eigenen Anliegen
angesichts scheinbarer oder tatsächlicher Sachzwänge rasch hinten anzustellen,
bringt auch dem beruflichen Nachwuchs die Erwartung entgegen, es ebenso
halten zu sollen. In der Praxis geht es meist *„um schnelles und routiniertes
Arbeiten – wobei auch manchmal Pflegestandards verletzt werden –, um
möglichst reibungslose Anpassung und Einpassung der Auszubildenden an
die Arbeitsabläufe der Station, wobei die Beziehungen zum Patienten relativ oberflächlich bleiben. Für die Stationen ist alles praxisfremd, für das sie
keine unmittelbare Anwendung sehen."* (Bischoff 1993, S. 8) Zwar werden
SchülerInnen von ihrer Schule mit einem anderen Pflegeverständnis vertraut
gemacht, jedoch sind die PflegelehrerInnen in der beruflichen Praxis kaum
präsent. Zwischen Schule und Praxis stehen die SchülerInnen. „Wo der größte Druck erzeugt wird – und das ist in der Regel die Praxis –, geben sie nach
und passen sich an." (Ebd., S. 8) Claudia Bischoff bezeichnet dieses Verhalten als *„Notwehrsituation".* Das scheint kaum übertrieben zu sein, wenn man
bedenkt, daß eine berufliche Sozialisation ohne Achtung und Anerkennung
durch die KollegInnen kaum zu ertragen ist.

2.4 # Merkmale eines zeitgemäßen Berufsbildes

Trotz der oben geschilderten, teils noch wenig professionellen Haltung haben Pflegende in den letzten Jahren in Deutschland eine berufliche Identität
entwickelt, die von der eines nichtärztlichen medizinischen Heil-Hilfsberufs
immer deutlicher abweicht. Zunächst etablierte sich in der Nachkriegszeit
eine in erster Linie funktionale Pflegeorganisation (**Funktionspflege**). Die Arbeit wurde in Tätigkeitsbereiche aufgeteilt, die je nach Qualifikation an einzelne Mitarbeiter delegiert wurde. Die zunehmende Komplexität der Versor-
gungseinrichtungen und die Entwicklung der Medizin mit zunehmender

---

[30] Hervorherbung (unterstrichen) durch den Autor

Beherrschbarkeit schwerer Erkrankungen und in der Folge einem Anstieg chronischer Verläufe und der Multimorbidität sowie die rasante Entwicklung der Medizintechnik, Diagnostik und Therapie verhalfen dem Pflegeteam zu größerer Bedeutung. Es entstand die **Gruppenpflege**[31] aus dem Bemühen um eine größere Nähe zum Patienten oder Bewohner und um bessere Kommunikationsbedingungen zwischen den MitarbeiterInnen. In den Pflegesystemen der **Zimmer-, Bereichs-** und **Bezugspflege** offenbart sich schließlich eine berufliche Identität, als deren übergeordnetes und integrierendes Merkmal die Beziehung anzusehen ist:

- ▨ Beziehungen zwischen Pflegebedürftigen und Pflegenden;
- ▨ Beziehung zwischen Pflegebedürftigem und seinem unmittelbaren Umfeld (Krankenzimmer, Pflegestation und MitarbeiterInnen, andere BewohnerInnen, PatientInnen);
- ▨ Beziehung des Pflegebedürftigen zu seinem weiteren Umfeld. Dies reicht von der Organisation von Untersuchungsterminen bis in die pflegerische Nachsorge, die sich äußert in der Erfassung und prospektiven Bearbeitung von potentiellen Entlassungsproblemen oder in dem neuen Berufsfeld der **Pflegeüberleitung**[32].

So nehmen z. B. Pflegende im Krankenhaus heute immer bewußter eine vermittelnde Rolle zwischen den Patienten und dem weitgehend funktionalisierten und ökonomisierten Betriebsablauf einer Klinik ein.[33] In der Wahrnehmung und Gestaltung dieses Spannungsverhältnisses zwischen dem subjektiven Erleben und Leiden des Patienten oder der Bewohnerin eines Pflegeheims einerseits und den Bedingungen und Anforderungen an ihn oder sie durch Versorgung, Organisation, Diagnostik und Therapie der betreuenden Einrichtung andererseits drückt sich ein wesentliches pflegerisches Motiv aus. Ein anderes, aber verwandtes Konzept dieser veränderten beruflichen Identität liegt in einem bewußten **Parteiergreifen** der Pflegenden für die Betreuten. *„In der humanistisch gefärbten Nachkriegszeit gewann die Person Patient Gewicht [...] Dies wird besonders in der amerikanischen Literatur mit dem Konzept 'Advocacy' proklamiert"*, schreibt Sylvia Käppeli 1988 (S. 21). Anwaltschaft für Patienten wurde auch in Deutschland ein zunehmend bewußtes Anliegen der Pflegenden. Dieses Motiv ermutigt z. B. Pflegende, Patienten vor Untersuchungen oder Therapien zu schützen, die offensichtlich in erster Linie einem akademischen Interesse dienen; oder es ermöglicht

---

[31] Patienten wurden in Gruppen von 15 bis 20 Menschen betreut und nicht im Rahmen großer Stationen (über 30 Patienten).

[32] Hier geht es um das vorausschauende Planen der pflegerischen Betreuung nach dem stationären Aufenthalt mit dem Ziel, Brüche in der Versorgung zu vermeiden. Angehörige und nachbetreuende Einrichtungen (Sozialstation, Altenheim u.a.) werden in diese Planung einbezogen.

[33] Diese Rolle ist möglicherweise gar nicht so neu, sondern wurde in traditionellen Pflegeorganisationen von der Stationsschwester gewährleistet.

unkonventionelle pflegerische Lösungen, die in keinem Schulbuch stehen, jedoch dem individuellen Patienten die beste Unterstützung bieten.

Ein Beispiel kann das verdeutlichen: In der Gemeindepflege kommt die Krankenschwester zu einer Patientin, die nach einem Schlaganfall ihr Zimmer seit fünf Jahren nicht mehr verlassen hatte. Sie *„war praktisch dabei, vor lauter Depressionen zu sterben."* (Benner 1994, S. 93) Aufgrund einer dekompensierten Herzinsuffizienz war auf eine Rehabilitation verzichtet worden. Man sagte der Schwester, daß die Patientin unter der Krankengymnastik versterben könne. *„Ich sagte darauf: 'So stirbt sie auch, sie stirbt, wenn sie auf immer und ewig in diese vier Wände eingepfercht ist.'"* (Ebd., S. 93) Die Schwester besprach die Situation mit der Patientin und ihrem Ehemann und überzeugte schließlich den Arzt, der Rehabilitation zuzustimmen. Die Patientin gewann die Möglichkeit zurück, sich in ihrer Wohnung zu bewegen und starb erst fünf Jahre später beim Kochen. Wenn dieses Beispiel auch aus den USA stammt, werden viele Pflegende in Deutschland sich ebenfalls an ähnliche Situationen erinnern können.

An diesem Beispiel wird zusätzlich noch ein weiteres Motiv deutlich: Das Handeln aus Sachkompetenz. Es äußert sich einerseits in Kenntnissen über medizinische Zusammenhänge, Ernährungsphysiologie, Pflegesubstanzen, gesetzliche Regelungen und die anderen Inhalte der Pflegeausbildung. Andererseits liegt diese Sachkompetenz in Fertigkeiten und Fähigkeiten auf pflegetechnischem Gebiet. Hier geht es um sachgerechte Lagerung, Mobilisierung und Körperpflege, um die Verabreichung von Injektionen und das Anlegen von Verbänden. Sachkompetenz, Vermitteln bzw. Beziehung pflegen und Anwaltschaft für anvertraute Patienten oder Heimbewohner scheinen also maßgebliche Motive eines pflegerischen Berufsverständnisses zu sein.

Bay stellt die Frage, welche Handlungen als so spezifisch pflegerisch gelten können, daß sie eine dreijährige Ausbildung rechtfertigen. *„Eine Antwort auf diese Frage ist sicherlich nicht alleine darin zu suchen, **was** Pflegende tun."* (Heine und Bay 1995, S. 15–16) Vielmehr käme es auch darauf an, darauf zu achten, *„**wie** etwas zu tun ist."* (Ebd.) Das bedeutet am gegebenen Beispiel: Nicht nur muß die Schwester wissen, welche Techniken der Krankengymnastik möglich und sinnvoll sind. Sie muß vielmehr den Lebenszusammenhang der Patientin einbeziehen können, der dem Arzt durch seine medizinische Perspektive in diesem Fall verschlossen war. Sie muß Prioritäten setzen können. Sie muß verantwortungsvoll beraten, denn das Risiko der Belastung kann sie der Patientin nicht abnehmen. Damit sind bereits einige wesentliche Bildungsziele einer Pflegeausbildung genannt:

Sachkompetenz, Urteilsfähigkeit, Verantwortungsfähigkeit und die Fähigkeit, kompetent Gespräche zu führen.

Eine so verstandene Pflege erfüllt alle Merkmale einer Profession! Handeln aus Sachkompetenz allein ist ein notwendiges Motiv in vielen Berufen. Als Profession jedoch bezeichnet man traditionell nur diejenigen Berufe, deren Angehörige in einer besonderen Beziehung zu ihrem Klienten stehen. Der Patient im Krankenhaus wie auch der Bewohner im Altenheim geraten in eine gewisse Abhängigkeit zu den sie betreuenden Menschen. Dieser Abhängigkeit begegnen die professionellen Helfer durch ihr Bemühen, eine individuell vertrauensvolle Beziehung zu dem kranken oder alten Menschen aufzubauen. Das beruflich verantwortliche Handeln in dieser Beziehungssituation kann nicht mehr einfach mit „richtig" oder „falsch" etikettiert werden. Die Frage ist vielmehr, wie angemessen und hilfreich eine Maßnahme in einer bestimmten Situation bei einem bestimmten Patienten war. Es kann beispielsweise als richtig erachtet werden, Patienten über ihre Lebensperspektive mit einer Behinderung aufzuklären. Wie diese Aufklärung stattfindet, ist jedoch völlig abhängig von dem biographischen und weltanschaulichen Hintergrund des Menschen, der konkreten Situation und der Erfahrung und Kompetenz des Helfers. Es gibt kein „richtiges" Aufklärungs- oder Beratungsgespräch. Die Organisationsstruktur einer reinen Funktionspflege erfüllte den Tatbestand eines vorprofessionell beruflichen Interesses in der Pflege. Das Motiv der Anwaltschaft drückt demgegenüber eine deutlich professionelle Haltung aus. Die Ausübung einer Profession ist also nicht primär eine Frage der Gesetzgebung bzw. Berufsordnung, sondern der individuellen beruflichen Haltung. Auch Ärzte als Vertreter einer traditionell gesetzlich geregelten Profession entfernen sich bei zunehmender Spezialisierung von ihrer Profession. Der nur die Schilddrüse behandelnde Endokrinologe ist genau genommen ein nachprofessioneller Fachmann, der seine Patienten eventuell kaum kennt.

Pflege im Sinn dieses Berufsverständnisses ist Kunst. Die aus der hier beschriebenen Haltung Pflegende ist in der Lage, Wissen und Erfahrung zu einer situativen Handlungskompetenz zu verknüpfen, die nicht mehr primär regelgeleitet ist, sondern intuitiv wirksam wird (vgl. den Begriff der Intuition bei Benner). Die Arbeit wird nicht allein analytisch nach dem Ursache-Wirkungs-Prinzip durchorganisiert, wie es nach Benner für den Anfänger wichtig ist, sondern der Arbeitsprozeß wird interaktiv-dialogisch situationsbezogen gestaltet, nicht jedoch konstruiert. Angehörige einer Profession machen demzufolge auch keine Konstruktionsfehler, sondern Kunstfehler. Diesen Zusammenhang haben Böhle, Brater und Maurus (1997) für die Pflege sehr überzeugend empirisch belegt. Sie unterscheiden zwischen dem in der industriellen Produktion üblichen Paradigma des zweckrationalen Handelns und dem des dialogisch-situativen Handelns. Letzteres zeichnet sich durch die situationsbezogene Vernetzung von Erfahrung, Wahrnehmung, assoziativem Denken und Empathie aus. Die Studie zeigt, daß die Arbeit so nicht chaotischer, sondern flüssiger wird, daß nicht gegen, sondern mit den Heimbewohnern gearbeitet wird, daß die Arbeit nicht länger dauert, sondern die in diesem Sinn professionell Pflegenden besser mit ihren zeitlichen Ressourcen zurechtkommen. Grundlage des Handelns ist freilich ein grober Rahmenplan, als Orientierungshilfe am Dienstbeginn erstellt. Im besten Sinne effektiv wird die Arbeit jedoch erst durch die Fähigkeit der PflegeexpertInnen, diesen Plan flexibel den momentanen Gegebenheiten anzupassen.

Die aufgezeigten Motive sollen im Sinn einer Pflegephilosophie[34] zusammengefaßt werden. Den Hintergrund bildet ein dreidimensionales Bild des Menschen. Diese Dimensionen sind:
- die biologische Leiblichkeit,
- die seelische Wesenheit und
- die geistige Wesenheit.

Die **biologische Leiblichkeit** des Menschen ist der eigentliche Gegenstand der somatischen Medizin und Pflege. Alles, was meßbar, wägbar und zählbar, das heißt stofflich und damit den Sinnen zugänglich ist, gehört in diesen Bereich. Der Körper läßt sich beobachten, berühren und behandeln (Waschungen, Einreibungen, Bewegungsübungen). Über ihn lassen sich quantitative Daten erheben (Vitalzeichen, Beobachtungsbefunde). Eine Fülle pflegerischer Maßnahmen bezieht sich auf den Leib. Körperpflege und Lagerung, Mobilisierung und Aktivierung helfen, dem kranken, behinderten oder alten Menschen das größtmögliche Maß an körperlicher Integrität zu erhalten oder wieder zu erwerben. Über die äußeren Anwendungen wirkt die Pflege therapeutisch im Krankheitsprozeß. In diesen Bereichen ist der Pflegende der Experte. Bereits im Bereich der Körperpflege offenbart sich auch die zweite Dimension. Daß der hilfsbedürftige Mensch nach der Körperpflege frisiert und rasiert wird, daß er mit seiner ganz bestimmten Körperlotion eingerieben wird, sind Maßnahmen, die nicht mehr unmittelbar mit der Erhaltung der Körperfunktionen zu tun haben, sondern die dem Menschen in seinem Leben lieb bzw. ein Bedürfnis geworden sind. Hier spielt das persönliche Erleben die entscheidende Rolle. Der eine liebt eine kalte Abwaschung der Arme und des Gesichts, ist im übrigen aber sehr kälteempfindlich, ein anderer möchte sich am liebsten ganz von der Pflege versorgen lassen und braucht liebevolle Un-

---

[34] Philosophie wird hier als ein Bündel grundlegender ethischer, ontologischer, erkenntnistheoretischer und ästhetischer Aussagen verstanden, auf die Modell- und Theoriebildung in der Pflege jeweils zurückgeführt werden kann (vgl. Fawcett, 1996).

terstützung in seiner Eigenaktivität. Der Dritte war nie krank und hat große Probleme damit, gepflegt werden zu müssen.

In all diesen Fällen wird von Pflegenden in erster Linie die **seelische Dimension** wahrgenommen und angesprochen. Hier geht es darum herauszufinden, was dem Patienten sympathisch und was ihm unsympathisch ist. Es gilt, seine individuellen Gewohnheiten und seinen weltanschaulichen Hintergrund zu berücksichtigen. Und es kommt darauf an, seine persönlichen Maxime in den Pflegeprozeß einzubeziehen. In Bezug auf sein seelisch erlebtes, subjektives Befinden ist der Patient der Experte. Die Kompetenz der Pflegenden liegt in ihrer Fähigkeit, dieses Befinden wahrzunehmen und adäquat zu handeln.[35]

Adäquates Handeln auf der seelischen Ebene erfordert oft ein hohes Maß an psychologischer Kompetenz. Somatische Erkrankungen gehen in der Regel auch mit bestimmten psychologischen Veränderungen einher. Ein Mensch, der womöglich wegen seinem sicheren Urteilsvermögen und seiner Tatkraft beruflich sehr geschätzt war, sieht sich mit einem Mal in einer völlig veränderten Situation: Er ist – vielleicht chronisch – krank; er versteht die Zusammenhänge noch nicht; er sieht seine berufliche Zukunft in Frage gestellt; er erlebt sich eventuell erstmalig vom Tod bedroht. Dieser Mensch begegnet der Krankenschwester nicht ausgeglichen und liebenswürdig, sondern womöglich reizbar und deprimiert.

Viel komplizierter noch ist die Situation oft bei Menschen, die eine jahrelange Krankengeschichte hinter sich haben. Hier entwickeln sich unbewußt psychologische Mechanismen, denen ein unerfahrener Pflegender hilflos ausgeliefert sein kann. Das kann zum Beispiel eine Übertragung sein, die den Pflegenden in eine Abhängigkeit bringt, aus der er sich bisweilen erst durch einen Abbruch der pflegerischen Beziehung befreien kann. Ein Beispiel wäre der Schüler in der Altenpflege, der in die Rolle des lieben Enkels gleitet.

Am schwierigsten ist die **geistige Dimension** zu beschreiben. Sie wird im Alltag nicht so leicht sichtbar, zumal, wenn dieser durch Krankheit, Behinderung oder Altersgebrechen beherrscht wird. Sie offenbart sich in Zielen und Motiven, die sich eher unabhängig von den Gegenwartserlebnissen und -bedürfnissen durch ein Leben hindurchziehen. Das können Ideale sein, die bereits in der Jugend entstanden sind und womöglich lange Zeit von Beruf und Familie überdeckt waren. Es kann sich um ein religiöses Bedürfnis handeln. Auch die tiefe Beziehung zu einem anderen Menschen gehört hierher. Es ist dies ein Bereich, in dem keine Gewißheiten herrschen; hier stehen die Fragen im Vordergrund; Fragen nach Sinn und Bedeutung. Dem Betroffenen wird diese Dimension durch Krankheit besonders bewußt. Die Phasen des Sterbeprozesses, wie sie

[35] Vgl. die Diskussion des humanistischen Pflegemodells von Silvia Käppeli in Kap. 3.4.

die amerikanische Psychiaterin Elisabeth Kübler-Ross beschrieben hat, gelten in abgeschwächter Form für jegliche Krisensituation. Das **Nichtwahrhabenwollen**, der **Zorn**, die Phase des **Verhandelns** und die **Depression** sind sozusagen seelische Affekte, mit denen der Mensch auf den drohenden Verlust[36] reagiert, und denen gerade Pflegende oft ausgesetzt sind. Unter der Oberfläche jedoch arbeitet die Frage: Warum gerade ich? Der Kranke will ergründen, welche Bedeutung sein Leiden in seinem Leben hat. Wie durch einen Fokus treten jetzt die biographischen Ereignisse und Lebensmotive hervor, die für ihn von elementarer Bedeutung sind. An der psychologischen Oberfläche geht es oft recht turbulent zu, oder der Mensch scheint sich völlig zurückgezogen zu haben. Unter der Oberfläche jedoch findet intensive Auseinandersetzung statt. Im Begleiten dieser Krisen liegt die schwerste und doch sehr bedeutende Aufgabe der Pflegenden. Berufliche Erfahrung und Selbstsicherheit sind ebenso Voraussetzung, wie Empathie und die Fähigkeit auszuhalten. Nicht erklärende Worte, sondern verstehendes Einfühlen und Zuhörenkönnen sind die Tugenden, die Pflegeexperten in diesen Situationen brauchen. So können sie dem kranken Menschen helfen, den Sinn zu finden und ja zu der Krise sagen zu können. Der Kranke hat die Chance, sich mit seinem Schicksal auszusöhnen. Kübler-Ross nennt diese Phase **Zustimmung** (vgl. Kübler-Ross, 1980).

Es ergeben sich drei Kategorien pflegerischen Handelns:

1. **Versorgen und Erhalten.** Hierher gehören die sogenannten Hotelleistungen einer Einrichtung ebenso, wie die sachgerechte Unterstützung des betreuten Menschen in seinen täglichen Aktivitäten. Der Schwerpunkt liegt auf dem Erhalten gesunder Körperfunktionen und dem Mobilisieren von Ressourcen. Auch die Arztassistenz gehört hierher. Pflegende sind durch Sachkompetenz und handwerklich-technisches Geschick gefordert.

2. **Vermitteln.** Dies ist die ästhetische Dimension im Schillerschen Sinn[37]. Die Hauptaufgabe der Pflegenden liegt in der Integration der subjektiven Wirklichkeit (Befinden) der Betreuten mit all den Anforderungen, die durch Krankheit oder Behinderung, durch die Einrichtung und die Therapie (orientiert am Befund) auf sie wirken. Dieser Aspekt verlangt der Pflegenden die Kompetenz *„der ästhetischen Wahrnehmungs-, Gestaltungs- und Urteilsfähigkeit"*[38] (Klafki 1993, S. 54) ab. Auf dieser Ebene kann es im Gegensatz zu der

---

[36] Betrifft z.B. den Verlust an Gesundheit, Unabhängigkeit, Mobilität, gesellschaftlicher Anerkennung oder der Möglichkeit, den Beruf auszuüben.

[37] Vgl. Kap. 3.3

[38] Im Rahmen dieses Buches wird der Terminus „Ästhetik" nicht im engen Sinn allein auf die Künste bezogen. Ich gehe vielmehr von einer allgemeinen ästhetischen Fähigkeit eines jeden Menschen aus, welche sich schulen läßt und zu verstehen ist, „als ein generelles schöpferisches Vermögen des Menschen, das in der Beziehung zu jedem Phänomen wirksam wird (Natur und Gesellschaft)" (Klaus und Buhr, 1980, S. 134) und sich darin äußert, daß es in allen Verhältnissen die Gesetzmäßigkeiten harmonischer Gestaltung erkennen bzw. herstellen kann. Vgl. hierzu Kap. 3.3.

versorgenden keinen Standard geben, denn der Patient und sein Erleben sind immer einzigartig.

3. **Begleiten.** Hier liegt die moralische Dimension der Pflege. Alle Aktivität entspringt der individuellen Beziehung der Pflegenden zu ihren Patienten und ist einmalig. Sie drückt sich aus in Anwaltschaft und gemeinsamem Durchstehen von Krisen.

Die Berufsanfängerin wird sich natürlicherweise zunächst in den ersten Bereich hineinarbeiten. Hier lassen sich am ehesten Regeln finden, an denen das Verhalten ausgerichtet werden kann. Mit wachsender Erfahrung beginnt sie jedoch, Erfordernisse wahrzunehmen, die sich aus den anderen beiden Kategorien ergeben. Das richtige Verhalten wird hier nicht mehr im Rückgriff auf Richtlinien gefunden. Diese geben nur einen grundlegenden Rahmen, in dem die kompetente Schwester oder Altenpflegerin sich flexibel bewegen gelernt hat. Die Expertin zeichnet sich gerade durch ihre Unabhängigkeit von diesen Regeln aus. Ihre Methode liegt im zielvollen Handeln aus einem intuitiven Erfassen der Situation heraus.[39]

Die Kategorien „Versorgen", „Vermitteln" und „Begleiten" finden sich bereits 1980 bei de la Houssaye und stellen seither ein wesentliches Grundkonzept der anthroposophischen Pflege dar. Sie hält die vermittelnde Aufgabe der Pflegenden für die zentrale, und führt aus: *„Die wichtigste therapeutische Kunst des Pflegenden liegt im Mitmensch-Sein."* (Houssaye, Benthem und Bos, 1988, S. 11) Mitmensch-Sein heißt Annehmen des kranken, alten oder behinderten Menschen und Brücke schlagen zu seiner Umwelt und ihren Erfordernissen. Von dieser vermittelnden Tätigkeit aus gestaltet die Pflegende den ganzen Prozeß. Dazu gehört die Entscheidung, ob, wann und in welcher Form Körperpflege angezeigt ist (Versorgen) und in welchem Moment ein Gespräch angeknüpft werden kann über die Folgen einer bevorstehenden Operation (Begleiten). Durch diese ästhetische Dimension der Pflege bzw. ihren Vermittlungsaspekt kann die Dynamik des Pflegeprozesses gedanklich erfaßt werden.

Vor diesem Hintergrund kann auch die unfruchtbare Diskussion darüber abgekürzt werden, welche Tätigkeiten eindeutig pflegerisch und welche pflegefremd seien. Ein Verbandswechsel kann eine eindeutig ärztliche Tätigkeit sein, wenn Beurteilung und therapeutische Entscheidungen im Vordergrund stehen. Er kann andererseits eine eindeutig pflegerische Tätigkeit darstellen, wenn der Aspekt der täglichen Versorgung im Vordergrund steht. Der Verbandswechsel bekommt dann etwas von einer Gewohnheit, die Gelegenheit bietet, die Beziehung zu vertiefen. Auf diese Art werden pflegerische Ressourcen entdeckt: Sie können trotz der Wunde die Erweiterung

---

[39] Vgl. den Begriff der Intuition bei Benner, Kap. 3.3.

des Aktionsradius eines Patienten oder den Umgang mit dem Schmerz betreffen. Welchen Charakter die Handlung hat, hängt nicht davon ab, um welche Tätigkeit es sich handelt, sondern davon, aus welchem Motiv gehandelt wird.

Auch die scheinbar eindeutig hauswirtschaftliche Tätigkeit des regelmäßigen Bettenmachens auf einer Station kann pflegerisch sehr sinnvoll sein. Die Forscherin V. Weigelt zitiert eine selbständige Patientin, die voll Sorge auf ihre Diagnose wartet: *„'Es wäre schön, wenn die Schwester auch einmal an meinem Bett stehen bleiben würde.'"* (Käppeli 1994, S. 98) Das bis vor wenigen Jahren übliche Betten – das tägliche Auswechseln der Stecklaken bei allen Patienten – kann unter diesem Gesichtspunkt als pflegerisches Angebot verstanden werden. Nur die Reduktion auf rein funktionale Aspekte und Nützlichkeitserwägungen macht es erklärlich, warum zahlreiche gute Gewohnheiten der Pflege auch unabhängig von der Arbeitsbelastung aus ihrem Repertoire gestrichen wurden. Die Versorgungsleistungen bieten in der Regel die besten Anknüpfungspunkte für die pflegerische Beziehung. So beschreibt eine Krankenschwester, wie sie genau den richtigen Zeitpunkt aufgegriffen hat, um einen Patienten in die Versorgung seines Enterostomas einzubeziehen: *„Er hat deutlich gezeigt, daß er bereit war. Hat viele Fragen gestellt. [...] Man sah ihm die Belastung an, wie nervös er war. [...] Und als er dann anfing, Fragen zu stellen, ging es ihm körperlich wieder besser, und er hatte Hoffnung geschöpft, zu lernen, mit der Sache umzugehen."* (Benner 1994, S. 92–93) Die Schwester nahm sich für den Patienten an diesem Tag einhalb Stunden Zeit. Sie hatte den richtigen Moment erfassen können, weil sie *„seine Fortschritte so aufmerksam verfolgt hatte. Die Schwester hatte nicht zu früh versucht, mit dem Patienten über die Sache zu sprechen, und sie hatte ihm keine Informationen aufgedrängt, ehe er ihr nicht zu verstehen gegeben hatte, daß er sie hören wollte."* (Benner 1994, S. 93)

Der medizinische Aspekt der Pflege legt, wenn er für das Ganze genommen wird, eine Reduzierung auf die versorgende Kategorie nahe.[40] Der zentrale Angelpunkt pflegerischen Handelns liegt aber in dem hier entwickelten Berufsverständnis nicht in objektiven Befunden, sondern im subjektiven Befinden des Patienten, des betreuten alten Menschen oder des Behinderten. Dank ihrer menschlichen Kompetenz und der Beziehung, die die Pflegende aufgebaut hat, nimmt sie quasi die Perspektive des Betreuten ein und entscheidet von dort aus, welche Versorgungsleistungen pflegerisch notwendig sind, und

---

[40] Wenn auch Pflegende oft von anderen Motiven geleitet werden, entspricht das Fremdbild – ausgehend in erster Linie von Ärzten und Patienten – noch weitgehend dieser traditionellen Rolle. Dieser Dissens im Verständnis der beruflichen Rolle ist ein maßgeblicher Anlaß zur Spannung zwischen den Berufsgruppen.

wo der Mensch ihr Fragen aufgibt, die ein individuelles Begleiten erforderlich machen. Hier liegt eine wesentliche Quelle pflegerischen Handelns nicht nur in Bezug auf die großen Pflegethemen, wie z. B. Tod und Sterben, sondern in jeder alltäglichen Verrichtung.

Im beruflichen Alltag wie auch in der Ausbildung ist der Blick auf die Kategorien „Vermitteln" und „Begleiten" oft noch verstellt. Gleichzeitig wird jedoch deutlich erkannt, daß neben der Sachkompetenz weiterreichende Fähigkeiten erforderlich sind, wie sie hier charakterisiert wurden. Daß dieses im Vergleich zu den 60er und 70er Jahren stark veränderte Berufsverständnis den tatsächlichen beruflichen Anforderungen entgegenkommt, offenbart sich u. a. in der Einschätzung des Gesundheitsministeriums Nordrhein-Westfalen:

„So bewirkt die demographische Entwicklung durch die Zunahme des Anteils alter Menschen an der Gesamtbevölkerung eine Ausweitung des Hilfs- und Pflegebedarfs und Veränderungen im Krankheitsspektrum, da chronische Erkrankungen und Mehrfacherkrankungen, insbesondere im hohen Alter verstärkt auftreten. Des weiteren nehmen gesamtgesellschaftliche Entwicklungen wie die zunehmende Technisierung der Gesellschaft, Ressourcenbegrenzungen, die zu verstärkten Wirtschaftlichkeitserwägungen zwingen, oder die zunehmenden Forderungen der Betroffenen nach Selbstbestimmung und Mitwirkung auch Einfluß auf das Gesundheitswesen. Veränderte Aufgaben und Anforderungen in der Pflege sind die Folge." (Ministerium für Arbeit, Gesundheit und Soziales 1996, S. 5)

Diese Anforderungen werden folgendermaßen charakterisiert:

„Die bisherige Position der Pflege als Heil-/Hilfstätigkeit im Schatten der Medizin bedarf deshalb einer grundlegenden Neubestimmung als eigenständiger, der Medizin gegenüber gleichberechtigter Arbeitsbereich, der durch folgenden Paradigmenwechsel charakterisiert wird:

1. Die Abkehr von einer Medizin- und Krankheitsorientierung und Hinwendung zu Aufgaben der Gesundheitsförderung und -sicherung, der Rehabilitation und der Hilfestellung bei der Alltagsbewältigung.

2. Die Verlagerung des pflegerischen Handelns von stationären zu nichtstationären Arbeitsfeldern, wie sie im Ausbau des ambulanten Sektors zum Ausdruck kommt.

3. Die Erweiterung des Arbeitsbereiches um den Einbezug des sozialen Umfeldes der Patienten sowie die Kooperation mit anderen Diensten des Gesundheitswesens." (Ebd.)

3 Historische Entwicklung des Bildungsbegriffs

3.1 ## Antike – Geburt des individuellen Denkens

Die Geschichte des Abendlandes kann gelesen werden als das Zu-sich-selbst-Kommen des Individuums. Noch die Hochkulturen Mesopotamiens und Ägyptens waren getragen von einem Mythos, der soziale Verfassung und Moral verbindlich regelte. Ein Priesterkönig wachte über die Einhaltung der Regeln. An ein Hinterfragen war nicht zu denken.

Im antiken Griechenland wurde die Welt zum ersten Mal denkend reflektiert. Im 6. Jahrhundert vor Christus sind es die Naturphilosophen Thales, Anaximander, Pythagoras, Parmenides und Heraklit, die nach Erkenntnis suchen – im Gegensatz zur Offenbarung in den alten Kulturen. Bedeutsam war daran, *„daß mit der ionischen Naturphilosophie ein völlig autonomer Denkprozeß ins Leben getreten war, der sich hinfort ausschließlich durch die Dialektik des Logos in Gang hielt und damit eine Dimension sui generis erschloß, die es bis dahin auf der Welt noch nicht gegeben hatte."* (Heuß 1986, S. 211) Während diese Philosophen zunächst noch sehr bildhaft den Urgrund der Welt in den Elementen suchten, wird in der klassischen Epoche (ab 450 v. Chr.) das Denken immer abstrakter. Aristoteles schließlich schafft mit seiner Kategorienlehre eine Begrifflichkeit, die über 2000 Jahre Wissenschaftsentwicklung geprägt hat. Der Mensch findet erstmalig das reflektierende und urteilende Denken in sich selbst. *„Das tatsächliche Gesetz ist ein Notbehelf. Die wirkliche Gerechtigkeit eröffnet sich nur im Hinblick auf die Idee [...] Der im höchsten Sinn Gerechte, also der Erkennende, ist deshalb selbst das Gesetz und damit allen starren Buchstaben überlegen."* (Heuß 1986, S. 373) Ein völlig neues Selbstbewußtsein drückt sich darin aus. *„Ein solcher Philosoph ist im Besitz der wahren [...] Gerechtigkeit und ist damit frei von allen formalen Bestimmungen. Er weiß etwa, daß ein und dieselbe Strafe in Bezug auf verschiedene Individuen nicht die gleiche ist, und wird dadurch zu der Erkenntnis geführt, daß eine politische Ordnung, die auf absolute formelle Gleichheit abzielt und damit die gerechteste zu sein beansprucht, in Wirklichkeit die ungerechteste ist.“* (Heuß 1986, S. 374)

Bei den Sophisten schließlich schlägt dieser Impuls zeitweise in einen reinen Subjektivismus um. Sie *„traten in der zweiten Hälfte des 5. Jahrhunderts mit unerhörten Theorien hervor. Die Zurückführung der historischen sittlichen Ordnung auf einen beliebigen subjektiven Willen war etwas Unglaubliches.“* (Heuß 1986, S. 373) Sie zogen als Wanderlehrer herum und provozierten. Sie forderten das selbständige Denken heraus. Bei Sokrates und Platon fand die Philosophie schließlich zu den „allgemeinen Ideen“, die durch das Denken gefunden werden konnten und die einen allgemein menschlichen, objektiven Charakter besaßen. Platon brachten *„logische Experimente [...] die Lösung in der Entdeckung der objektiven Existenz von Ideen, darunter (als der höchsten) der Idee der Gerechtigkeit.“* (Heuß 1986, S. 337)

Diese veränderte Geisteshaltung mit ihrer neuen, starken Individualisierungstendenz ermöglicht eine reiche kulturelle Entfaltung auch in den Künsten. Während der Einzelne im stark männlich und militärisch geprägten Sparta noch weitgehend dem Zweck des Staates dient, erfordert die Achtung vor der individuellen Persönlichkeit im Stadtstaat Athen eine grundlegende Reformierung der Rechtsverhältnisse. Die freien Bürger – freilich auch hier noch ausschließlich Männer – folgen nicht länger einem charismatischen Führer, sondern beginnen über politische Entscheidungen abzustimmen. Die Demokratie ist geboren. Rund ein Drittel der Männer Athens besaß ein politisches Amt. Mit dieser völlig neuen Anforderung an jeden Bürger in Athen, seine persönliche Urteilsfähigkeit entwickeln zu müssen, trat auch ein neuer Bildungsbedarf auf. Und so wurden die Sophisten *„die eigentlichen Begründer der höheren Bildung und des höheren Schulwesens der nächsten 2000 Jahre.“* (Reble 1993, S. 28) Als Bildungsinhalte etablierten sich die sogenannten „Sieben freien Künste“. Beim Studium dieser Künste ging es aber nicht primär um Wissenserwerb, sondern darum, sich anhand der Inhalte die Kompetenzen bzw. Tugenden durch Übung anzueignen, die den Bürger in Athen auszeichneten. Diese Künste setzten sich zusammen aus dem Trivium (Grammatik, Dialektik, Rhetorik) und dem Quadrivium (Arithmetik, Geometrie, Astronomie, Musik). Die neue sokratische Methode des Unterweisens wird in Platons Schriften beispielhaft deutlich. Sokrates erzieht nicht durch Belehrung. Er durchstreift die Straßen Athens und spricht auf scheinbar arglose Weise die selbstbewußten jungen Bürger an; dies unter dem Vorwand, sich von ihnen über sittliche Regeln belehren zu lassen. Durch seine intelligente Art des Fragens verwickelt er die jungen Leute in Widersprüche, so daß sie die Lösung schließlich aus eigener Kraft finden.[41]

In diesem Zusammenhang darf auch die herausragende Rolle des Christentums nicht unterschlagen werden. In dem Gleichnis von der Ehebrecherin (Johannes 8,1–8,11) wird Christus eine Frau vorgeführt mit den Worten: *„Meister, diese Frau ist auf frischer Tat beim Ehebruch ergriffen worden. Mose aber hat uns im Gesetz geboten, solche Frauen zu steinigen. Was sagst Du?"* Die Gebote Moses' stellten eine verbindliche Regel dar, wie jede Art von Verhalten zu sanktionieren sei, welches die gesellschaftliche Ordnung störte. Christus aber reagiert mit den Worten: *„Wer unter euch ohne Sünde ist, der werfe den ersten Stein auf sie."* Und zu der Ehebrecherin sagt er: *„Wo sind sie, Frau, hat dich niemand verdammt? [...] So verdamme ich dich auch nicht."* Es geht hier keineswegs darum, die Frau von jeglicher Schuld freizusprechen. So sagt Christus abschließend: *„Sündige hinfort nicht mehr."* Nur die richtende Instanz hat sich verlagert. War es vorher das Gesetz, die tradierte Norm, nach der menschliches Verhalten sich auszurichten hatte, so wird diese Instanz jetzt zum ersten Mal in den einzelnen Menschen, ins Individuum verlegt. Christus sagt den Schriftgelehrten nicht: Schaut in das Gesetz. Er sagt im Gegenteil: Schaut in eure eigene Seele; da habt ihr den Maßstab für das moralische Urteilen!

Während also in der griechischen Gesellschaft vordringlich das selbständige Denken und Urteilen erübt wurde, wird der Mensch jetzt, 300 Jahre später, damit konfrontiert, sein eigenes Verhalten moralisch verantworten zu lernen. In diesem Sinn existieren in der zeitgenössischen mitteleuropäischen Gesellschaft alt- und neutestamentarische Werthaltungen nebeneinander. Während allgemeinverbindliche gesellschaftliche Normen (noch) existieren, entwickelt der erwachsene Mensch seine persönlichen Wertvorstellungen und Maximen.[42]

An dieser Stelle sei der Blick auf die Entwicklung der Berufsethik in den Pflegeberufen in Deutschland gerichtet. Man kann unbedingt feststellen, daß es richtig und unterstützenswert ist, wenn auch in Deutschland die Kodifizierung berufsethischer Normen angestrebt wird. Man muß aber vom

---

[41] Ein wunderbares aktuelles Beispiel aus der Werbung sei hier zitiert. Es handelt sich bei diesen Zeilen, die auf Plakatwänden und allerlei Schreibutensilien zu finden waren, um eine Kampagne gegen Ausländerfeindlichkeit: *„Dein Christus ist ein Jude; Dein Auto ein Japaner; Deine Pizza italienisch; Deine Demokratie griechisch; Dein Kaffee brasilianisch; Dein Urlaub türkisch; Deine Schrift lateinisch; ... und Dein Nachbar nur ein Ausländer?"* (Autor unbekannt) Sokratischer kann man nicht fragen.

[42] Zum Beispiel konfrontieren Lob und Tadel in der Erziehung den Menschen mit einer äußeren, moralisch normgebenden Instanz. In der Erwachsenenbildung lösen Tadel Widerstand und Lob Befangenheit aus, weil beides als unangemessen erlebt wird. Gerade der junge Erwachsene möchte objektiv beurteilt werden, um sein Verhalten selbst bewerten zu können.

Standpunkt einer Moral der persönlichen Verantwortung aus immer im Bewußtsein behalten, daß es sich bei solchen Kodizes nie um mehr handeln kann, als ein Regelwerk blickleitender moralischer Kategorien der beruflichen Praxis. Diese Regeln können den Einzelnen nicht von der persönlichen Verantwortung entbinden, die er gegenüber dem Patienten hat. In diesem Sinn erkennt auch der demokratische Rechtsstaat keinen Befehlsnotstand, d. h. das Handeln aufgrund eines an sich rechtswidrigen Befehls, an. Jeder Mensch ist in letzter Instanz seinem Gewissen verpflichtet, was sich ggf. im zivilen Ungehorsam ausdrücken kann. In Aus- und Fortbildung kann es daher nicht primär darum gehen, einen „Katechismus" berufsethischer Normen abzuarbeiten. Berufsbildung muß gerade auch angesichts moralischer Fragen bei der persönlichen Betroffenheit ihren Ausgang nehmen. Man merkt dann schnell, daß die eigentlich wesentlichen Themen einer Pflegeethik nicht primär auf den Feldern der Bioethik (Genmanipulation, Organtransplantation etc.) liegen. Moralisches Handeln findet im Alltag statt, also dort, wo jemand den Mut nicht aufbrachte, am Bett einer weinenden Patientin zu verweilen, dort, wo wieder einmal das Esseneingeben in fünf Minuten abgehandelt worden war, oder dort, wo jemand nicht gewagt hat, den Arzt über die Verwechslung eines Medikaments zu informieren. In diesem Sinn ist Ethik immanent in jeder Unterrichtsstunde anwesend. Das betrifft insbesondere den Pflegeunterricht.

3.2 Scholastik – Suche nach der Wahrheit durch Erkenntnis

Trotz der Christianisierung zunächst der Franken am Ende des 5. Jahrhunderts und der Verbindung, die sich dadurch mit Rom ergab, blieb die Kultur der germanischen Stämme noch einige Jahrhunderte wild und unzivilisiert. Erst unter Karl dem Großen, der der Bildung sehr aufgeschlossen war, mehrere Sprachen sprach, dem aber gleichwohl das Schreiben noch Mühe bereitete, entwickelte sich ein Schulwesen an den Bischofssitzen, das sich auch den Laien öffnete. Karl stellte Mönche als Lehrer an. Die Gebete wurden in der Volkssprache gesprochen, und erstmalig wurden fränkische und christliche Schriften gesammelt und kritisch geprüft. Dies geschah zu einer Zeit, als Wissenschaft (Medizin, Astronomie u. a.) und Kunst in den islamisch beherrschten arabischen Ländern eine Hochblüte erlebten. Im 10. Jahrhundert schließlich begann sich ein neues Verhältnis gegenüber allem tradierten Wissen einschließlich der Religion herauszubilden. Ein intensiver Bildungshunger setzte ein. Man studierte platonische und aristotelische Philosophie, die antiken Dichter, die arabische Medizin, Mathematik und Astronomie. Und man entwickelte eine revolutionäre Technik, um sich diese Schriften zu erschließen. Der spätere Papst Sylvester II, Gerbert von Aurillac, rechnete *„die mit natürlichen Mitteln verständliche Theologie zur theoretischen Philosophie und übte mit seinen Schülern an der Domschule von Reims das dialektische Argumentieren."* (Borst 1986, S. 508) Es handelte sich dabei um eine Methode der Textauslegung, bei der durch das Abwägen möglicher Sinngehalte zu einer Synthese im Sinn der wahren Bedeutung des Textes fortgeschritten wurde. Das setzte eine sehr disziplinierte und gewissenhafte Auseinandersetzung mit verschiedenen Interpretationen voraus. In höchster Vollendung verstand es im 13. Jahrhundert Thomas von Aquin, sich auf die Argumentation eines Gegners so tief einzulassen, daß er dessen Thesen bisweilen schlüssiger vertrat, als dieser selbst es vermochte, um sie dann mit größter Gedankenklarheit zu widerlegen. Dieses Streben nach Erkenntnis brachte manchen Kleriker in Gewissensnot. So ist bei Borst über Anselm von Canterbury zu lesen: *„Stärker als der liturgische Bann gemeinsamen Betens blieb der Zwang zum Grübeln, freilich auch zum [...] diskutieren."* (1986 S. 510) Zu überwältigend war die Erfahrung, daß dem Menschen durch das Denken die Möglichkeit gegeben ist, selbst zu Erkenntnis zu kommen. *„Wer dem Zweifel ausweicht und nur Gedanken Früherer nachkäut, der findet die Wahrheit nie; sie ergibt sich nur dem fragenden Ingenium, dem Genie, das sich in keinen Brauch zwängen läßt und sich vor keiner Autorität fürchtet."* (Borst 1986, S. 513)

Der adlige Peter Abaelard ist ein schillerndes Vorbild dieser neuen Bewegung. Er zog disputierend durch die Lande, eine wachsende Gruppe Scholaren in seinem Gefolge. Und wenn Abaelard auch schließlich von Bernhard von Clairvaux der Ketzerei bezichtigt und zum Schweigen gebracht wurde, ist er doch einer der großen Gründer der Scholastik, aus der schließlich die abendländische Universität hervorgehen sollte, wie sie heute besteht.

Die sieben freien Künste erlebten eine zweite Blüte, indem ihr Inhalt abermals der Schulung menschlicher Seelenkräfte erschlossen wurde. An den Universitäten wurden sie zunächst in der Artistenfakultät geübt, bis der Student für die Fachfakultäten (Theologie, Medizin, Jurisprudenz) reif war. Eine herausragende Rolle spielten sie in Chartres. *„Sprache und Dichtung der Alten wurden in Chartres besonders eifrig studiert [...] aber auch hier war das Ziel nicht die Wiedererweckung des klassischen Altertums, sondern die Souveränität des vernünftigen Menschen."* (Borst 1986, S. 518)

Den Terminus „Kunst" für diese Art Bildungsinhalt darf man schon ernstnehmen. Es wäre ein Mißverständnis, die Bedeutung der sieben freien Künste gleichzusetzen mit unseren heutigen Wissenschaften. Das Mittelalter konnte sehr wohl unterscheiden zwischen Scientia (Wissenschaft) und Ars (Kunst).

Das Studium der ersteren diente dem Erwerb von Wissen; bei der Beschäftigung mit den Künsten ging es um das Können. In Bezug auf die Musik ist das leicht vorstellbar. Auch die Rhetorik erschließt sich dem Lernenden nicht über eine „Theorie der Anwendung von Worten", sondern muß praktisch erlebt und erübt werden. Möglicherweise hatten aber auch die anderen Künste diesen Erfahrungsaspekt, so daß z. B. vielleicht die Geometrie in der Statik der Kathedrale von Chartres erlebt und empfunden werden konnte. Auch in dieser Zeit also sind alle geistigen Kräfte wie in der Antike auf die „Souveränität des vernünftigen Menschen", auf die Selbstbestimmungsfähigkeit des freien Individuums gerichtet.

Mit dieser Charakterisierung ist abermals ein Bildungsbegriff umrissen, der bis heute Bestand hat. Die Entwicklung des *„kritisch-konstruktiven"* (vgl. das Konzept der kritisch-konstruktiven Didaktik bei Klafki), also des selbstbewußt urteilenden und verantwortlich handelnden Menschen ist seit über 2000 Jahren Ziel eines entwicklungsorientierten Lernprozesses, der den Menschen zum Menschen reifen läßt. Auch heute, gegen Ende des 20. Jahrhunderts machen Lehrer die Erfahrung, daß eine einseitig intellektuell ausgerichtete Schulbildung dem wirklichen Bildungsbedarf nicht gerecht werden kann. Die SchülerInnen werden zwar kritisch, aber nicht konstruktiv. In den Versuchen einer handlungs- und erfahrungsorientierten Didaktik drücken sich die Bemühungen aus, diese Erkenntnis in pädagogische Konzepte zu übersetzen. Insbesondere in der Berufsbildung mit ihrem Theorie-Praxis-Konflikt müssen Menschen in der Aus- und Fortbildung darin geschult werden, an der trägen Wirklichkeit nicht zu verzweifeln. Angesichts so vielschichtiger Problemstellungen, wie sie in den Pflegeberufen auftreten, wird das Berufsfeld immer auch defizitär erlebt werden. Wie es eine Lehrerin einmal ausdrückte: *„Wenn man die SchülerInnen so reden hört, könnte man meinen, daß sie eine Unternehmensberatungsgesellschaft gründen und das Krankenhaus beraten sollten."*

Probleme erkennen ist also in der Regel nicht die Schwierigkeit. Sie lösen zu können, das ist die Handlungskompetenz, die in der Praxis gebraucht wird. Ein Kritisieren allein schadet da oft mehr als es nützt. Sobald eine Schülerin oder ein Kollege ein erkanntes Problem angehen wollen, werden sie merken, daß sie sich erst einmal verständlich machen müssen. Gelingt ihnen dies, stellen sie fest, daß sie mit ihrer Kritik einigen Kollegen zu nahe getreten sind. Kommt es schließlich zu einem Verbesserungsversuch, müssen sie erleben, daß die Praxis viel tückischer ist, als man sich das vorher so ausgedacht hat. Es braucht also zahlreiche Kompetenzen im Sinn von Handlungsfähigkeit, will man eine als unbefriedigend erkannte Situation verwandeln. Neben dem Wissen ist auch Können gefordert. Und das muß geübt werden. Für die Schulung des Intellekts tun wir in den beruflichen Bildungsmaßnahmen möglicherweise bisweilen mehr, als für den Lernprozeß verträglich ist. Kreativität, Flexibilität und Durchhaltevermögen sind einige der Tugenden, die dabei schnell zu kurz kommen können.

Die Bedeutung der Kunst. Die herausragenden Leistungen der Gotik in Literatur, Architektur und Kunst können nicht getrennt gedacht werden von diesem Menschenbild, dessen oberstes Anliegen die Befreiung des menschlichen

Geistes war. Diese Befreiung wurde aber seit der Antike so gedacht, daß sie erst durch eine harmonische Herausbildung aller Seelenkräfte durch Wissenschaft und Kunst gemeinsam möglich wird. Eine herausragende Rolle in der hier beschriebenen Strömung hat interessanterweise immer das künstlerische Üben gespielt. Schon in der Antike fing die Kunst nicht erst bei der Malerei und Plastik an. Auch in den sportlichen Veranstaltungen stand nicht der Leistungsaspekt im Vordergrund. Der harmonisch ausgebildete Körper war das Ideal der antiken Welt. An diesem Ideal nahmen Maler, Architekten und Plastiker Maß. Und so ist für Alfred Heuß *„der menschliche Körper als spezifischer Vorwurf* [Vorentwurf, Vorbild; Anm. d. Autors] *der Kunst, eines der charakteristischsten Ausdrucksphänomene griechischen Geistes"* (Heuß 1986, S. 205) So erübte und erlebte der junge Grieche eben nicht nur das Diskutieren, sondern auch ästhetische Schulung und Leibesübung.

Abb. 3-2 Plastizierend kann die Architektur eines Oberschenkelknochens erlebt werden.

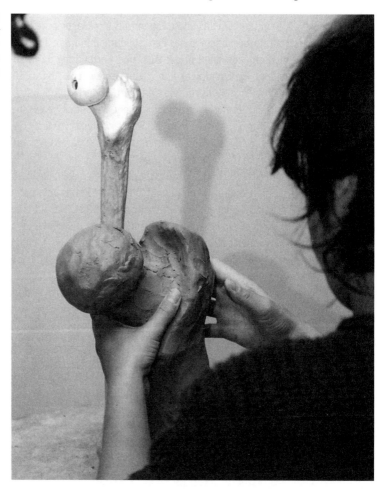

Im Mittelalter ist abermals die Blüte des Geisteslebens mit einem künstlerischen Übungsweg verbunden. So betont Johannes von Salisbury, daß die echte Disputatio (disputatio legitima) sich gegenüber der zufälligen auszeichne durch Kunstverstand (vgl. Pieper, 1986, S. 113). Der wissenschaftliche Diskurs, der in der Auseinandersetzung mit dem Gegner gipfelte, erforderte nicht nur klares Denkvermögen, sondern auch ein hohes Maß an sozialen Kompetenzen. Zum Ethos der Disputatio als Streitgespräch gehörten:

- Auf den Gesprächspartner hören. *„Es gab eine Spielregel der disputatio legitima, die schlichthin dieses Hören erzwang: Niemandem war gestattet, auf einen Einwurf des Gesprächspartners unmittelbar zu antworten; vielmehr mußte er vorher den gegnerischen Einwand mit eigenen Worten wiederholen und sich ausdrücklich vergewissern, daß der andere genau das gleiche meine."* (Pieper 1986, S. 118)
- Mit klaren Worten den eigenen Sachverhalt verdeutlichen. Keinesfalls durch willkürliche Terminologie ein Verständnis erschweren. Eindeutigkeit und Schlichtheit der Sprache waren gefordert in der wissenschaftlichen Auseinandersetzung.[43]

Der wissenschaftliche Streit in der Scholastik zeichnete sich aus durch Empathie und absolute Wertschätzung dem „Gegner" gegenüber. Im übrigen waren rhetorische Schnörkel wie Polemik, Ironie etc. verpönt. Echtheit, Kongruenz[44] war dazu nötig. Hier aber handelt es sich um allgemein menschliche Kompetenzen, die sich nicht in einem Kurs über „kritisches Denken" erwerben lassen. Dieser Fähigkeit zur akademischen Auseinandersetzung ging also ganz offensichtlich notwendigerweise eine allgemeine Menschenbildung voraus. Der wissenschaftlichen Arbeit war daher die Übung der Künste vorangestellt.

3.3 Idealismus – Menschenbildung in der Neuzeit

Die Befreiung des Individuums war vorherrschendes Thema und Lebensgefühl in der klassischen Epoche des Abendlandes, dem Idealismus (ca. 1770–1830). Schon im 18. Jahrhundert, dem Zeitalter der Rationalität, der Aufklärung, entwickelt sich ein kritischer Geist gegenüber aller mit Vernunft

---

[43] Man wird hier an Habermas' Diskursethik erinnert, in der nur die Herrschaft des besseren Arguments zählt.

[44] Diese Begriffe werden hier im Sinn der humanistischen Psychologie gebraucht. Sie sind Carl Rogers Konzept der klientenzentrierten Psychotherapie entlehnt. Empathie bedeutet hier präzises einfühlendes Verstehen; Wertschätzung bedeutet bedingungsfreies Akzeptieren; Kongruenz bedeutet, daß jemand er selbst ist und sich nicht hinter einer Fassade verbirgt. (Vgl. Rogers 1993, S. 22–32)

nicht zu begründender Autorität. Die Gesellschaft macht sich unabhängig von der Kirche. Das politische System soll auf Vernunft gegründet sein. Die Aufklärung ist ganz *„dem einzelnen Exemplar der Gattung Mensch zugewandt, sie sucht in rationaler Weise seine Autonomie zu begründen und spricht ihm im Namen der Vernunft Freiheit und Würde zu."* (Reble 1993, S. 135) Allerdings kann man diese Epoche nicht *„ 'individualistisch' nennen; denn sie sieht am Einzelmenschen gerade nicht das Einmalige, Unableitbare, sondern das Regelhafte, jedem zukommende."* (Ebd.) Dieses absolute Vertrauen auf die menschliche Ratio gipfelt und scheitert schließlich in der französischen Revolution. Das letzte Drittel des 18. Jahrhunderts ist gekennzeichnet durch eine heftige Opposition gegen dieses Menschenbild. *„Dem Versuch der Aufklärung, auch für das künstlerische Schaffen Regeln aufzustellen [setzt die Jugend] den Ruf nach 'Originalität' und 'Genie' entgegen."* (Reble 1993, S. 175) Die Einzigartigkeit des Menschen tritt in den Vordergrund. Zum vorherrschenden Thema der Goethe-Zeit, des Idealismus, wurde die Erkenntnis des Menschen in seiner Einzigartigkeit und seine besondere Stellung innerhalb der Naturreiche. Diese Einmaligkeit des Individuums zur Darstellung zu bringen, war Aufgabe in Literatur, Theater und Musik, und das Bewußtsein von ihr war die Grundlage von Pädagogik und Philosophie. Das Menschenbild wird beispielhaft deutlich bei Herder. Reble faßt zusammen: Im Menschen überwindet *„die Natur sich selbst, sie kommt zur 'Vernunft'. Denn die körperlich-biologische Konstitution des Menschen mit ihrer feineren, empfindlicheren und variableren Organisation bedeutet, rein biologisch gesehen, einen schwerwiegenden Mangel: Das Tier hat eine größere Spezialisierung und eine festere Einfügung in einen bestimmten Lebenskreis, beim Menschen sind die Sinne nur schwach entwickelt und verhältnismäßig ausgeglichen, die Aufmerksamkeit infolgedessen zerstreut, die Fähigkeit unbestimmter und die Bedürfnisse gesteigert, so daß hier ein Mißverhältnis, eine Spannung gegeben ist, die rein biologisch nicht bewältigt werden kann. Die Leitung durch den Instinkt versagt."* (Reble 1993, S. 188)

Der Mensch wird also betrachtet als das einzige Wesen, das die Natur „frei gegeben" hat. Tierisches Verhalten ist festgelegt durch Instinkte. Jeder Tierorganismus ist optimal an seine Umwelt angepaßt. Den Menschen stattet die Natur schlechter aus. Seine Instinkte sind unsicher, sein Körper für keine Tätigkeit spezialisiert. Daraus ergeben sich seine lange Kinderstube und sein Bildungsbedarf, denn die lebenslange Lernfähigkeit hat er allen Tieren voraus. Bei Herder wird deutlich, wie diesem Bildungsbedarf ein Bildungsbedürfnis entgegenkommt. Das Natürliche für den Menschen ist seine Unfertigkeit. Das Lernen ist ihm elementares Bedürfnis, geradezu ein Trieb. Das ist die Spannung, die „biologisch nicht bewältigt werden kann". *„Mit dem Leben des Menschen fängt seine Erziehung an; denn Kräfte und Glieder bringt er zwar* *auf die Welt, aber den Gebrauch dieser Kräfte und Glieder, ihre Anwendung, ihre Entwicklung muß er lernen."* (Herder 1991, S. 124)

In ihrem besonderen Verständnis der menschlichen Individualität entwickelt diese Epoche eine differenzierte Psychologie des Menschen. Lernen heißt nicht mehr allein Schulung der intellektuellen Fähigkeiten und Wissenserwerb, wie in der Aufklärung. Dort nahte man der Natur *„mit Bandmaß, Spaten und Bauernkalender."* (Reble 1993, S. 177) Lernen wird zum Prozeß der Bildung und heißt jetzt: *„Entfaltung aller Kräfte, auch Gemüt und Phantasie, [...] Herausformung einer individuellen Gestalt, [...] innere Harmonie der Kräfte, [...] harmonisches Verhältnis mit der Welt und mit der Gemeinschaft."* (Reble 1993, S. 183) Vorbild für die harmonische Ausgestaltung aller Kräfte war wiederum die Antike. Griechische Kultur und Sprache erfuhren ein neues Interesse in der Pädagogik. Sie sieht jedoch *„als das Bildende nicht in erster Linie die Sprache als solche, sondern den Geist des Griechentums an."* (Reble 1993, S. 184) Herder sagt: *„Auch die Griechische Kunst ist eine Schule der Humanität; unglücklich ist, wer sie anders betrachtet."* (Herder 1991, S. 363) Insbesondere diese pädagogische Strömung innerhalb der Goethezeit, die sich den alten Sprachen und der griechischen Kultur zuwandte, wurde später als Neuhumanismus bezeichnet. Ihr bedeutendster Vertreter ist Wilhelm von Humboldt. Bildung wurde hier verstanden als Mittel und Weg zur Reifung der Persönlichkeit durch einen individuellen Entwicklungsprozeß. Jede Entwicklungsstufe hatte ihre eigene Daseinsberechtigung. Kein Wunder also, daß das Kind in das Zentrum der Aufmerksamkeit geriet. Die Pädagogik entfaltet sich auf einzigartige Weise. Herder, Jean Paul, Humboldt, Goethe und Schiller, Pestalozzi, Fröbel und Herbart hinterlassen unsterbliche Gedanken zur Erziehung. Aber auch die Geschichte erfährt ein ganz neues Interesse: *„Während die Aufklärung jede geschichtliche Epoche einfach in ihr gradliniges Fortschrittsschema einordnete, alle Erscheinungen am dünnen Faden ihrer aufklärerischen Moralität aufreihte, [...] bekennt man jetzt: Jede Zeit und jede Nation [...] ist im tiefsten Grunde unvergleichlich."* (Reble 1993, S. 176–177)

Die Fruchtbarkeit dieses Menschenbildes für die Pädagogik erweist sich insbesondere bei Pestalozzi. War er zunächst noch vom „guten Kern" des Menschen überzeugt, wird er von der französischen Revolution eines besseren belehrt. Er erkennt unselige Triebe im Menschen, die ihn anfällig machen für menschenverachtendes Verhalten: den „Trieb zu herrschen" und andererseits den „Sklaventrieb". Folgt der Mensch seiner Natur allein, fällt er diesen Trieben zum Opfer. Er entwickelt ein vielfältiges Begehren. Zu dessen Befriedigung wendet er immer raffiniertere Mittel an. Um diesen tierischen Zustand zu begrenzen und die Menschen voreinander zu schützen, gibt die Gesellschaft sich eine Rechtsordnung. Dadurch wird der „Naturmensch" gebändigt, nicht jedoch verwandelt. Der Starke sichert seinen Besitz; der Schwache verteidigt das Wenige, was er hat. Diesen Zustand kann nach Pestalozzi der Einzelne nur in sich allein überwinden. Der gesellschaftliche Zustand *„kann durch Gesetze, Schulen usw. die Sittlichkeit nur 'einlenken' (d. h. vorbereiten, ermöglichen), niemals sie schaffen. Sie bleibt ewig Sache des Einzelnen."* (Reble 1993, S. 227) Niederhäuser faßt zusammen: *„Als Werk der Natur ist der Mensch vollkommen, in seinem Leib aber dem Tiere gleich; als Werk der Gesellschaft wird er Bürger und erst als Werk seiner selbst wird er wahrhaft Mensch."* (Niederhäuser 1979, S. 49)

Darin liegt der eigentliche Wert der Bildung, daß der Mensch die Fähigkeit zur Selbstbestimmung erlangt. Sie ist das hervorragendste Ziel der Erziehung. Mensch sein heißt demnach immer Mensch werden. Pädagogik unterstützt die Entwicklung aller Kräfte, die das Individuum befähigen, sich selbst zu steuern. Dieses Vermögen drückt sich nach Pestalozzi darin aus, daß der Mensch zur Hingabe an den anderen, bzw. mit heutigen Worten ausgedrückt, zur Übernahme von Verantwortung bereit wird. Diese Hingabe bedeutet aber nichts, wenn sie nicht aus innerer Freiheit geschieht. Für Pestalozzi heißt das: *„Liebe ist [...] die innerste Kraft des Menschen, die allein ihn zu veredeln fähig ist."* (Baumbach 1994, S. 19) Wir sind es heute gewohnt, diese Liebe eher mit „Interesse" zu umschreiben. Dabei kann „Liebe" durchaus der richtige Begriff sein, wenn wir sie nicht mit Sentimentalität verwechseln. Jeder Mensch weiß, wie Hingabe an den Gegenstand und Liebe zum Detail das Lernen befördern können. Ebenso ist für den Pädagogen die innerste Triebfeder seines Handelns die Menschenliebe, die sich in Achtung, Empathie und Wertschätzung ausdrückt. Ohne sie ist die Pädagogik Technik, durch sie wird sie Kunst. *„Pestalozzis Anschauung von der sittlichen Autonomie des Individuums bedeutete eine kopernikanische Wende für die Pädagogik. Denn ist die Bildungswürdigkeit des Menschen als eine jeweils nur selbsttätig zu ergreifende erkannt, so wird die Pädagogik zur 'Kunst', dieser höheren, göttlichen Natur zur Geburt zu verhelfen. Jetzt handelt es sich [...] nicht mehr vorrangig darum, [...] fertige Wissensinhalte zu geben, sondern kunstvoll die innere Kraft der Selbstbildung zu erwecken, zu beleben und zu stärken, die zur Veredlung des Menschen dient."* (Baumbach 1994, S. 20)

So schreitet der Mensch vom tierischen über den gesellschaftlichen Zustand durch Erziehung zum sittlichen, weil selbstverantworteten Zustand fort. Auf geniale und bis heute überaus aktuelle Weise hat Pestalozzi für diesen Weg das Bild vom „Lernen mit Kopf, Herz und Hand" gewählt. Wir finden diese Maxime heute beispielsweise in den Bemühungen um erfahrungsbezogenen und handlungsorientierten Unterricht wieder.

„Die abendländische Geistigkeit steht seit jeher unter dem Gesetz der 'Bewegung', im Gegensatz etwa zu der relativen Statik der gleichzeitigen byzan-

tinischen und arabischen Kulturen", heißt es bei Richard Benz über das Mittelalter (1986, S. 195). Diese „Bewegung" ist es, für die die Goethe-Zeit den Schlüssel gefunden hat: Es ist der Entwicklungsgedanke, der alle Kunst, Wissenschaft und Philosophie im Idealismus durchdringt. Dieser führte Goethe zu einem Verständnis der Wachstumsgesetzmäßigkeiten in der Pflanzenwelt durch die Idee der Metamorphose. In der Literatur tritt der Entwicklungsroman auf. In der Philosophie schafft Friedrich Schiller eine Begrifflichkeit, mit der es möglich wird, die seelischen Entwicklungsbedingungen des Menschen denkend nachzuvollziehen.

Schillers Beitrag zur Anthropologie. Es war Schillers Anliegen, die besondere (schöpferische) Wesenheit des Menschen dem philosophischen Denken zugänglich zu machen. In seiner 1795 erschienenen Schrift „Über die ästhetische Erziehung des Menschen" unternimmt er den Versuch, ein Menschenbild gedanklich zu entwickeln, wie er es vor allem in Goethes Dichtung erlebt hat. *„Ich werde von einem Gegenstand sprechen, der mit dem besten Teil unserer Glückseligkeit in einer unmittelbaren und mit dem moralischen Adel der menschlichen Natur in keiner sehr entfernten Verbindung steht."* (Schiller 1989, S. 5)

Schiller nennt zwei Triebe, die sich polar gegenüberstehen. Es sind dies der Stoff- und der Formtrieb. Sie markieren die beiden Pole des Seelenlebens, in die der Mensch eingespannt ist. Ersteren bezeichnet er auch als sinnlichen Trieb und beschreibt ihn so: *„Der Gegenstand des sinnlichen Triebes [...] heißt Leben in weitester Bedeutung; ein Begriff, der alles materielle Sein und alle unmittelbare Gegenwart in den Sinnen bedeutet."* (Schiller 1989, S. 55) Es ist dieser auf die Sinne gerichtete Trieb, der nach Bedürfnisbefriedigung verlangt. Hier herrscht das „Lustprinzip". Alles ist gut, was Spaß macht, ist sein Motto. Hier wirkt der Zwang der Natur. Während der Stofftrieb also von den biologischen Bedürfnissen beherrscht wird, ist der Formtrieb ganz auf das Denken gerichtet. Sein Gegenstand *„heißt Gestalt [...]; ein Begriff, der alle formalen Beschaffenheiten der Dinge und alle Beziehungen derselben auf die Denkkräfte unter sich faßt."* (Schiller 1989, S. 55) Im Denken stellt sich der Mensch der Sinneswelt gegenüber, distanziert sich von ihr und beurteilt sie. Er abstrahiert und findet die allgemeinen Gesetzmäßigkeiten, die der Sinneswelt zugrunde liegen. Dem Formtrieb erschließen sich so allgemeine Prinzipien, von denen der Mensch letztendlich (moralische) Pflichten ableiten kann. Er steht hier unter der Nötigung der sittlichen Norm. Beide Kräfte liegen im Streit miteinander. So kann das als vernünftig erkannte Prinzip „gesunde Lebensführung" in Widerspruch geraten mit der Lust zu „Essen, was Freude macht". Für Kant drückt sich die moralisch integre Lebensführung eines Menschen darin aus, daß er diesen zweiten Trieb in sich stärkt. Durch seinen „kategorischen Imperativ" fordert er, stets zu prüfen, ob die Maxime des individuellen Handelns verallgemeinerbar ist, d. h. auch für andere Menschen Gültigkeit beanspruchen kann. *„Moralität ist demnach die Qualität der praktischen Maximen und subjektiven Grundsätze, die dazu führt, daß man von diesen Maximen und Grundsätzen wollen kann, [...] daß sie Prinzipien einer allgemeinen moralischen Gesetzgebung werden."* (Gil 1993, S. 69)

Bezüglich des Stofftriebes spricht Schiller von Zwang, dem der Mensch unterliegt. Vom Formtrieb andererseits gehe (moralische) Nötigung aus. Schiller kommt aber (in Abweichung von Kant) zu der Überzeugung, daß menschliche Freiheit möglich sei. Einen dritten Trieb beschreibt er, der den Menschen frei und damit eigentlich erst zum Menschen macht, und zwar den Spieltrieb. In ihm werden die zwingenden und nötigenden Kräfte von Stoff- und Formtrieb verwoben und verwandelt. *„Der Gegenstand des Spieltriebes [...] wird also lebende Gestalt heißen können; ein Begriff, der allen ästhetischen Beschaffenheiten der Erscheinungen und mit einem Worte dem, was man in weitester Bedeutung Schönheit nennt, zur Bezeichnung dient."* (Schiller 1989, S. 55) Dieser Trieb lebt also von dem künstlerischen Element. *„Da sich das Gemüt bei Anschauung des Schönen in einer glücklichen Mitte zwischen dem Gesetz und Bedürfnis befindet, so ist es eben darum, weil es sich zwischen beiden teilt, dem Zwange sowohl des einen als des anderen entzogen."* (Schiller, 1989, S. 57) Konsequent legt Schiller dieses Moment der Freiheit schon in die Terminologie hinein (s. a. Abb. 3-3). Über den Spieltrieb: *„Diesen Namen rechtfertigt der Sprachgebrauch vollkommen, der alles das, was weder subjektiv noch objektiv zufällig ist und doch weder äußerlich noch innerlich nötigt, mit dem Wort Spiel zu bezeichnen pflegt."* (Schiller 1989, S. 57)

Abb. 3-3 Stofftrieb, Formtrieb und Spieltrieb bei Schiller

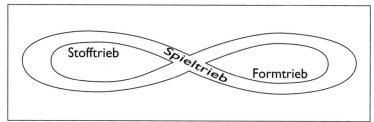

In jedem Menschen existiert also eine mehr sinnlich-gemüthafte (Stofftrieb) neben einer mehr intellektuell-rationalen Art seelischen Erlebens (Formtrieb). Beide besitzen ihre eigene Gestalt. Ein „ästhetischer Sinn" ist es, der dem Menschen die Spannung zu Bewußtsein bringt, in der er sich zwangsläufig durch seine polaren Triebe befindet. Auch Herder hat diese Spannung als Grundstimmung des Menschseins und Lernens verstanden. Der künstlerische, ästhetische Trieb ist die eigentlich menschliche Fähigkeit, mit der sich die

Einseitigkeiten überwinden lassen. Auch Pestalozzi erkennt diesen Spannungsbogen zwischen dem natürlichen und dem gesellschaftlichen Zustand des Menschen. Ihm geht es darum, die Liebe des Menschen zu allen Dingen und Wesen zu vertiefen. Die Übung des Herzens und der Menschenliebe steht für ihn an erster Stelle, um den Menschen zum Menschen zu veredeln. Die eigentliche Lebenskunst des Menschen besteht darin, nicht unter die jeweils einseitige Knechtschaft des einen oder anderen Triebes zu geraten, sondern beide Kräfte in sich zu verwandeln. Er steht immer in der Gefahr, seinem Sinnesleben zu erliegen – bei jedem von uns anschaubar in den vielen kleinen oder größeren Süchten – oder zum ewig besserwisserischen und kritisierenden „Oberlehrer" zu werden – auch diese Haltung ist eine allzu menschliche. Spielerisch beide natürliche Seiten in sich gestaltend zu verbinden, ist die eigentliche Aufgabe der menschlichen Individualität. *„Denn, um es endlich auf einmal herauszusagen, der Mensch spielt nur, wo er in voller Bedeutung des Wortes Mensch ist, und er ist nur da ganz Mensch, wo er spielt."* (Schiller 1989, S. 59). Hierin liegt die Menschenwürde begründet, denn mit dem **Spieltrieb** ist der Freiraum menschlichen Handelns markiert. „Eine Handlung wird als eine freie empfunden, soweit deren Grund aus dem ideellen Teil meines individuellen Wesens hervorgeht; jeder andere Teil einer Handlung, gleichgültig, ob er aus dem Zwange der Natur oder aus der Nötigung einer sittlichen Norm vollzogen wird, wird als *unfrei* empfunden." (Steiner 1987, S. 164) Und: *„Der bloße Pflichtbegriff schließt die Freiheit aus, weil er das Individuelle nicht anerkennen will, sondern Unterwerfung des letzteren unter eine allgemeine Norm fordert."* (Ebd., S. 165)

Es handelt sich also keineswegs darum, daß beide Triebe gegeneinander aufgerechnet werden und das Ergebnis als Kompromiß zwischen ihnen erscheint. Eine neue, ästhetische Qualität entsteht durch den Spieltrieb, die von den ersten beiden nicht ableitbar ist. Spielen in Schillers Sinn heißt schöpferisch mit den gegebenen Bedingungen umgehen. Freiheit entsteht nicht durch das Wegnehmen von äußeren oder inneren Zwängen. Freiheit entsteht im schöpferischen Verwirklichen individueller Ausdrucksformen einer Persönlichkeit. Kausalität und Gesetzmäßigkeit treten zugunsten von Kreativität, Intuition und ganzheitlicher Wahrnehmung in den Hintergrund.

Sehr gut gefaßt hat den hier gemeinten Intuitionsbegriff Patricia Benner in Bezug auf das Pflegeexpertentum: *„Wer auf der Expertenstufe handelt, ist nicht mehr auf analytische Prinzipien (Regeln, Richtlinien, Maximen) angewiesen, um aus seinem Verständnis der Situation eine angemessene Handlung abzuleiten. Mit ihrem großen Erfahrungsschatz sind Pflegeexpertinnen und -experten in der Lage, jede Situation intuitiv zu erfassen und direkt auf den Kern des Problems vorzustoßen, ohne viel Zeit mit der Betrachtung unfruchtbarer Alternativdiagnosen und -lösungen zu verlieren."* (Benner 1994, S. 50)

Wie Benner beschreibt, ist es sehr schwer, die Gründe für ein derartiges Handeln zu benennen. Sie entziehen sich der analytischen Ratio. Trotzdem sind sie einem Verstehen zugänglich. Benner wählt dazu in ihrer Studie das Mittel des Vergleichs. Dadurch wird deutlich, daß Expertinnen im Vergleich mit AnfängerInnen in einer Pflegesituation teils sehr individuelle und unkonventionelle Maßnahmen wählen, daß diese Maßnahmen aber in der Regel die fruchtbarsten sind. *„Zwar ist es für Anfänger und Unerfahrene wichtig, Regeln zu haben, an die sie sich halten können, jedoch erlauben diese Regeln immer nur eine bestimmte Struktur, und diese ist keinesfalls stets die beste."* (Benner 1994, S. 232)

In Schillers Terminologie ausgedrückt, bedeutet dies: Auf der Grundlage des Formtriebes werden diese Regeln gefunden. Mit der Hilfe des Spieltriebs lernt die Pflegende, sie in ihrer beruflichen Biographie sinnvoll zu individualisieren. Für die berufserfahrene Kollegin kann ein Regelkatalog in der Art eines Standards oder eines differenzierten Pflegeplans sogar zur Beleidigung werden: *„Eine erfahrene Krankenschwester reagierte [...] folgendermaßen [...]: 'Ich ärgere mich darüber, daß ich gesagt bekomme, ich soll nach einem depressiven Patienten sehen. Ich würde das schon von mir aus tun, aus eigenem Antrieb. Ich brauche keine Vorschrift, die mir sagt, daß ich es tun muß.'"* (Benner 1994, S. 224) Die Regel wird als entwürdigend empfunden, weil sie unfrei macht und eine Mißachtung der eigenen Kompetenz darstellt.

Wird der Pflegeberuf als Profession verstanden, so drückt diese sich gerade darin aus, daß die Kompetenz einer Krankenschwester über das Befolgenkönnen eines Regelkatalogs hinausgewachsen ist. Regeln sind Landkarten (vgl. Benner, S. 220), die der Berufsanfängerin zur Orientierung dienen. Die erfahrene Krankenschwester findet im entscheidenden Moment die richtige „Abkürzung" oder einen alternativen Weg, denn sie ist in dem Terrain zu Hause. Sie wird auch Momente haben, in denen sie erkennt, daß das Ziel sich geändert hat. Dann wird sie vielleicht gegen alle Regeln verstoßen, und erst im Nachhinein wird deutlich, daß sie das einzig richtige getan hat. Diese Kompetenz wächst allerdings auf der Grundlage von Erfahrung. Individuell handeln am Beginn einer Schulung heißt willkürlich handeln. In der Ausbildung kommt es also darauf an, den AnfängerInnen Regeln zu bieten und gleichzeitig einen übenden Lernweg zu bahnen, der es zuläßt, mit wachsender Kompetenz diese Regeln aufzulösen. Wirklicher Kreativität geht intensive Auseinandersetzung mit dem Arbeitsfeld voraus und eine Kultur des „übenden Handelns". Es gibt auch KollegInnen, die 15 Jahre im Beruf sind und sich stellenweise wie AnfängerInnen verhalten. Das kann sich in sehr nachlässiger Arbeit, aber auch gerade in dem Beharren auf Regeln ausdrücken („Wir machen das hier immer so"). Professionelles Handeln wird in der Qualität der Ergebnisse erfahrbar. Pflegequalität läßt sich nicht überwachen oder herstellen durch Standardisierung der Maßnahmen, sondern durch Instrumente, die den Prozeß und die Ergebnisse komplexer Pflegehandlungen beurteilbar machen.

Der Spieltrieb ist als ein natürlicher menschlicher „Trieb" immer vorhanden. Er setzt sich in Erfahrung und individuelle Handlungskompetenz um. Das gilt für das berufliche Lernen ebenso wie für das Alltagslernen. Lebenserfahrung entsteht nicht anders. Die Institutionen beruflichen Lernens überlassen es aber allzu oft dem Zufall, ob eine echte spielerische Lernatmosphäre oder nur eine schulische Situation entsteht, die sich darin erschöpft, einen Katechismus berufsfeldrelevanter Handlungsweisen einzuüben und Stoff abzuarbeiten. Auch in dieser Situation werden SchülerInnen schöpferisch. Aber ihre Kreativität richtet sich dann eher auf Ausweichmanöver, die den Unterricht erträglicher werden lassen.

Abb. 3-4 Frei experimentierendes Komponieren aus Form und Farbe

Das Feld, in dem der Spieltrieb ganz zu Hause ist, ist die Kunst. Für den Künstler ist es der natürliche Zustand, sich bewußt zwischen **Stoffprinzip** und **Formprinzip** zu bewegen. Der Maler muß sein Material sehr genau kennen. Er muß wissen, wie sich verschiedene Farben zueinander verhalten. Er muß die Qualität seiner Pinsel und der Leinwand ebenso berücksichtigen wie die Lichtverhältnisse. Der Flötist hört in den Instrumenten die Eigenarten der verschiedenen Instrumentenbauer. Kurz, sie haben ihre Sinnesorgane und ihr Empfindungsvermögen intensiv geschult. Aber sie tun das mit dem einzigen Ziel: dem Material (Stoff) und der Form (Kompositionsregeln) ihre individuelle Gestalt aufzuprägen.

Das macht die Kunst zu einem hervorragenden Medium in Bildungsprozessen. In künstlerischen Übungen können auf der einen Seite Wahrnehmung und Empfindung geschult werden. Auf der anderen Seite kann in der Kunst mit den eigenen Intentionen experimentiert werden, ohne daß der berufliche oder der Lebensalltag davon betroffen werden. Hier kann sich der Spieltrieb frei entfalten, die eigene Kreativität erlebt und entwickelt werden. So entstehen Kompetenzen, die im beruflichen Handeln genutzt werden können. Es sei aber hier schon deutlich darauf hingewiesen, daß der Schwerpunkt auf Übung liegt. Der künstlerische Prozeß ist das Entscheidende, nicht das Produkt. Wird der Schwerpunkt allzusehr auf das Kunstwerk, das Ergebnis gelegt, geht der Bildungswert verloren. Es tritt das Können und damit ein Perfektionismus in den Vordergrund, der das Experimentieren immer mehr zurückdrängt.[45] In der Pflegeausbildung bewegen wir uns oft in der Polarität zwischen pflegehandwerklichen Übungen und kognitiver Schulung. Um mit Pestalozzi zu sprechen: Wir schulen Kopf und Hand. Schiller kommt das Verdienst zu, uns einen Weg gezeigt zu haben, wie sich auch das Herz schulen läßt. In der Übung der ästhetischen Kompetenz liegt das Mittel, intellektuelles Lernen und handwerkliches Üben zusammenzuführen. Daher kommt allen Elementen künstlerisch-spielerischen Tätigseins eine besondere Bedeutung in der beruflichen Bildung zu. Für Pestalozzi sind es die Herzkräfte, die wir dadurch stärken. Warum sollten wir nicht Herzlichkeit von vornherein methodisch veranlagen?

Auch für Schiller war das Konzept einer umfassenden Menschenbildung im antiken Griechenland auf einzigartige Weise verwirklicht. *„Man wird niemals irren, wenn man das Schönheitsideal eines Menschen auf dem nämlichen Wege sucht, auf dem er seinen Spieltrieb befriedigt. Wenn sich die griechischen Völkerschaften in den Kampfspielen zu Olympia an den unblutigen*

---

[45] Vgl. zur Kunst Kap. 4.2.

Wettkämpfen der Kraft, der Schnelligkeit, der Gelenkigkeit und an dem edleren Wechselstreit der Talente ergötzen, und wenn das römische Volk an dem Todeskampf eines erlegten Gladiators oder seines lybischen Gegners sich labt, so wird es uns aus diesem einzigen Zuge begreiflich, warum wir die Idealgestalten einer Venus, einer Juno, eines Apolls nicht in Rom, sondern in Griechenland aufsuchen müssen." (Schiller, 1989, S. 58) Es fällt der unmittelbare Zusammenhang auf, den Schiller zwischen spielerischen Übungen und künstlerischer Kompetenz herstellt.

Bereits in Kapitel 2.4 wurde herausgearbeitet, daß es sich bei der Pflegeprofession nicht um eine Technik, sondern um Kunst handelt. Hier geht es um das spielerisch situative Verknüpfenkönnen von Fachwissen und Berufsregeln (Form) mit den zur Verfügung stehenden Ressourcen an Material und Zeit (Stoff) um in konkreten Beziehungen den betreuten Menschen gerecht werden zu können. Pflege bedarf also künstlerischer Kompetenz. So läßt sich theoretisch begründen, was praktisch längst durch positive Erfahrung belegt ist: der Sinn des Einsatzes künstlerischer Übungen als Mittel in der Berufsbildung.

3.4 Gegenwart – Geisteswissenschaftliche Pädagogik

Im 20. Jahrhundert entwickelt sich eine Auffächerung der Pädagogik in verschiedene Schulen, die teils in Opposition zueinander treten. Schon Ende des 19. Jahrhunderts wurden Psychologie und Soziologie als Bezugswissenschaften der Pädagogik erschlossen. Es ist dies das Jahrhundert der naturwissenschaftlichen Entdeckungen und Erfindungen. Ihre kausalanalytische Denkungsart färbt auch auf die Geisteswissenschaften ab. Es entsteht die experimentelle Psychologie. Auf ihrer Grundlage bemühen sich verschiedene Wissenschaftler eine exakte pädagogische Theorie zu formulieren. So versucht Wilhelm August Lay (1862–1926) eine experimentelle Didaktik für einzelne Fächer aufzubauen (vgl. Reble 1993, S. 350–355). Ein erfolgreiches Ergebnis dieser experimentellen Richtung liegt auf dem Gebiet der Begabungs- und Intelligenzforschung. Die Frage nach Sinn und Bedeutung von Erziehung für den Erzogenen steht hier nicht im Vordergrund, dafür die nach der exakter zu erfassenden Funktion. So wird Gemeinschaft bei Peter Petersen und Ernst Krieck zu einer soziologischen Grundkategorie der Erziehungswissenschaft. Bei letzterem *„wird Erziehung zu einer Art Zucht auf einen bestimmten, von der Gemeinschaft geschaffenen Typus hin.“* (Reble 1993, S. 352) Diese pädagogische Richtung fügt sich oft nahtlos in die nationalsozialistische Ideologie ein. Die meisten ihrer Vertreter arrangieren sich mit dem dritten Reich.

Dominierend bis in die 60er Jahre des 20. Jahrhunderts bleibt die geisteswissenschaftliche Pädagogik. Hier steht die geschichtliche Dimension des Menschen ebenso im Vordergrund wie das Bewußtsein seiner Individualität. Der Begriff „Geisteswissenschaft" geht auf Wilhelm Dilthey (1833–1911) zurück. Unter diesem Terminus sind die Wissenschaften vom Menschen zusammengefaßt, das sind: Geschichte, Sprachen und Kulturwissenschaften (vgl. Jank und Meyer 1991, S. 111–112). Dilthey gab eine bis heute gültige Formel zur Unterscheidung zwischen Natur- und Geisteswissenschaften, die er so charakterisierte, daß die Naturwissenschaften der (äußeren) Erklärung zugänglich seien, die Geisteswissenschaften dem Verstehen. In den ersteren geht es um kausale Zusammenhänge, in den letzteren um den Sinn menschlicher Lebensäußerungen und ein Verstehen derselben von innen her (ebd.). Die geeignete wissenschaftliche Methode ist die Hermeneutik, eine Theorie der erklärenden Auslegung. Durch mehrmaligen Perspektivwechsel und versuchsweise Interpretationen (hermeneutischer Zirkel) wird der Sinn eines Textes erschlossen. Es wird auf diese Art ein möglichst umfassender Kontext in die Deutung einbezogen (Biographie des Autors, Zeitgeschichte u. a.). Die subjektive Dimension des Wissenschaftlers ist gleichfalls immanent. (Ebd.) Dilthey ging es in seiner Didaktik insbesondere um dieses Verstehen in Bezug auf verschiedene Kulturgüter (durch das Subjekt der Erziehung, den Schüler).

Dieser Aspekt ist für die Pflegeberufsbildung von besonderem Interesse. Die verschiedenen Wissenschaftsbereiche, die von der Pflegewissenschaft berührt werden, können mit der Klammer „Humanwissenschaften" umfaßt werden. Es gehören dazu die naturwissenschaftlichen Biowissenschaften und die Geistes- und Sozialwissenschaften (Psychologie, Soziologie und Pädagogik). Die oben aufgezeigten grundlegenden Unterschiede in der Methodologie zwischen Natur- und Geisteswissenschaften werden von der Pflegepraxis in Deutschland jedoch nur unzureichend berücksichtigt. Im Pflegeprozeß wird mit einem kybernetischen Regelkreismodell gearbeitet, das den Biowissenschaften entlehnt wurde. Auf diese Art wird versucht, eine umfassende Pflegediagnose zu erheben. Es sollen so gleichermaßen Informationen gesammelt[46] werden über den Funktionszustand einzelner Organsysteme („Kreislauf", „Ausscheidung", Essen und Trinken", „Sich waschen und kleiden"), als auch über die psychologische („Kommunizieren", „Sich sicher fühlen") und geistige Dimension („Sinn finden") des Menschen.
    Beim Thema Sexualität z. B. geht es jedoch nicht um eindeutige Parameter, wie Blutdruck oder Urinausscheidung; und die geistig-spirituelle Dimension eines Menschen läßt sich mit wenigen Sätzen in der Pflegedokumentation nicht erfassen. Hier handelt es sich um subjektive Deutun-

---

[46] Von diesen sollen die Probleme und Ressourcen, Ziele und Maßnahmen abgeleitet werden.

gen, deren Vielschichtigkeit sich nicht in eine – in der Dokumentation fixierte – Formulierung zusammenfassen läßt. Wir befinden uns da im Bereich der psychologischen und pädagogischen Dimension des Pflegeprozesses. Diese erfordern andere Maßnahmen und andere Formen der Dokumentation.[47] Diesen Unterschied hat Silvia Käppeli in ihrem humanistischen Pflegemodell sehr gut auf den Punkt gebracht. Ihrer Meinung nach liegt allein im Bereich der biomedizinischen Aspekte der Pflege das Expertentum bei den Pflegenden. *„In diesem Bereich gibt es meßbare Normen. Der gesunde Organismus kann mit quantitativen Methoden erfaßt* [und somit erklärt; Anm. d. Autors] *werden."* (Käppeli 1994, S. 18) Im Bereich der sozial- und geisteswissenschaftlichen Aspekte der Pflege liegt die Expertise jedoch beim Patienten: *„Im Bereich der Erfahrung, die die vom Patienten subjektiv erlebte Wirklichkeit darstellt, muß die betroffene Person als Experte für die Beurteilung der Situation betrachtet werden. Die Berufsangehörigen sollten sich anpassen und kooperieren."* (Käppeli 1994, S. 19) Hier kann eine erklärende, kategorisierende Eintragung im Pflegeplan nur stören. *„Reaktionen können nicht mit quantitativen Methoden erfaßt, sondern nur beschrieben und verglichen werden. Man erkennt Tendenzen."* (Käppeli 1994, S. 18) Die behutsam vergleichende Deutung in einer therapeutischen Teambesprechung zum Beispiel kann helfen, eine Patientin besser zu verstehen. Dagegen schließen Beurteilungen im Pflegeplan den Prozeß ab und erschweren Entwicklung in der pflegerischen Beziehung.

Insofern der zu pflegende Mensch den zentralen Bildungsinhalt in Aus- und Fortbildung darstellt, müssen diese sich bemühen, beiden Erkenntnishaltungen gerecht zu werden. In Bezug auf die sozial- und geisteswissenschaftliche Seite dieses Inhaltes ist SchülerInnen und KursteilnehmerInnen mit vereinfachenden Etikettierungen nicht gedient, und seien diese Etiketten auch die Phasen des Sterbeprozesses nach Kübler-Ross. Was Pflegende brauchen, sind:
- differenziertes Beobachtungsvermögen für das Krankheitserleben des Patienten;
- ebenso differenziertes Ausdrucksvermögen, um die Vielschichtigkeit einer Situation nicht durch Vereinfachung zu verfälschen;
- die Fähigkeit, mit vorläufigen Deutungen zu leben, die kontinuierlich mit den Erlebnissen verglichen und modifiziert werden müssen;
- Unvoreingenommenheit, Empathie und Akzeptanz sowohl dem Patienten, als auch den KollegInnen gegenüber.

Diese Fähigkeiten können nicht alle schon in der Ausbildung veranlagt werden. Es handelt sich hier um Charakteristika des Expertentums in der

---

[47] Vgl. hierzu auch den Aspekt der Pflege als Gestaltungsaufgabe in Kap. 2.4.

Pflege. Die Ausbildung muß jedoch ein Bild von einer Profession der Pflege bieten, das SchülerInnen als Leitbild und Orientierung dienen kann. Gerade der Umgang mit dem Pflegeprozeß an einer Schule kann auf SchülerInnen Signalwirkung in Bezug auf die Frage ausüben: Nimmt es die Schule ernst mit der beruflichen Wirklichkeit, oder zieht sie sich auf theoretische Positionen zurück?

Das Denken des Dilthey-Schülers Hermann Nohl ist ganz geprägt von dem Polaritätsprinzip, wie es unter anderem der Philosophie von Herder, Pestalozzi und Schiller zugrundeliegt. Erziehung dient auch bei ihm keinem objektiven Zweck, sondern allein der individuellen Menschenbildung. Nohl wird 1950 an der Universität Göttingen von Erich Weniger abgelöst. Dieser widmet sich vertieft didaktischen Fragestellungen und entwickelt eine Didaktik als Theorie der Lehrinhalte (vgl. Reble 1993, S. 362). Wolfgang Klafki, der – nach einer Lehramtstätigkeit – bei Weniger in Göttingen Erziehungswissenschaften studiert hatte, schuf – zunächst gemeinsam mit Wolfgang Kramp – aus dieser Perspektive auf die Unterrichtsinhalte seine „didaktische Analyse" als Handlungsinstrument seiner **bildungstheoretischen Didaktik**. Diese diente, wie Jank und Meyer schreiben, Hunderttausenden von ReferendarInnen als Grundlage ihrer praktischen Ausbildung (vgl. Jank und Meyer 1991, S. 132–179). Das Ziel der didaktischen Analyse ist die Klärung der *„Frage, ob sich das, was man da den Schülern anzubieten hat, überhaupt lohnt!"* (Jank und Meyer 1991, S. 133) Der Lehrer soll mit ihrer Hilfe vor jeder Stunde prüfen, was der Bildungsgehalt des Unterrichtsstoffes für die SchülerInnen ist. Dazu gehören die Klärung:

- der Gegenwartsbedeutung des Stoffes für die SchülerInnen,
- der Zukunfstbedeutung,
- der Sachstruktur des Inhalts,
- der exemplarischen Bedeutung und
- der Zugänglichkeit des Stoffes für die SchülerInnen.

Die Bedeutung der didaktischen Analyse soll an einem Beispiel veranschaulicht werden. Im Pflegeunterricht soll die Pflege bei Patienten mit Morbus Alzheimer thematisiert werden. Die Lehrerin hat sich entschlossen, einen dokumentarischen Film einzusetzen.

1. **Gegenwartsbedeutung:** Die SchülerInnen haben bisher praktisch keine Erfahrung mit Alzheimer-Patienten. Sie sind neugierig, aber nicht persönlich betroffen von dem Thema.

2. **Zukunftsbedeutung:** Sie liegt in der Tatsache begründet, daß die Pflege dementer Patienten in allen Bereichen zunehmen wird. Vor allem außerhalb des Akutkrankenhauses werden die SchülerInnen – und sei es nach der Ausbildung – dieser Personengruppe verstärkt begegnen.

Abb. 3-5 Wasser, das elementare Medium der Pflege, hat überraschende Phänomene zu bieten.

3. **Sachstruktur:** Sie liegt in diesem Fall in der biographischen Entwicklung des Krankheitsbildes, da die Kollegin sich methodisch für die Darstellung der Dokumentation eines Falles entschieden hat. Sie hat damit eine horizontale Zeitstruktur gewählt, statt eine vertikale Darstellung der Symptomatik.

4. **Exemplarische Bedeutung:** Der Morbus Alzheimer stellt die Entwicklung einer Demenz in allen Phasen beispielhaft dar. Es können somit an diesem Inhalt Pflegesituationen erarbeitet werden, die z. B. genauso bei Patienten mit Leberzirrhose auftreten können.

5. **Zugänglichkeit:** Dieses abstrakte, weil in der beruflichen Praxis noch nicht erlebte Thema soll den SchülerInnen über das Medium des Films erschlossen werden. Die LehrerIn verbindet damit die Hoffnung, daß die gefilmte, sehr authentische Situation aus dem häuslichen Bereich an Bekanntem anknüpft und damit die Gesamtsituation anschaulich macht.

Soweit die Vorüberlegungen. In der Praxis des Unterrichtsgeschehens tritt dann eine Störung in den Vordergrund, die den Unterrichtsverlauf beeinträchtigt. In der Reflexion der Stunde fällt auf, daß viele SchülerInnen an der Tatsache Anstoß genommen haben, daß die Ehepartnerin des Erkrankten sich sehr auf die Hilfe ihrer jugendlichen Söhne stützt. Betrachtet man diese Situation unter dem Blickwinkel der Gegenwartsbedeutung, fällt folgendes auf:

Die Söhne sind den SchülerInnen biographisch sehr nah. Ihre Überforderung kann unmittelbar miterlebt werden. Das führt teilweise zu meist unbewußter Solidarisierung mit ihnen. Für die Lehrerin steht die Situation des Patienten und seiner absolut überforderten Frau im Vordergrund. Mit der anderen Perspektive ihrer SchülerInnen hat sie nicht gerechnet. Im Nachhinein wird deutlich, wie stark die biographische Situation der SchülerInnen sich in diesem Fall auf die Gegenwartsbedeutung dieses Unterrichtsinhaltes ausgewirkt hat.

Das grundlegende Konzept der **bildungstheoretischen Didaktik** ist eine Theorie der Allgemeinbildung. *„Selbstbestimmung, Freiheit, Emanzipation, Autonomie, Mündigkeit, Vernunft, Selbsttätigkeit"* (Klafki 1993, S. 19) bezeichnet Klafki als die eine Gruppe von Bestimmungen der Allgemeinbildung, wie sie bereits in der klassischen Bildungstheorie immanent war. Er betont aber, daß einer auf diese Bestimmungen reduzierten Bildung subjektivistischer Charakter unterstellt werden könne und ergänzt diese um eine weitere Gruppe: *„Die zentralen Begriffe lauten hier: Humanität, Menschheit, und Menschlichkeit, Welt, Objektivität, Allgemeines."* (Klafki 1993, S. 21) Denn mündig wird der Mensch für sich selbst, aber er wird es an und durch die Welt, in der er lebt. Deshalb müssen die Begriffe der zweiten Gruppe *„als mit der ersten Gruppe von Bestimmungen vermittelt bzw. immer wieder neu zu vermittelnde gedacht werden."* (Klafki 1993, S. 21) Individuum und Welt befinden sich in diesem Bildungsbegriff in einer Spannung, die Bildung erst ermöglicht. Letztendlich geht es Klafki immer darum, *„pädagogisch legitimierbare Erziehung von Manipulation und Indoktrination [abzugrenzen]. Erziehung, die nicht zur Mündigkeit führt, ist keine Erziehung mehr, sondern Verführung und Dressur!"* (Jank und Meyer 1991, S. 138)

Als dritte Gruppe von Bestimmungen nennt Klafki das Begriffspaar „Individualität" und „Gemeinschaft", denn *„dieser Prozeß der Individualitätsbildung wird [...] nicht als eine Beschränkung oder Brechung des Allgemeinen gewertet, sondern als Bedingung dafür, die potentielle Fülle des jeweiligen Allgemeinen zu entfalten. Humanität kann je nur individualisiert verwirklicht werden!"* (Klafki 1993, S. 26) Diese Klärung des Individualitätsbegriffs ist von großer Bedeutung. Es existiert keine Humanität in der Welt, wenn nicht der einzelne Mensch sie verwirklicht. Das „Weltallgemeine" stellt nicht einen Wert an sich dar, sondern nur eine Möglichkeit. Es dient sozusagen als Material der Menschwerdung. Die Entfaltung der individuellen Persönlichkeit an den Weltinhalten markiert Sinn und Bedeutung des Menschseins und der menschlichen Geschichte.

Die Bedeutung dieser Begriffsbestimmung liegt in der Tatsache begründet, daß innerhalb und außerhalb des Wissenschaftsbetriebs heute mit unterschiedlichsten Menschenbildern argumentiert wird. So hat der australische Philosoph Peter Singer (1994) in der aktuellen Bioethik-Diskussion einen

Personalitätsbegriff vorgelegt, der sich von dem Menschenbild der Bildungstheorie radikal unterscheidet.[48] Seine Moral ist von Nützlichkeitserwägungen getragen (Präferenz-Utilitarismus). Er plädiert dafür, ethische Dilemmata so anzugehen, daß die möglichen objektiven Interessen innerhalb eines Dilemmas gegeneinander abgewogen werden. Er geht davon aus, daß es allgemeine Kriterien gibt, um zum Beispiel die Aussicht eines behinderten Säuglings auf Glück abzuschätzen. So plädiert Singer dafür, das Lebensrecht dieses Säuglings durch ein Gegeneinander-Abwägen der unterschiedlichen Interessen aller betroffenen Personen zu ermitteln, wobei das hypothetische Interesse des Säuglings mit erwogen wird. Dem behinderten Neugeborenen kann jedoch eventuell kein Interesse an seinem Leben unterstellt werden. Von dieser Tatsache leitet Singer ein Recht auf Tötung ab. Singer unterschlägt dabei, daß er menschliche Werte zu quantifizieren versucht. Er gibt vor, daß es möglich sei, Glück oder das Bedürfnis nach Leben an harten Kriterien zu prüfen. Er mißachtet dabei völlig die Vielschichtigkeit menschlichen Lebens, die es unmöglich macht, von außen die Bedeutung einer Krankheit oder Behinderung für ein Individuum abzuschätzen. Die qualitative Frage nach dem Sinn menschlichen Lebens hält er aus seinen Erwägungen ganz heraus. Eine Pädagogik, die sich als Geisteswissenschaft versteht (vgl. die Charakterisierung durch Dilthey), wird ihren Bezugspunkt nicht in Nützlichkeitserwägungen suchen. Sie wird nach dem Sinn und der Bedeutung der menschlichen Entwicklung, wie auch der Bildungsinhalte (Gehalt) fragen. Eine nutzenorientierte, enge Lernzielorientierung schließt sich vor diesem Hintergrund aus. Lernziele[49] sichern die Schulung genau bestimmbarer Fertigkeiten. Das Subjekt des Lernprozesses spielt da eine untergeordnete Rolle. Wird das Lernen jedoch als Bildungsprozeß verstanden, liegt ihm ein Menschenbild zugrunde, das an den Individualitätsbegriff des Neuhumanismus anknüpft.

Seit dem 18. Jahrhundert unterscheiden Bildungstheoretiker zwei Kategorien von Bildung:

---

[48] Genau genommen verzichtet Singer auf ein Menschenbild. Da er nicht zwischen dem Wert menschlichen und tierischen Lebens differenziert, setzt er andere, scheinbar objektive Kriterien ein, um die Bedeutung jeglichen Lebens zu bestimmen. Diese Kriterien sind Selbstbewußtsein und Rationalität. Verfügt ein Wesen über diese beiden Merkmalen, wird es „Person" genannt. Es kann als autonom betrachtet werden. Fehlen diese Merkmale aber, haben die betroffenen Bezugspersonen (Eltern, Arzt u.a.) das Recht auf Tötung. *„Wie wir sahen, sind die plausibelsten Argumente dafür, daß einem Wesen ein Lebensrecht zugeschrieben wird, nur dann anwendbar, wenn es ein gewisses Bewußtsein seiner selbst als eines in der Zeit existierenden Wesens oder eines kontinuierlichen geistigen Selbst besitzt."* (Singer 1994, S. 235)

[49] Folgendes wird in der beruflichen Bildung unter Lernziel verstanden: *„Eine Beschreibung des erwünschten Verhaltens, das nach Unterricht oder Unterweisung beobachtbar ist, nennt man Lernziel. Ein Lernziel hat zumindest zwei Bestandteile: Es sagt ewas über das Verhalten (1) in einem Gegenstandsbereich (2) aus, also zum Beispiel 'Verhalten (1) bei Unfällen (2)'"* (Golas 1992, S. 175)

1. einen **formalen Aspekt**; dieser bezieht sich auf das Subjekt, das gebildet wird. Seine Fähigkeiten, Kompetenzen und Bedürfnisse stehen im Vordergrund. Gebildet ist, wer sein individuelles Potential verwirklicht und instrumentelle Kompetenzen, wie z. B. selbständiges Denken, erworben hat. Man wird an die erste Gruppe von Bestimmungen bei Klafki erinnert.

2. einen **materialen Aspekt**; dieser bezieht sich auf die Bildungsinhalte. Es geht hier um Kenntnisse, um Wissen, das erworben wird. Hier denkt man an die weite Gruppe von Bestimmungen bei Klafki.

Der Prozeß der Allgemeinbildung vollzieht sich nach Klafki also durch ein dialektisches Verschränktsein beider Aspekte im Bildungsgeschehen – er nennt das kategoriale Bildung. In der lernenden Begegnung des Subjektes, d. h. des zu Erziehenden, mit der Welt bzw. ihren Inhalten und der Spannung, die darin liegt, wird Bildung erworben. Der Begriff der Allgemeinbildung umfaßt also gleichzeitig

- ■ das aktive Erschließen der Weltinhalte durch Kompetenzen des Lernens, der Kommunikation, der sozialen Interaktion usw., wie auch
- ■ das Erschlossensein derselben in Form von Kenntnissen über Geschichte, Literatur, Technik usw. für das Subjekt der Bildung.

Den Bildungswert eines Unterrichtsinhaltes, in der Regel als „Gehalt" bezeichnet, macht Klafki daran fest, daß der Inhalt diese Verschränkung von materialem und formalem Bildungsaspekt leistet.

Damit ist ein wesentliches Charakteristikum geisteswissenschaftlicher Pädagogik ausgesprochen: Wo in der Menschheit Bildung mit dem Ziel betrieben wurde, die Kräfte und Fähigkeiten des individuellen Menschen zur Entfaltung zu bringen, war der Bildungsinhalt immer Mittel zu diesem Zweck. Der Sport der Athener Jugend diente nicht vordringlich militärischer Übung, wie in Sparta, sondern der harmonischen Leibesgestaltung und der Herrschaft des Geistes über den Körper. Philosophie wurde getrieben, um die Welt zu verstehen und gleichzeitig das Denken zu üben. Zur abendländischen Tradition im Mittelalter gehört, wie am Beispiel der Scholastik aufgezeigt, die individuelle Auseinandersetzung mit der christlichen Lehre. Zu der Lehre kam als Übung die Deutung (das Ringen um Verständnis in der Disputatio) hinzu. Unser Bildungswesen gründet maßgeblich auf jenem „Scholarentum". Diese am Individuum orientierte Bildung ist uns jedoch so selbstverständlich, daß man schon den Vergleich mit anderen Kulturen, wie z. B. Arabien[50], bemühen muß, um bei aller Kritik am heutigen Schulwesen dieses in seinen Grundlagen doch schätzen zu lernen. Am anschaulichsten

---

[50] Primat der Religion im Bildungswesen der islamischen Länder

wird das Prinzip der individuellen Bildung schließlich im Neuhumanismus. Jeder Bildungsinhalt war neben seinem materialen Aspekt vor allem auch Mittel zum Zweck der Persönlichkeitsentwicklung (formaler Aspekt). Traditionellerweise hat sich die Berufsbildung in Deutschland (West)[51] jedoch um den formalen Bildungsaspekt kaum gekümmert. Er wurde meist weitgehend an die allgemeinbildende Schule delegiert. *„Viele Praktiker der Berufsausbildung beanspruchten in der Vergangenheit in der Regel gar nicht die Rolle des Berufs-Pädagogen, sondern waren als Ausbilder der Meinung, sich allein auf 'das Fachliche' zurückziehen zu können."* (Brater, Büchele und Fucke u. a., 1988, S. 37) Diese Tatsache stellt heute ein für die Berufsbildung nicht zu übersehendes Problem dar:

1. Die SchülerInnen kommen durchaus nicht „fertig ausgestattet" mit all den Kompetenzen aus der allgemeinbildenden Schule, wie sie in der Berufsausbildung gefordert sind. So müssen Techniken des Lernens erübt werden. Die Beobachtungsfähigkeit ist oft nur unzureichend geschult. Keinesfalls können die Standfestigkeit und das Selbstbewußtsein vorausgesetzt werden, die nötig sind, um in der praktischen Ausbildung die eigenen Ziele nicht aus den Augen zu verlieren, und auch die soziale Interaktion stellt die SchülerInnen vor Anforderungen, die sie bis dahin nicht erlebt haben.

2. Die SchülerInnen befinden sich biographisch meist noch in einer Situation, in der es nicht natürlich ist, Verantwortung für andere Menschen übernehmen zu müssen. In der Pflege sind aber auch schon Berufsanfänger mit dieser Anforderung konfrontiert.

Die notwendige Berücksichtigung dieser formalen Bildungsaspekte schlägt sich bis heute weder curricular, noch in der Schulorganisation nieder. Gleichwohl ist jede Lehrperson mit ihnen täglich konfrontiert. Greift sie diesen Bedarf auf, wird sie in vielen Einzelgesprächen beratend und unterstützend helfen können. Tut sie es nicht, gerät die Schule leicht zu einem Ort der Theorie, der im Erleben der SchülerInnen wenig mit der beruflichen Praxis zu tun hat.

Zum Zweck der Verschränkung beider Bildungsaspekte erweitert Klafki die **didaktische Analyse** um folgende Elemente (Abb. 3-6): Der Lehrer soll prüfen, ob sein Unterrichtsinhalt die Kriterien des Elementaren, des Fundamentalen und Exemplarischen erfüllt. Alle drei sind wechselseitig aufeinander bezogen. (Vgl. Jank und Meyer 1991, S. 146)

---

[51] Ob sich der bildungstheoretische Grundkonsen der DDR-Pädagogik (vgl. Jank und Meyer 1991, S. 247) auch auf die berufliche Bildung erstreckte, entzieht sich meiner Kenntnis. Daher hier die Einschränkung auf Westdeutschland.

Abb. 3-6 Erweiterung
der didaktischen
Analyse durch Klafki
(Erläuterung im Text)

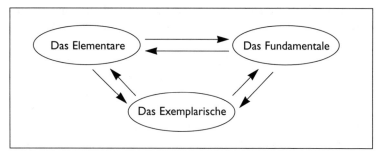

Am gegebenen Unterrichtsbeispiel (s. o.) bedeutet das:

Elementar ist der gewählte Unterrichtsinhalt, weil am konkreten Beispiel die Bedeutung des Verlustes mentaler Fähigkeiten für den Betroffenen und sein Umfeld ganz allgemein deutlich werden kann. *„'Elementar' ist, was am besonderen Fall [...] ein dahinterliegendes allgemeines Prinzip deutlich macht."* (Jank und Meyer 1991, S. 146)

Fundamental ist der Inhalt für die SchülerInnen, weil er schlaglichtartig deutlich machen kann, wie ein – allen bekannter – Familienalltag durch Krankheit eines Familienmitglieds verändert werden kann. *„'Fundamental' sind Erfahrungen, in denen grundlegende Einsichten auf prägnante Weise gewonnen werden; Erfahrungen, [...] mit denen jemandem plötzlich 'ein Licht aufgeht'."* (Jank und Meyer 1991, S. 146)

Exemplarisch ist der Inhalt, weil am besonderen Beispiel die Auswirkung einer Demenz ganz allgemein und damit auch für andere Erkrankungen deutlich wird.

Seit den 60er Jahren sieht sich die bildungstheoretische Didaktik zunehmender Kritik ausgesetzt. Es ist die Zeit der Studentenbewegung und in deren Folge (linker) politischer Reformbestrebungen in Westdeutschland. Die bildungstheoretische Didaktik sei bürgerlich-konservativ und helfe, ungerechte gesellschaftliche Verhältnisse zu stabilisieren. Vor allem der Vorwurf, keine adäquaten Forschungen über den tatsächlichen Schüleralltag vorlegen zu können, ist nicht von der Hand zu weisen. Die Pädagogik erfährt an vielen Hochschulen eine Wende und wird zur Erziehungswissenschaft. Diese verfolgt das Ziel, sich mit der konkreten Unterrichtssituation auseinanderzusetzen. Auf breiter Basis setzt eine Forschung ein, die mit den empirischen Instrumenten vor allem der Soziologie und der pädagogischen Psychologie arbeitet. Darin liegt ein wesentliches Verdienst dieser Richtung. Wissenschaftlich forschen heißt für die Erziehungswissenschaften auch: ideologie- bzw. wertfrei arbeiten. Die empirischen Richtungen versuchten die Verwirklichung dieser Wertfreiheit, indem sie die Normendiskussion und die Auseinandersetzung mit den Bildungszielen aus ihrer Wissenschaft heraushielten. Untersucht wurden allein die beobachtbaren Faktoren des Unterrichtsgeschehens (vgl. Lehrtheoretische Didaktik; „Berliner Modell"; „Hamburger Modell"). Das war die große Zeit der Lernzielorientierung.

Diese Didaktik haben wir an den berufsbildenden Schulen in der Kranken-pflege in Westdeutschland stellenweise in ihrer reduziertesten Form erlebt. Das Berufsbild wurde in einzelne Lernziele segmentiert. Dadurch beschränkte sich die praktische Ausbildung auf ein additives Aneignen vorgegebener Fertigkeiten. Diese Didaktik hat das Subjekt des Lernprozesses, die Schülerin bzw. den Schüler, völlig ausgeklammert. So konnten jedoch nur technische Verrichtungen in der Pflege erfaßt werden. Infolgedessen blieb die gezielte Schulung übergeordneter Kompetenzen auf der Strecke. Jank und Meyer fassen zusammen:

„Die Lehrtheoretische Didaktik von 1965 drückt sich vor der Auseinander-setzung mit dem Normenproblem der Didaktik, indem sie es aus der wis-senschaftlichen Theoriebildung ausschließt." (Jank und Meyer 1991, S. 201) Sie kommen zu dem Schluß, daß Paul Heimann („Berliner Schule") implizit eine Bildungstheorie in seinem Modell voraussetzt. *„Heimanns Theorie der Didaktik lebt von einem Bildungsbegriff der allseitig entfalteten, auf Daseins-bewältigung zielenden Persönlichkeit."* (Jank und Meyer 1991, S. 213) Da-mit liegt die lehrtheoretische Didaktik schon in den 60er Jahren in Bezug auf ihre Bildungsziele nicht weit von der bildungstheoretischen Didaktik entfernt.
Wolfgang Klafki begegnet der (berechtigten) Kritik an seinem Modell durch die Erweiterung zur **kritisch-konstruktiven Didaktik** (Abb. 3-7). Drei grundlegende Zielstellungen fügt er in sein Modell ein, die in jedem Unter-richt verwirklicht werden sollen. *„Bildung muß m. E. heute als selbsttätig erarbeiteter und personal verantworteter Zusammenhang dreier Grund-fähigkeiten verstanden werden."* (Klafki 1993, S. 52)

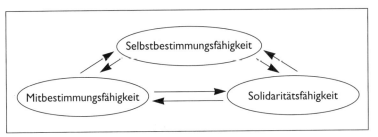

Abb. 3-7 Erweiterung des Modells von Klafki zur kritisch-konstrukti-ven Didaktik (Erläuterung im Text)

Klafki meint:

■ *„Selbstbestimmung jedes einzelnen über seine individuellen Lebens-beziehungen und Sinndeutungen zwischenmenschlicher, beruflicher, ethischer, religiöser Art;"* (Klafki 1993, S. 52)

▪ *„Mitbestimmungsfähigkeit, insofern jeder Anspruch, Möglichkeit und Verantwortung für die Gestaltung unserer gemeinsamen kulturellen, gesellschaftlichen und politischen Verhältnisse hat;"* (Klafki 1993, S. 52)

▪ *„Solidaritätsfähigkeit, insofern der eigene Anspruch auf Selbst- und Mitbestimmung nur gerechtfertigt werden kann, wenn er [...] mit dem Einsatz für diejenigen [...] verbunden ist, denen eben solche Selbst- und Mitbestimmungsmöglichkeiten [...] vorenthalten oder begrenzt werden."* (Klafki 1993, S. 52)

Das Bildungsideal der Goethe-Zeit scheint hier seiner literarisch-künstlerischen Form entkleidet und dafür in eine prosaisch-wissenschaftliche Terminologie gesteckt worden zu sein. Unverkennbar scheint es jedoch hindurch. *„Wozu hätten sich Menschen vereinigt, als daß sie dadurch vollkommenere, bessere, glücklichere Menschen würden?"* (Herder 1991, S. 124) Das Ideal der Persönlichkeitsentwicklung in der deutschen Klassik ist auch Grundlage der Bildungstheorie bei Klafki. Klafki hat mit seiner erweiterten didaktischen Analyse und mit den Grundfähigkeiten in der kritisch-konstruktiven Didaktik ein Instrument geschaffen, den Bildungswert (schulischer) Inhalte zu prüfen. Dieses Allgemeinbildungskonzept ermöglicht Bildung:

▪ *„der kognitiven Möglichkeiten,*

▪ *der handwerklich-technischen Produktivität,*

▪ *der Ausbildung zwischenmenschlicher Beziehungsmöglichkeiten [...],*

▪ *der ästhetischen Wahrnehmungs-, Gestaltungs- und Urteilsfähigkeit,*

▪ *[...] der ethischen und politischen Entscheidungs- und Handlungsfähigkeit."* (Klafki 1993, S. 54)

Auch zu den Inhalten der Bildung hat Klafki Stellung bezogen. Er faßt sie unter dem Begriff **epochaltypische Schlüsselprobleme** zusammen. Zu diesem Themenbereichen gehören die Friedensfrage, die Umweltfrage, die Ungleichheit (zwischen Männern und Frauen, sozialen Schichten, Behinderten und Nichtbehinderten, Ausländern und der einheimischen Bevölkerung usw.), Liebe und Sexualität u. a. (vgl. Klafki 1993, S. 56–69). Es leuchtet unmittelbar ein, daß die oben aufgelisteten Probleme kompetenzen erfordern, die zu den elementaren Fähigkeiten im Pflegeberuf gehören. Hier scheint sich das Konzept der Schlüsselkompetenzen fruchtbar anzuschließen.

3.5 Schlüsselkompetenzen als Bildungsziele

Der Begriff der „Schlüsselqualifikation" entstand im Rahmen der beruflichen Bildung. Es waren arbeitsmarktpolitische Gesichtspunkte, die in den 70er Jahren die Frage aufwarfen, ob das Angebot beruflicher Bildung dem Bedarf an Fachleuten noch gerecht werden könne. Die Reaktion des Bildungssystems auf die gestiegenen Anforderungen schien jedenfalls einseitig zu sein: *„Eine übliche Tendenz im Bildungswesen angesichts der Unsicherheit über die Entwicklung der speziellen Arbeitsanforderungen besteht in der Verbreiterung des Faktenwissens [...]. Diese Tendenz bringt wegen der zunehmenden Unüberschaubarkeit der Fakten keinen Gewinn für die Existenz in der Zukunft."* (Mertens 1974, S. 36) Auch das Konzept der neben dem wirklichen Betrieb unterhaltenen **Lehrwerkstatt** für die praktische Ausbildung, ursprünglich als Fortschritt bewertet, geriet unter berufspädagogischen Gesichtspunkten ins Zwielicht. Das zweckfreie Herstellen von Übungsarbeiten entbehrte des notwendigen Realitätsbezugs. Beim exakten und wiederholten Feilen eines Metallwürfels entsteht kein Sinn für den Produktionszusammenhang. So wurden und werden einzelne Fertigkeiten erübt, die fragmentarisch nebeneinander stehen blieben. Langeweile, zweifelhafte Arbeitshaltungen und Defiziterlebnisse (die betriebliche Wirklichkeit wurde so nicht erfahren) manifestierten die Abhängigkeit der Auszubildenden vom Ausbildungsplan und schufen so Unsicherheit gegenüber den tatsächlichen beruflichen Anforderungen nach der Ausbildung. Als Methode dieses Lernprozesses beschreiben Brater, Büchele, Fucke u. a.: *„Im Sinn der klassischen Vier-Stufen-Methode (Vormachen, Nachmachen, Üben, Anwenden) hieß dies im Prinzip: Fertigkeit für Fertigkeit – wie im Berufsbild vorgesehen – nach dem Grundsatz 'vom Einfachen zum Schweren' gesondert sich vorzunehmen, bis zu einem gewissen Beherrschungsgrad einzuüben und zur nächsten Fertigkeit überzugehen."* (1988, S. 77) Der Übergang in die Gesellenzeit war immer mehr durch einen Praxisschock gekennzeichnet.[52]

Bereits 1974 faßt Dieter Mertens die Situation zusammen und erörtert das Konzept der Schlüsselqualifikationen als Alternative zu der (deutschen) Bildungsdichotomie von Allgemeinbildung einerseits und beruflicher Bildung andererseits. *„Schulung für eine Existenz in der modernen Gesellschaft hat drei Dimensionen: Schulung zur Bewältigung und Entfaltung der Persönlichkeit, Schulung zur Fundierung der beruflichen Existenz, Schulung zu gesellschaftlichem Verhalten."* (Mertens 1974, S. 36)

Den Hintergrund seiner Gedanken bildet eine sozialwissenschaftliche Theorie der gesellschaftlichen Entwicklung, wie sie in Kapitel 2.1.1 erörtert wurde. So führt die **postindustrielle Risikogesellschaft** zu *„Unbestimmtheiten der Qualifikationsverwertung auf dem Arbeitsmarkt."* (Mertens 1974, S. 36) Das heißt: Die speziellen Fertigkeiten und Kenntnisse, die in einer Aus-

---

[52] Auch in der Pflegeausbildung ist diese Vormachen-Nachmachen-Methode ebenso gut bekannt, wie der Praxisschock schon während und um so mehr nach der Ausbildung. Die Deutung seiner Ursachen wird jedoch allzuoft auf eine Kritik des Berufsfeldes reduziert. Was die Ausbildung mit diesem Praxisschock zu tun haben könnte, ist selten Gegenstand der Überlegungen.

bildung vermittelt werden, treffen oft schon nach der Ausbildung nicht mehr den Bedarf des Berufes.

Dieses Phänomen prägt sich gerade in den Gesundheitsfachberufen mit aller Deutlichkeit aus. Gehörten vor wenigen Jahren noch der transurethrale Katheterismus und das Legen einer Magensonde zum Standardrepertoire der praktischen Ausbildung in der Krankenpflege, haben sich inzwischen die Indikationen für beide Maßnahmen verändert. Bei Inkontinenz bemüht sich die Pflege zunehmend um Maßnahmen des Kontinenztrainings, und bei Bedarf erfolgt eher die Anlage eines suprapubischen Katheters. Die adäquate Methode der Magendiagnostik ist heute die Endoskopie, und Langzeiternährungen werden zunehmend auch im Heimbereich auf perkutane Sonden umgestellt. SchülerInnen haben nur noch selten die Möglichkeit, den Katheterismus und das Legen einer Magensonde zu üben. Dafür hat sich der Schwerpunkt der Tätigkeit verschoben: Beim Inkontinenztraining stehen Beratung und Begleitung, Ausdauer und Kreativität im Vordergrund. Und bei der Langzeiternährung über eine Sonde ist die Schulung des Patienten oder seiner Angehörigen angezeigt, denn deren größtmögliche Unabhängigkeit ist das Ziel. *„In vielen der hochentwickelten Arbeitstätigkeiten wird heute ein hohes Maß an Flexibilität und Anpassungsbereitschaft an neue Anforderungen und Tätigkeitsinhalte verlangt, verbunden mit einem hohen Maß an Fähigkeit zum Problemlösen durch Vorausdenken und Fehlersuche, technischer Sensibilität und Verantwortung zur gewissenhaften, zuverlässigen und selbständigen Erledigung von Arbeitsaufgaben."* (Hurrelmann 1995, S. 272)

In Bezug auf die pflegetechnische und medizintechnische Entwicklung ist ein mindestens ebenso rascher Wechsel zu verzeichnen, wie bezüglich der Organisationsstrukturen in den Institutionen des Gesundheitswesens. Das Berufsfeld der Pflege hat sich derart verbreitert und gewandelt, daß ein die Summe der Einzeltätigkeiten umfassendes Berufsbild nicht mehr formuliert werden kann. Auch läßt es die Dynamik gesellschaftlicher Entwicklung nicht zu, den zukünftigen Qualifikationsbedarf auch nur näherungsweise realistisch abzuschätzen. *„Der Begriff des Berufs [...] spiegelt in dynamischen Gesellschaften nicht mehr den Inhalt oder die Anforderungen einer Position im Erwerbsleben wieder."* (Mertens 1974, S. 38) Für die Pflege bedeutet das: Der Beruf läßt sich nicht beschreiben, indem spezifische Kenntnisse und Fertigkeiten aufgelistet werden. Auf einem höheren Abstraktionsniveau läßt sich jedoch durchaus die besondere berufliche Aufgabe fassen. In dieser Schrift wurde das versucht im Sinn einer Philosophie der Pflege.[53] Von der hier gewählten oder der humanistischen Philosophie (o. a.) können Modelle abgeleitet werden, an denen pflegeri-

---

[53] Vgl. Kap. 2.4.

sches Handeln sich ausrichten und evaluiert werden kann. Eine Auflistung einzelner Tätigkeiten engt Pflegende eher ein und verhindert ein Mitdenken im therapeutischen Prozeß.

Es kann also als gesichert angenommen werden, daß das Vermitteln von Spezialwissen und -fertigkeiten allein den Arbeitnehmer nicht mehr in die Lage versetzen, den beruflichen Anforderungen gerecht zu werden. Neben dieser Sachkompetenz sind Fähigkeiten gefordert, die über den engen beruflichen Zusammenhang hinausweisen. Diese sogenannten **Schlüsselqualifikationen** beschreibt Arnold folgendermaßen: *„Dem Konzept der Schlüsselqualifikationen liegt ein erweiterter Qualifikationsbegriff zugrunde, der über eine eng fachspezifische Entwicklung beruflicher Handlungskompetenz hinausweist und sowohl eine erweiterte Sachkompetenz als auch eine Selbst- und Sozialkompetenz umfaßt."* (1991, S. 70)

Nach Mertens sind Schlüsselqualifikationen als Bildungsziele *„weniger allgemein, als Begriffe wie 'Mobilität' und 'Mündigkeit' [...], aber auf der anderen Seite allgemeiner als die üblichen Fächer des Bildungskanons."* (1974, S. 40) In ihnen erscheinen die neuhumanistischen Bildungsziele an den Erfordernissen der Kultur des 20. Jahrhunderts gebrochen und dadurch differenziert. In der Literatur zu diesem Thema können die in Tabelle 3-1 wiedergegebenen Qualifikationen gefunden werden.

■ Lebenslanges Lernen	■ Distanzierung durch Theoretisierung	**Tab. 3-1** Schlüssel-qualifikationen
■ Wechsel sozialer Rollen	■ Zuverlässigkeit	
■ Kreativität	■ Geduld	
■ Organisationsfähigkeit	■ Flexible Anpassungsfähigkeit	
■ Kommunikationsfähigkeit	■ Analytisches Denken	
(schriftlich und mündlich)	■ Aufmerksamkeit und	
■ Die Arbeit an selbstgesteckten	Wahrnehmungsfähigkeit	
Zielen ausrichten	■ Übersicht und Erfassen komplexer	
■ Ressourcen sinnvoll nutzen können	Zusammenhänge	
■ Konzentrationsfähigkeit und Ausdauer	■ Improvisationsvermögen	
■ Fähigkeit zur Zusammenarbeit	■ Entscheidungsfähigkeit	
■ Konfliktfähigkeit	■ Kritikfähigkeit	
	■ Verantwortungsfähigkeit	

All diese Qualifikationen dienen der *„produktiven Realitätsverarbeitung"*, wie sie von Hurrelmann als Grundlage der Individuation angesehen wird.[54] Es handelt sich also bei den Schlüsselqualifikationen um solche Tugenden, die einen lebenstüchtigen Menschen auszeichnen. Der Gärtner, der sich Gedanken um die Landschaftsgestaltung macht, der Architekt, der die Vorstellungen des Bauherrn mit dessen beschränktem Budget so in Einklang bringen kann,

---

[54] Vgl. Hurrelmann, 1995.

daß er ihn dennoch zufriedenstellt, die Krankenschwester, die die Konsequenzen einer Diagnose mit dem Patienten bespricht: Sie alle bauen auf solche Fähigkeiten, wie sie in Tabelle 3-1 aufgelistet wurden. Auch eine Mutter stützt sich auf diese Schlüsselqualifikationen, wenn sie den Tagesablauf einer großen Familie organisiert, ebenso wie der Rentner, der eine Gruppenreise plant.

Um Mißverständnissen vorzubeugen, soll im weiteren der Terminus Schlüsselqualifikation durch **Schlüsselkompetenz** ersetzt werden. Der Begriff Schlüsselqualifikation war – zumindest zunächst – primär wirtschaftlich motiviert. Arbeitnehmer sollten sich durch den Erwerb von Schlüsselqualifikationen besser in die immer dynamischeren Veränderungsprozesse des Berufslebens integrieren können. Der Terminus Schlüsselkompetenz, wie er hier gebraucht wird, ist demgegenüber bildungstheoretisch motiviert. Nicht die optimale Anpassung an das Arbeitsleben, sondern die aktive Mitgestaltung und Weiterentwicklung des Berufs durch den Arbeitnehmer soll Berufsbildung induzieren. Der Fokus bei der Entwicklung von Schlüsselkompetenzen ist auf das sich bildende Individuum, nicht auf die augenblicklichen (vermeintlichen) Erfordernisse des Arbeitsmarktes gerichtet. Angesichts des Konzepts der Schlüsselkompetenzen macht es keinen Sinn, zwischen Allgemeinbildung und beruflicher Bildung zu trennen. Mit ihrer Hilfe lassen sich beide auf ideale Weise verknüpfen, indem sie jeweils ihrer Einseitigkeit entkleidet werden: die Allgemeinbildung ihrer weitgehend kognitiven Beschränkung, die berufliche Bildung ihrer allzu engen Verknüpfung mit fachlichen Inhalten. Zur Begründung der Schlüsselkompetenzen allein arbeitsmarktpolitische Gesichtspunkte heranzuziehen, wird ihrem Bildungswert keineswegs gerecht. Insofern berufliche Bildung die Schulung der Schlüsselkompetenzen in ihr Bildungskonzept aufnimmt, setzt sie nicht nur fort, was in Deutschland gemeinhin unter Allgemeinbildung verstanden wird, sondern sie ergänzt diese um den notwendigen Aspekt lebenspraktischer Erfahrung, wie ihn beispielsweise die gymnasiale Oberstufe nur sehr rudimentär vermitteln kann. Zu klären bleibt die Frage der Umsetzung dieses Konzepts in die Wirklichkeit der Berufsbildung. Für Arnold stellt es *„eine grundlegende Schwäche der Diskussion um die Vermittlung bzw. den Erwerb von Schlüsselqualifikationen dar, daß man dabei relativ bereitwillig über die eigentlich inhaltliche Problematik [...] hinweggegangen ist, um sich dem (vermeintlich) leichter 'zu bearbeitenden' Feld der methodischen Umsetzung zuzuwenden."* (1991, S. 76) Das bedeutet, daß der Schritt der fachdidaktischen inhaltlichen Konkretisierung hinter dem eher akademischen Interesse an der methodischen Seite dieses Bildungskonzepts zurückgestanden hat. In der konkreten beruflichen Bildungssituation kann das Konzept der Schlüsselkompetenzen also erst fruchtbar werden, wenn der materiale und formale Aspekt des Bildungsinhaltes im Sinn Klafkis derart verschränkt werden, daß Bildung stattfinden kann. Bei der Auswahl dieser Inhalte kann die **didaktische Analyse**[55] sehr hilfreich sein. Gerade mit Hilfe der Kriterien des Elementaren, Fundamentalen und Exemplarischen lassen sich aus der Fülle des Stoffs Inhalte heraus isolieren, die durch ihren Bildungsgehalt eine Beschränkung der thematischen Breite ermöglichen.[56] Der Wert der Schlüsselkompetenzen liegt in einer Konkretisierung der Bildungsziele. Mitbestimmungs-, Selbstbestimmung- und Solidaritätsfähigkeit (ebd.) sind in Bezug auf einen Unterrichtsentwurf sehr allgemeine und unbestimmte Bildungsziele. Schlüsselkompetenzen lenken den Blick unmittelbarer auf konkrete Inhalte und Methoden.

Das kann in folgenden Beispielen deutlich werden:

- Fähigkeit zu lebenslangem Lernen – kann Unterrichtsthema werden, indem der Lehrer einmal seine Methodik zum Gegenstand des Unterrichts macht. SchülerInnen können dann selbst reflektieren, welche Verfahren ihnen das Lernen erleichtern. Sie erleben dabei gleichzeitig, wie ihr eigener Lernprozeß strukturiert ist.

- Kreativität – kann überall entstehen, wo das Ergebnis eines Unterrichts nicht von vornherein festliegt. Zahlreiche Themen aus dem Bereich der Pflege bieten diesen Freiraum, z. B. Ethik und Rehabilitation. Es kommt darauf an, die persönlichen Erfahrungen mit einzubeziehen.

- Konfliktfähigkeit – läßt sich schulen, indem gruppendynamische Prozesse zum Unterrichtsinhalt im Fach Pädagogik gemacht werden. Mit zunehmender Kompetenz kann die Gesprächsführung in der Gruppe wandern, und die Lehrerin wird zur Gruppenteilnehmerin.

Vor diesem Hintergrund differenzieren Brater, Büchele, Fucke u. a. zwei „Grundrichtungen", die in der beruflichen Bildung derzeit eingeschlagen werden, um Schlüsselqualifikationen zu vermitteln. *„Die erste bemüht sich, jenen Schlüsselqualifikationen eigene Lerninhalte durch entsprechende Gestaltung der Methode der Fachausbildung zu vermitteln. Die zu vermittelnden Fachqualifikationen bleiben also unverändert, aber die Art und Weise, wie sie vermittelt [werden] verändert sich stark."* (1988, S. 74) *„Die zweite Richtung arbeitet mit zusätzlichen [...] Ausbildungsinhalten bzw. -maßnahmen, die mit den Fachinhalten wenig zu tun haben, sondern als speziell schlüsselqualifkationsförderndes Angebot ergänzend in die Ausbildung aufgenommen werden."* (Ebd., S. 74–75) Bei dieser Betrachtungsweise handelt es sich allerdings um eine eher theoretische Spaltung von materialem und formalem Bildungsaspekt. Auch Brater, Büchele, Fucke u. a. räumen ein, daß in der Ausbildungspraxis *„diese verschiedenen Methoden und Inhalte in der*

---

[55] Vgl. Kap. 3.4.
[56] Es wurde versucht, diese Verschränkung am Beispiel des Unterrichts zum Morbus Alzheimer zu verdeutlichen (vgl. Kap. 3.4).

Regel nicht einzeln [vorkommen], sondern in vielfältiger Mischung und Durchdringung." (Ebd., S. 75)

Die Erfahrung zeigt, daß ein ergänzendes Bildungsangebot leicht als aufgesetzt erlebt und nicht akzeptiert wird. Die Kunst scheint darin zu liegen, z. B. neben einem künstlerischen Angebot auch andere Bildungsinhalte durch integrierte künstlerische Übungen zu ergänzen. Dadurch wird der Bildungswert der Kunst im Zusammenhang erlebt. Und es wird der Lernende neben der kognitiven auch in seiner affektiv-ästhetischen und seiner sensomotorisch-willenhaften Dimension angesprochen.

Es kann z. B. eine große Hilfe sein, die Arbeit an einem Leitbild – z. B. die berufliche Identität in der Pflege betreffend – mit dem Gestalten eines Bildes zu beginnen. So können Inhalte und Zusammenhänge bildhaft ausgedrückt werden, die begrifflich noch gar nicht exakt gefaßt werden können. Mit Hilfe der künstlerischen Übung kann sich eine Gruppe tastend ihrer Vorstellung nähern, ohne sich schon früh in begriffliche Streitereien zu verlieren. Auch kann so vermieden werden, daß Menschen, die im abstrakten Denken besonders geübt sind, den Prozeß einseitig dominieren. Das Ergebnis wird in jedem Fall lebenspraktischer sein, als wenn die Gruppe ausschließlich auf ihre kognitiven Kräfte setzt. Während in diesem Beispiel die verbale Auseinandersetzung die **Kommunikationsfähigkeit**, die **Abstraktionsfähigkeit** und das **analytische Denken** schult, regt der künstlerische Anteil die Flexibilität der Gruppenmitglieder an. Es wird **Kreativität** im Übersetzen der eigenen Vorstellungen, Intentionen und Gefühle in Form und Farbe geübt. Zumindest zeitweise tritt die eindeutige begriffliche Festlegung zugunsten einer freieren **Improvisation** in den Hintergrund. Im Lauf des Prozesses kann erlebt werden, daß die Zusammenhänge, die erkannt und berücksichtigt werden müssen viel komplexer sind, als man es zunächst gedacht hat. Kurz, die Kunst als Übung bietet die Möglichkeit, den Gesamtprozeß im Schillerschen Sinn spielerisch zu halten. Er fährt sich nicht fest, kann immer wieder aufgelöst werden, und der Katalog der geförderten Schlüsselkompetenzen ist deutlich ausgewogener. Aber nicht nur Leichtigkeit bringt die Kunst in den Lernprozeß. Eine Teilnehmerin drückte das so aus: *„Die künstlerische Übung hat mich individuell gefördert, aber auch erschreckt, zu mir selbst gebracht."* Es entstehen oft neue Zugänge zum eigenen Erleben. Eine andere Teilnehmerin sagte, sie habe bisher immer anders gelernt, *„gesagt bekommen, wie es geht."* Erstmalig hatte sie erlebt, daß sie selbst ihren Lernprozeß gestaltet.

Es läßt sich zusammenfassen, daß die Entwicklung moderner Gesellschaften offensichtlich anderer, als der traditionellen Formen beruflicher Bildung bedarf. Zu rasch verändern sich die Arbeitsfelder. *„Es ist gegenwärtig immer weniger ihre Aufgabe, gute Schlosser, Dreher oder Zahnarzthelferinnen auszubilden [...], sondern Aufgabe der Berufsbildung im Rahmen der Erstausbildung ist es in erster Linie, relativ breit angelegte selbständige berufliche Handlungsfähigkeit zu vermitteln. "* (Brater, Büchele, Fucke u. a. 1988, S. 59) Der Handwerker oder die Angestellte in einem Dienstleistungsbetrieb werden nämlich in dem Maß erfolgreich sein, wie sie die Fähigkeit besitzen, die aktuellen Entwicklungen des Berufs mitzumachen und sich flexibel darauf einzustellen. Letztendlich sind sie sogar gefordert, diese Veränderung selbst aktiv mit zu gestalten. *„Allerdings muß klar sein, daß diese bedeutende Entwicklung im Bereich der Berufsbildung nicht von alleine eintritt, sondern daß die Ausbildung bewußt und gezielt im Sinn der neuen Aufgaben und Lernmöglichkeiten umgestaltet werden muß, daß neue Konzepte und neue Lernwege notwendig sind. "* (Brater, Büchele, Fucke u. a. 1988, S. 58–59) In den alten Formen zu verharren bedeutet Rückschritt. Die Handlungsfähigkeit nimmt ab; den Anforderungen kann immer weniger entsprochen werden.

Es wurde versucht, diesen Umstand am Beispiel des Umgangs mit dem Pflegeprozeß in Deutschland zu verdeutlichen.[57] Pflegende haben daraus durchaus noch kein praxisgerechtes Planungsinstrument entwickelt. Sie arbeiten mit Konzepten, denen sie unselbständig gegenüberstehen. Das Kritische dieser Situation wird vollends deutlich, wenn man sich vergegenwärtigt, daß dieser noch relativ unreflektierte Umgang mit den Konzepten der Pflegeplanung im Begriff ist, Grundlage von EDV-Programmen für die Pflege zu werden. Nur durch diesen Mangel an aktiver Auseinandersetzung entsteht schon heute in maßgeblichen Kreisen stellenweise die Meinung, daß die Krankenschwester *„eben grundsätzlich überfordert ist durch die hier entstehenden Zumutungen an Selbständigkeit und Verantwortung. "* (Brater, Büchele, Fucke u. a. 1988, S. 59)

Erst wenn sich die Ausbildung an übergeordneten Bildungszielen orientiert, besteht die Chance, die Entwicklung beruflicher Selbständigkeit gezielt zu unterstützen. *„Dies wird nur gelingen, wenn sich die Berufsbildung in der Praxis von zahlreichen traditionellen Fixierungen löst – allem voran von ihrer Bindung an die fachlichen Lernzielkataloge der Berufsbilder. "* (Brater, Büchele, Fucke u. a. 1988, S. 59) Wo heute schon berufliche Autonomie und hohes fachliches Niveau in der Pflege verwirklicht sind, geschah das nicht durch die traditionelle Berufsausbildung, sondern ihr zum Trotz. Die Orientierung an Schlüsselkompetenzen steigert einerseits die berufliche Handlungsfähigkeit,

---

[57] Vgl. Kap. 3.4.

indem MitarbeiterInnen lernen, sich veränderten Bedingungen aktiv und kreativ anzupassen. Darüber hinaus ermöglicht sie auch Distanzierung von der
eigenen Arbeit. Nur so kann diese in dem komplexen Zusammenhang der
sozialen und politischen Verhältnisse in einer Institution und in der Gesellschaft realistisch eingeschätzt werden. Auf diese Art entstehen Unabhängigkeit, Selbständigkeit und richtig verstandene Autonomie, die ihre Kräfte nicht
in Abgrenzungsgefechten gegenüber anderen Berufsgruppen verschleißen
muß.[58]

---

[58] Vgl. die Diskussion der pflegefremden Tätigkeiten, Kap. 2.4.

4 Grundlagen des Lernens

4.1 Die sieben Lernprozesse als Modell des Erwachsenenlernens

Lernen ist ein vielschichtiger Vorgang, der mit dem ganzen Menschen verwoben ist. Der Mensch lernt mit allen Sinnen, mit dem Kopf, mit dem Herzen und mit den Händen. Nur ein sehr geringer Teil der Vorgänge, die am Lernen beteiligt sind, kommt ihm wirklich zu Bewußtsein. Schon die scheinbar so objektive Wahrnehmung ist höchst selektiv. Was er über seine Sinne von einem Lerngegenstand erfährt, ist abhängig von seinen Vorerfahrungen, Vorlieben und Motiven. Ein unsympathischer Lehrer kann derart viel Aufmerksamkeit abziehen, daß ein an sich interessanter Inhalt nicht nachvollzogen werden kann. Gefühle spielen also eine maßgebliche Rolle. Aber auch der Wille, sich mit einem Thema auseinanderzusetzen, kann gelähmt sein. Die Lehrerhaltung 'Du wirst von höherer Mathematik nie etwas verstehen' kann bisweilen die wesentliche Ursache dafür sein, daß eine Schülerin im Unterricht wirklich den Anschluß verliert. Es widerspricht also aller Vernunft, den kognitiven Anteil am Lernen einseitig in den Vordergrund zu stellen. Der Grund, aus dem das vor allem in der schulischen Bildung trotzdem allzu häufig geschieht, ist vermutlich in der Tatsache zu suchen, daß dieser kognitive Bereich so bequem zu erfassen und zu kontrollieren ist. Die ästhetisch-affektive und vor allem die moralisch-handlungsseitige Dimension bleiben mehr im Verborgenen. Oft sind jedoch gerade Gefühle oder Motive menschlichen Willens die wesentlichen Ursachen für ein bestimmtes Verhalten. Diese Vielschichtigkeit des Lernprozesses betrifft Schulkinder ebenso wie Erwachsene. Es gibt allerdings einen wesentlichen Unterschied: Während der Lehrer den Lernprozeß für das Schulkind gestaltet, ist es das Natürliche und Notwendige für den Erwachsenen, daß er seinen Lernprozeß selbst in die Hand nimmt.[59] Im Erwachsenenbildungsprozeß haben Lernende und LehrerIn ihre je spezifische Verantwortung:

- Der Erwachsenenbildner soll den Stoff so anbieten, daß eine Auseinandersetzung des ganzen Menschen mit ihm möglich wird. Nicht ein passives Aufnehmen von Unterrichtsstoff, sondern aktive Auseinandersetzung und das Entstehen echter Erfahrungen soll er ermöglichen.
- Der erwachsene Lernende hat die Aufgabe und ist in der Regel auch in der Lage, sich den Stoff aktiv zu erarbeiten. Eine passive Konsumhaltung ist unfruchtbar. All seine Erwartungen an den Ausbilder muß der Erwachsene kritisch prüfen: Sind sie angemessen; sind sie realistisch? Wo er glaubt, gerechtfertigte Erwartungen zu hegen, die er nicht erfüllt findet, muß er sich mit dem Ausbilder darüber auseinandersetzen.

Das ideale Verhältnis von Erwachsenenbildner und Lernendem müßte somit frei von Machthierarchie sein. Der Lehrer wird hier **Lernbegleiter.** Nicht er sagt dem Lernenden, was er lernen soll, sondern er macht ihm ein **Lernangebot** und unterrichtet ihn über alle formalen Bedingungen des Bildungsgangs (Bewertungskriterien und Zertifizierung, Fehlzeitenregelung etc.). Der Lernende entscheidet, was er tut und was er an Kraft investiert. Er bestimmt seine Lernziele selbst. Er hat insofern auch die Verantwortung für das Ergebnis in Form eines Zeugnisses oder einer Projektpräsentation. Geradezu dankbar und mit viel Engagement wird diese Haltung, vertreten durch die MitarbeiterInnen einer Institution, in der Regel von (freiwilligen) TeilnehmerInnen einer Fortbildung aufgegriffen. In der Grundausbildung jedoch befinden sich die meisten SchülerInnen biographisch gerade an dem Übergang vom Schullernen zum Erwachsenenlernen. Dieser Übergang ist nicht frei von Krisen. Einerseits ist noch ein deutliches Bedürfnis nach eindeutigen (einfachen) Regeln und Handlungsanweisungen vorhanden, andererseits macht sich ein Streben nach Unabhängigkeit bemerkbar, das zuweilen das Akzeptieren grundlegender formaler Regeln behindert. Bei manchen SchülerInnen kann auch noch ein unverarbeiteter Autoritätskonflikt aus pubertären Jahren eine Rolle spielen. Der richtige Umgang mit diesem Lebensalter wird aus einer Mischung bestehen, einerseits eines immer präsenten Angebots, Initiative und Verantwortung für das berufliche Lernen selbst ergreifen zu können, andererseits aber auch individueller Unterstützung dabei. Die Intention des Ausbilders ist dabei auf das Ziel gerichtet, den individuellen Willen zum Lernen und zur produktiven Auseinandersetzung mit der Umwelt zu wecken.

---

[59] Vgl. die Charakterisierung des Erwachsenenlernens in Kap. 2.2.2.

Die sieben Lernprozesse. Für Ausbilder wie Lernende ist es in der Erwachsenenbildung wichtig, den Prozeß des Lernens zu verstehen. Nur so kann ein Kursprogramm den tatsächlichen Erfordernissen angepaßt werden, und nur so können die Lernenden bewußt und aktiv das Lernen selbständig gestalten. Rudolf Steiner hat in einigen Vorträgen und Schriften (z. B. Steiner, 1978) das für die anthroposophische Pflege und Medizin wichtige **Konzept der sieben Lebensprozesse** als Modell der menschlichen Physiologie dargestellt. Und er hat auf die Bedeutung der Tatsache hingewiesen, daß es diese Prozesse sind, die mit Eintreten der Schulreife auch die Grundlage des Lernens bilden.[60] An dieser Stelle soll und kann das Konzept der Lebens- bzw. Lernprozesse nicht theoretisch begründet werden. Dafür müßten der Hintergrund der anthroposophischen Erkenntnistheorie und des anthroposophischen Menschenbildes erörtert werden.[61]

Das Konzept der sieben Lernprozesse kann jedoch unter dem Aspekt seiner empirischen Evidenz dargestellt werden. Einerseits beziehe ich mich dabei auf die Schriften von C. van Houten (1993), Chr. Lindenau (1981) und Th. Göbel (1982) sowie auf die Originalliteratur von R. Steiner, andererseits auf eigene Erfahrungen mit diesem Modell des Lernens.

Mit dem **Wahrnehmen** beginnt jegliche Auseinandersetzung mit der Umwelt. Die Sinne stehen am Anfang des Lernprozesses. Wahrnehmen ist aber mehr. Als Wahr-Nehmung bezeichnet man solche Vorgänge, als deren Resultat man die Sicherheit gewinnt, daß die Sinneseindrücke Auskunft über einen wirklich existierenden Gegenstand vermitteln. An diesem hochkomplexen Vorgang sind immer zahlreiche Sinne gleichzeitig beteiligt. Der Mensch vernetzt all die Sinnesempfindungen zu einer Wahrnehmung.[62] Beim richtigen Wahrnehmen handelt es sich überdies um ein rhythmisches Geschehen: Selbstvergessenes Bewußtsein für den Gegenstand wechselt mit aktivem Reproduzieren und Verknüpfen des Aufgenommenen zu einem sinnvollen Bewußtseinsinhalt ab. In einem echten Gespräch ist dieser Wechsel gut zu beobachten. Interessiertes Zuhören wechselt mit Phasen des Rekapitulierens: „Ich habe dich so verstanden..., hast du es so gemeint...?" Auch beim Lernen ist dieses aktive Wiederholen des Wahrgenommenen ein wichtiger

---

[60] Es ist damit ausgedrückt, daß das menschliche Lernen letztendlich auf einer organisch-physiologischen Grundlage beruht.

[61] Vgl. zur Erkenntnistheorie: Steiner 1910, Kapitel: Der Charakter der Anthroposophie; Steiner 1914, Kapitel: Skizzenhaft dargestellter Ausblick auf eine Anthroposophie; vgl. zum Menschenbild: Steiner 1904.

[62] Jede Wahrnehmung ist also eine Integrationsleistung der menschlichen Wahrnehmungsfähigkeit, insofern diese die Sinneseindrücke sinnvoll vernetzt, bevor das Beobachtete bewußt wird. „*Anders als ein Kinobesucher, der – entspannt zurückgelehnt – das Geschehen auf der Leinwand verfolgt, kann unser Ich das von den Augen auf eine Art 'innere Leinwand' übertragene Bild gar nicht direkt wahrnehmen. Vielmehr muß das Bild erst verarbeitet und interpretiert werden, und dabei greift das Gehirn höchst aktiv ein [...]*" (Maelicke 1990, S. 47) Maelicke kommt zu dem Schluß: „*Wahrnehmung sind Hypothesen unseres Gehirns...*" (ebd., S. 56)

Schritt. Oft tritt schon hier eine Störung ein, weil sich eigene Vorstellungen und Interpretationen in das Rekapitulieren des Erlebten mit hineinmischen. In der Erinnerung ist das tatsächlich Gesagte dann mehr oder weniger stark verfälscht. Viele Gespräche haben diesen Charakter, was eine nicht zu unterschätzende Quelle von Mißverständnissen darstellt. *„Man kann nur beschränkt etwas bewußt aufnehmen, man muß auch 'ausatmen' können. Lernelemente richtig 'atmen' zu können ist eine Grundfähigkeit des Erwachsenenlernens. "* (van Houten 1993, S. 57) Das erfordert, möglichst vorurteilsfrei und wahrheitsliebend zu rekapitulieren.

Als nächstes muß der Lernende eine **Verbindung zum Thema** herstellen. Während vorher die treue Wahrnehmung des tatsächlich Erlebten im Vordergrund stand, geht es jetzt darum, sich dafür zu erwärmen. Jetzt werden sich Gefühle einmischen: Sympathie und Antipathie bestimmen, woran sich das Interesse entzündet, oder was man vernachlässigt. Lehrer versuchen bisweilen durch Medienvielfalt Abwechslung zu bieten, die das Interesse wach erhalten sollen (vgl. Kap. 2.1.3). Den aktiven Lernwillen schläfert das allerdings ein. Der Erwachsene muß vielmehr lernen, Interesse selbst aktiv zu entwickeln. *„Vom Redner mitgerissen zu werden verhindert die genaue Beobachtung. Abkühlung ist notwendig. Für langweilige Darstellungen braucht man warmes Interesse, um das Wichtigste zu entdecken. "* (van Houten 1993, S. 57) Es soll hier keine Lanze für langweiligen Unterricht gebrochen werden, aber der Lehrer ist kein Entertainer.

Ist der Inhalt soweit aufgenommen und mit Interesse verinnerlicht worden, kann sich das **Verarbeiten** anschließen. Jetzt wird „verdaut". Die Gedanken werden auseinandergenommen, analysiert und kritisiert. Hier sind Sachlichkeit und klares Denken erforderlich. Alle eigenen Vorerfahrungen und Vorkenntnisse spielen hier hinein. Aber auch Vorurteile können erkannt werden. Dies ist die Phase der kritischen Prüfung. An Übung auf diesem Feld mangelt es Zeitgenossen in der Regel nicht. Vielmehr wird der Lernprozeß oft durch die Tatsache gestört, daß die Auseinandersetzung zu früh einsetzt: Einen Gedanken in Grund und Boden kritisieren, weil er unsympathisch ist, ist unsachlich und behindert ein echtes Verstehen. Eine Pflegetechnik kritisieren, bevor man sie wirklich beobachtet hat, verhindert, daß man hinzulernen kann.

Haben die drei Schritte jedoch stattgefunden, wird das **Individualisieren des Erlebten** möglich. Der Unterrichtsstoff ist bisher immer noch ein Fremdkörper für den Lernenden. Er weiß wohl, daß und warum er ihn lernen sollte; aber er macht ihn sich erst zu eigen, wenn er herausgefunden hat, welche Fragen er persönlich an ihn hat. Daß Kenntnisse in Anatomie für eine Krankenschwester sinnvoll sind, kann man ganz sachlich nachvollziehen. Jetzt geht es aber um die Frage, welche Bedeutung die Anatomie für einen bestimmten

Menschen persönlich hat, der die Ausbildung absolviert. Diese Frage entspringt dem Impuls, den Herder als *„Spannung, die biologisch nicht bewältigt werden kann"* bezeichnet (Reble 1993, S. 188; vgl. Kap. 3.3). Hier liegt die Quelle des Lernwillens, die jeder Erwachsene in sich erschließen kann. Alles andere Lernen, was nicht letztendlich von der freien Intention des Lernenden ausgeht, ist Konditionierung, Dressur wie Klafki sagt. Ausbildung wie Fortbildung stehen vor der Aufgabe, diese Frage nach der individuellen Bedeutung zuzulassen und anzuregen. Klafki drückt das in seiner „Didaktischen Analyse" durch das Kriterium des „Fundamentalen" aus. Der Unterricht soll so gehalten werden, daß sich den SchülerInnen Schlüsselerlebnisse auftun. In der Erwachsenenbildung kann der Lernende diesen Schritt des Individualisierens bewußt vollziehen, indem er achtgibt, welche neuen Fragen, Ideen, Gefühle, Aha-Erlebnisse[63] o. ä. sich einstellen. In diesen Erlebnissen liegt die eigentliche Quelle der Motivation für das Lernen. Sie sind jedoch in der Regel sehr flüchtig, keimhaft wie van Houten sagt. Man kann sie in einer Unterrichtsveranstaltung auch nicht gezielt herbeiführen. Das Unbewußte spielt hier eine wesentliche Rolle. Es ist eine bekannte Tatsache, daß es hilfreich sein kann, schwere Entscheidungen zu überschlafen. So ergeben sich oft noch ganz wichtige Gesichtspunkte, und das Urteil wird sicherer. Auch Schlüsselerlebnisse oder fundamentale Erfahrungen stellen sich in der Regel dann ein, wenn man es wenig erwartet, wenn man sich längst anderen Dingen zugewandt hat.

Der Lernort Schule hat daher oft nur die Möglichkeit, die Aufmerksamkeit für Erfahrungen zu schärfen. Die Bedeutung kognitiv erlernter Inhalte kann meist erst in der Anschaulichkeit der Praxis erlebt werden.[64] Einige Stunden Pflegeunterricht über Kontinenztraining können angesichts der weitgehenden Vernachlässigung dieser Pflegetechniken in der Praxis leicht Zweifel an dessen Praktikabilität auslösen. Bringen aber wenigstens einige SchülerInnen konkrete Erfahrungen mit, kann sogar Begeisterung aufkommen. Darin liegt auch eine wesentliche Bedeutung von Projektunterricht: Neben dem Üben von Fertigkeiten können hier (fundamentale) Erfahrungen gesammelt werden.

Es gibt ein überraschend hilfreiches Mittel, diese Erlebnisse nicht zu verlieren. Das ist das **Lerntagebuch**, ein Heftchen, leicht erreichbar, das bei Gelegenheit hilft, noch einmal kurz die Gedanken zu sammeln, eine Situation Revue passieren zu lassen. Der Extrakt beispielsweise aus einer Fortbildungsveranstaltung läßt sich dann bisweilen in wenigen treffenden Wor-

---

[63] Im Sinn Klafkis bedeutet das: fundamentale Erfahrungen.
[64] Überdies gehören nur 5–10 % der Bevölkerung zum Typ der abstrakt-verbal Lernenden. Die Übrigen lernen vor allem über die Anschauung, das persönliche Erleben oder das experimentierende Erfahren (vgl. Beyer, 1994). Unter diesem Gesichtspunkt ist aller theoretischer Unterrichtsstoff, der nicht eine erfahrbare Praxissituation vor- oder nachbereitet, oder besser noch parallel zu ihr vermittelt wird, für die meisten SchülerInnen kognitiver Ballast ohne Bedeutung für das angestrebte Berufsziel.

ten zusammenfassen. Darin drückt sich nicht die Summe der Kenntnisse aus, die neu erworben wurden, dafür aber möglicherweise Ereignisse, die langfristig das Erleben und Verhalten beeinflussen, oder die Anlaß sind, eine Idee weiter zu verfolgen, oder mit viel Energie an einer Technik weiter zu arbeiten. So bemerkte eine Teilnehmerin nach einem Seminar über Lernen und Anleitung: *„Ich habe viel gelernt für die Anleitung, aber auch persönlich in Bezug auf den Umgang mit Kritik und mit meinen eigenen Vorurteilen."* Eine andere sagte: *„Ich habe gemerkt, daß ich bisher viel konsumiert habe auf Fortbildungsveranstaltungen. Das Lerntagebuch war sehr hilfreich."*

Diese persönlichen Schlüsselerlebnisse sind die Anker, die ein Lernender in das neue Gebiet wirft, mit dem er sich beschäftigt. Von hier aus kann er sich aktiv auf seine Weise den Stoff erschließen. Er erwirbt so primär instrumentelle Fähigkeiten im Sinn der Schlüsselkompetenzen. Die konkreten Kenntnisse wird er sich daraufhin auf seine Weise und nach seinem Bedarf aneignen. Im **Individualisieren** liegt also die eigentliche Quelle eines sinnerfüllten Lernens. Hier entsteht einerseits die Motivation, sich mit einer Sache auseinanderzusetzen, zu beobachten, sich dafür zu erwärmen, zu analysieren und zu urteilen. Andererseits kommen von hier die Kraft und der Wille, sich übend weiter mit der Sache zu beschäftigen, sich zu vervollkommnen, eine eigene Fähigkeit zu entwickeln. Jenes ist die analysierende, dieses die synthetisierende Seite des Lernprozesses. Die mehr analytisch zergliedernde, verarbeitende Seite bereitet das Entstehen neuer Erkenntnisse und Fähigkeiten vor; die mehr synthetisierend aufbauende Seite erfüllt erst diesen Anspruch und macht den Lernprozeß ganz. Hat die Lernende diese analysierenden Schritte vollzogen, kann sie beginnen, ihre eigene Kompetenz zu entwickeln. Wenn sie sich wirklich mit dem Thema verbunden, es individualisiert hat, wird sie die Willenskraft und Ausdauer aufbringen, sich übend weiter mit ihm zu beschäftigen. **Erhalten durch Üben** bedeutet in diesem Zusammenhang, daß der Lernende beispielsweise eine Technik, die ihm vermittelt worden ist, wieder und wieder praktiziert, bis sie ihm geläufig wird und leichter von der Hand geht. Schließlich wird er sie annähernd so gut können, wie der Anleiter. Er wird einen Patienten auf die gleiche Art mobilisieren können wie jener. So entsteht Kontinuität in der Betreuung. Ein gewisser Qualitätsstandard kann so gewährleistet und erhalten werden. Dieses Üben ist eine pflegende Tätigkeit.[65] Die einige Male in der Anleitung probierte Technik verflüchtigt sich schnell wieder. Soll eine eigene Fertigkeit daraus entstehen, muß sie sorgsam wiederholt werden. Damit es keine Dressur wird, muß der Lernende gewissermaßen eine Passion aus seiner Übung machen. Dazu gehört, daß er sich sein Milieu schafft. Die meisten Menschen kennen ihre persönliche Lernatmosphäre recht

---

[65] Im Sinn von „Erhalten" und „Bewahren".

genau. Die eine räumt erst auf, bevor sie mit ihren Übungsaufgaben beginnt, der andere breitet sich mit seinen Büchern im Bett aus. So ist es auch in der beruflichen Praxis von Bedeutung, ob das Üben Raum hat, oder ob es eher als Störung im Tagesablauf empfunden wird. Viel Dilettantismus in der Pflege hat seine Ursache bereits in der Mißachtung der Bedeutung des Übens. Der Ausbilder muß achtgeben, daß die Übungen nicht starr werden. Im Wiederholen des stets Gleichen entstehen schnell mechanische Verhaltensweisen, wie sie für eine Fließbandarbeit typisch sind. *„Damit die Übung nicht als eine beschwerliche Last erscheint, kommt es darauf an, daß der Vorgang des Übens als solcher, unabhängig von der Motivation durch die Erreichung eines Ziels, Freude macht."* (Bollnow 1991, S. 116) Sinnvoll üben heißt daher auch: Übungen variieren.

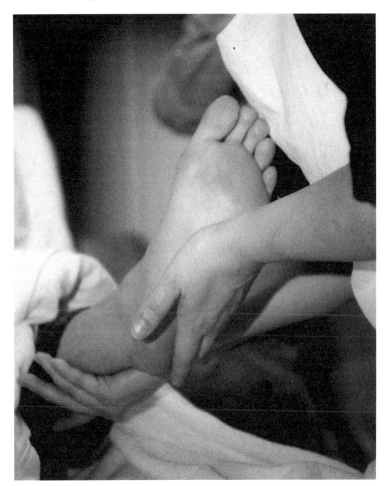

Abb. 4-1 Üben der rhythmischen Fußeinreibung

Ein einfaches Beispiel: In praktischen Übungen zu Pflegetechniken (Einreibungen, äußere Anwendungen, Körperpflege) hat sich die Arbeit in Dreiergruppen bewährt. Eine Schülerin praktiziert, eine beobachtet, und eine läßt die Maßnahme an sich durchführen (Abb. 4-1). Alle drei machen ganz unterschiedliche Erfahrungen: Die erste erlebt die Schwierigkeit, ihre Vorstellung in die Hände zu übersetzen. Die zweite beobachtet und vergleicht das Gesehene mit ihrer Vorstellung. Die dritte erlebt, wie die Maßnahme sich wirklich anfühlt. Aller drei Erfahrungen werden ausgewertet und dann die Rollen getauscht. So werden zu einer Pflegemaßnahme übend verschiedene Perspektiven eingenommen. Die SchülerInnen werden selbst zu „Fachleuten" und lernen, sich gegenseitig zu reflektieren und zu korrigieren.

Weitere Charakteristika der Übung sind Ernsthaftigkeit und Disziplin. Kann dieser Ernst nicht entstehen, verkommt sie rasch zu willkürlicher Spielerei. Fertigkeiten entstehen so kaum, man fängt immer wieder von vorn an und ist schließlich demotiviert. Auch hierbei spielt die Lernatmosphäre eine wichtige Rolle.[66] Beim Üben muß zunächst jeder einzelne Handgriff, jede Bewegung bewußt vollzogen werden. Die geübte Tätigkeit ist nicht flüssig. Mit zunehmender Kompetenz jedoch „vergißt" die Übende die einzelnen Schritte. Das Bewußtsein kann mehr und mehr auf den Gesamtzusammenhang gerichtet werden.

Das gilt auch für mentale Tätigkeiten, wie zum Beispiel das Führen eines Aufnahmegesprächs mit einem Patienten. Während die Schülerin zunächst Position für Position auf dem Formblatt abarbeitet, wird durch Übung mit der Zeit ein echtes Gespräch daraus. Die Schülerin beginnt, eigene Schwerpunkte zu setzen, entscheidet, welche Themen sie lieber erst später anspricht. Sie geht selbständig mit dieser Aufgabe um, findet ihren eigenen Stil.

Die noch am Vorbild orientierte Fertigkeit ist gewachsen und zu einer individuellen Fähigkeit geworden. **Fähigkeit erwerben** markiert insofern eine neue Qualität. Die Lernende ist jetzt selbst Fachfrau, ist von ihrem Lehrer unabhängig geworden. Flexibilität und Selbständigkeit zeichnen sie in diesem Stadium aus. Jemand, der es in der Körperpflege zu einer echten Fähigkeit gebracht hat, wird in der Lage sein, seine Maßnahme ganz individuell an die Beweglichkeit, den Wärmebedarf, den Hautzustand, das Bedürfnis nach Schutz der Intimsphäre eines Heimbewohners anzupassen, wobei alle Einzeltätigkeiten sinnvoll aufeinander abgestimmt sind. Gesten werden eindeu-

---

[66] Ein unaufgeräumter Demonstrationsraum verhindert möglicherweise schon, daß die nötige Konzentration entstehen kann.

tig, Geschicklichkeit ersetzt Kraft. Der ganze Ablauf wird flüssig. Die Fähigkeit bezeichnet eine komplexe Handlungskompetenz, die sich durch ein freies, an der Situation orientiertes Kombinieren von verschiedenen Fertigkeiten auszeichnet. Dieses Stadium bezeichnet Patricia Benner als das der „erfahrenen Pflegenden". (1994 S. 47–49)

In Bezug auf die meisten Alltagsaktivitäten beschränken wir uns auf diese Kompetenz, auch wenn wir sie jahrzehntelang praktizieren. So zum Beispiel beim Autofahren. Es ist nicht wichtig, ob sich eine bestimmte Kurve zehn Stundenkilometer schneller durchfahren läßt oder nicht. Im täglichen Leben genügt die Fähigkeit, den Wagen sicher zu führen. Der Rennfahrer jedoch macht eine Kunst daraus. Aus jahrelanger intensiver Auseinandersetzung und Übung in einem Fach kann schließlich eine schöpferische Originalität entstehen. Der Künstler muß erst solide sein Instrument erlernen, bevor er sich in Kreativität versuchen kann. Alles andere ist Willkür und damit Dilettantismus. Das gleiche gilt im alltäglichen Leben und im Beruf. Die wahren Künstler ihres Faches sind in der Regel nicht vom Himmel gefallen. Immer kommt zweierlei zusammen: Neigung und Begabung und die jahrelange Auseinandersetzung und Übung mit der Sache. Dieses **Schöpferischsein** kann sich auf die unterschiedlichsten Arten zeigen. In einem Betrieb hat vielleicht jemand einen genialen Einfall, wie sich der Produktionsprozeß vereinfachen läßt. Ein Unternehmer trifft, ohne sie genau begründen zu können, die einzig richtige Investitionsentscheidung. Eine Krankenschwester entwickelt aus ihrer Erfahrung und ihrem tiefen Verständnis der Zusammenhänge ein neues Berufsfeld in der Pflege, etwa die Pflegeüberleitung, die die Kluft zwischen stationärer und nachstationärer Pflege überbrücken hilft.

Mit diesem Schöpferisch- oder Kreativsein ist nicht die Fähigkeit gemeint, allein aus sich heraus neue Ideen hervorzubringen. Kreativität in dem hier gemeinten Sinn bezeichnet die Fähigkeit, erkennen zu können, was der Gegenstand[67] fordert. Aus ihm, z. B. dem beruflichen Inhalt, heraus die richtige Idee entwickeln, heißt, sich derart in ihn vertieft haben, daß man versteht, was er braucht. Um auf das Beispiel des Patienten mit dem Enterostoma zurückzukommen (vgl. Kap. 2.4): Die Krankenschwester bedurfte nicht fünf verschiedener Ideen, wie sie den Patienten für eine Schulung aufschließen könnte. Es war im Gegenteil nur ein Wort, im richtigen Moment gesprochen, das dieser Patient brauchte, um sich öffnen zu können. Schöpferisch sein in diesem Sinn korrespondiert also mit dem Begriff der **Intuition** bei Patricia Benner (vgl. Kap. 3.3).

---

[67] Das sind in der Pflege der kranke, behinderte oder alte Mensch und die Organisationsform, in der die Pflege stattfindet.

Abb. 4-2 Der Lernprozeß des Erwachsenen

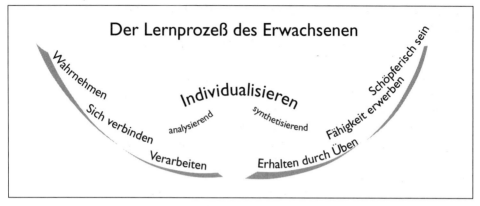

Wie schon für die Lebensphasen gilt auch für die Phasen des Lernprozesses, daß es sich hier um „Gestalten" handelt (vgl. Kap. 2.2.5). Jede Phase hat ihr eigenes Gesicht. Gleichwohl kommt keine Phase je rein vor. Während ein Sachverhalt diskutiert wird, stellt sich auch schon ein gewisser Merkeffekt (Üben) ein. Während eine Tätigkeit zum wiederholten Mal geübt wird, stellen sich auch neue Erfahrungen ein und die Lernende verbindet sich mit dem Thema. Man kann diese Phasen also nicht schematisch sehen, geschweige denn, Schritt für Schritt abarbeiten. Dieses Modell gibt vielmehr ein Bild der konstituierenden Elemente des Lernprozesses. Zweierlei Nutzen läßt sich daraus ziehen:

- Auf seiner Grundlage kann Lehren und Lernen organisiert werden. Eine darauf aufgebaute Schulung vermittelt Bildung in dem hier gemeinten Sinn von Persönlichkeitsentwicklung.

- Es kann in Praxis und Theorie als Diagnoseinstrument bei Lernstörungen eingesetzt werden: Ein Schüler muß möglicherweise erst einmal richtig hinhören lernen; eine Schülerin interessiert sich im Grunde nicht für das Thema; eine hat ein ausgeprägtes Harmoniebedürfnis, mag die Meinung des Dozenten nicht kritisieren; einem anderen kommt die Frage nach der persönlichen Bedeutung schon zu nah, er will nur objektive Handlungsanweisungen; eine SchülerIn begeistert sich sehr für die Pflege, bringt aber die Energie zum Üben nicht auf; eine andere hat Angst, selbständig ihre Fähigkeiten zu erproben und klammert sich an Standards.

In persönlichen Beratungsgesprächen geht es schließlich oft darum, die richtige Übung[68] zu finden. Das betrifft methodische Fragen in Bezug auf den Unterricht ebenso wie persönlichen Rat im Einzelgespräch.

4.2 Die besonderere Bedeutung des Übens

Im vergangenen Kapitel wurde der Aspekt des Übens in seinem Zusammenhang mit den anderen Schritten des Lernprozesses entwickelt. Aus folgenden Gründen soll er hier noch einmal explizit aufgegriffen werden:

- Eine besondere Bedeutung des Übens liegt in der Ergebnissicherung. Gleichwohl scheint es in der pädagogischen Praxis zunehmend Probleme zu bereiten. Meyer schreibt: *„Es wird immer schwieriger, in der Schule sinnvoll zu üben."* (1991, S. 167) Als Gründe nennt er: Die Stofffülle der Lehrpläne, Verknüpfung der Übung mit Leistungsbewertung, Konzentrations- und Motivationsschwierigkeiten, mangelndes methodisches Geschick u. a. (vgl. Meyer, S. 167–168).
- In der Vermittlung von Schlüsselkompetenzen liegt eine weitere Bedeutung des Übens: Hier dient es den Lernenden dazu, instrumentelle Fähigkeiten zu erwerben.

Auf Grund seiner besonderen Bedeutung soll an dieser Stelle versucht werden, das Wesen[69] der **Übung** zu charakterisieren in dem Sinn, wie ich diesen Begriff in diesem Buch anwende. Bollnow (1991) verweist auf den Unterschied zwischen **Wissen** und **Können.** Wissen entsteht, indem ein Sachverhalt zunächst einmal verstanden wird. Es handelt sich um einen Erkenntnisakt, ein Augenblicksgeschehen. Soll das erworbene Wissen im Gedächtnis behalten werden, wird dazu eine Form des Memorierens herangezogen. Beim Können liegt das Ziel darin, eine Fähigkeit zu erwerben bzw. zu verbessern. Dieser Polarität *„entspricht in der mittelalterlichen Überlieferung das Verhältnis von scientia und ars, von Wissenschaft und Kunst (im alten ur-*

---

[68] Übung kann in diesem Zusammenhang bedeuten, daß eine Schülerin sich bewußt bemüht, Gewohnheiten zu ändern oder neu zu erüben. Das kann eine strukturierte Tagesplanung betreffen oder eine bestimmte Methode, Lerninhalte auszuarbeiten. Auch das soziale Lernen ist oft Gegenstand derartiger Beratungen. Anlaß ist gewöhnlich eine Beziehungsstörung mit einer Mitschülerin, einem Dozenten oder KollegInnen auf einer Station. Es geht dann darum, herauszufinden, welche Eigenschaften oder Fähigkeiten gestärkt werden müssen, um einen produktiven Umgang mit dem Konflikt zu ermöglichen. Denn in der Regel sind diese Situationen der Schülerin gar nicht ganz unbekannt. Bisweilen hat sie auch schon ein regelrechtes Ausweichverhalten entwickelt. Es sei aber ergänzt, daß die Last der Konfliktbewältigung nicht einseitig auf die Ratsuchende abgewälzt werden soll. Sie muß nur erkennen, daß ein Teil der Lösung nur von ihr kommen kann.
[69] Wesen wird hier verstanden als spezifische Eigenart.

sprünglichen Sinn)." (Bollnow 1991, S. 27) In der Antike und im Mittelalter waren Kunst und Übung ebenso wenig voneinander zu trennen, wie noch heute in einigen asiatischen Kulturen. Die Übung hat künstlerischen Charakter und die Kunst ist Übung zur Vervollkommnung des Menschen. Wird eine Ausbildung an Bildungszielen ausgerichtet, kommt diesem Übungsaspekt besondere Bedeutung zu, denn Schlüsselkompetenzen bauen wenig auf Wissen, dafür um so mehr auf Können. *„Diese Unterscheidung betrifft allgemein das Verhältnis einer Wissenschaft zur Fähigkeit, sie in der Praxis richtig anzuwenden.“* (Bollnow 1991, S. 30) Konflikt-, Verantwortungs- und Urteilsfähigkeit, Flexibilität und andere Kompetenzen beziehen sich auf praktisches Können. Der Unterricht in Theorie und Praxis muß insofern vor allem als Raum zum Üben verstanden werden. Es handelt sich hier jedoch keineswegs darum, daß man die Übung in Schulungen und Ausbildungen eben als notwendiges Übel akzeptieren müsse. Das Üben wird um so fruchtbarer, je mehr es der freien Intention des Lernenden entgegenkommt. Es muß dafür im besten Sinn (dem Schillerschen) den **Spieltrieb** ansprechen. Brater, Büchele, Fucke u. a. beschreiben zwei polare Arten des (übenden) Handelns:

- Konstruieren und
- Gestalten

Beim **Konstruieren** steht die Verwendungsabsicht, der Zweck, im Vordergrund. Ein Gegenstand wird konstruiert, damit er einer genau definierbaren Funktion genüge. Ob es sich um eine Salatschleuder oder einen Notenständer handelt, der Zweck bestimmt die Form. Am Beginn der Herstellung steht eine Vorstellung. Diese leitet den Entwurf und die Ausführung. Es herrscht Logik; jedes Detail kann an der Funktion überprüft werden. Dieses Handeln nennen Brater u. a. **zweckrational.** (Vgl. Brater, Büchele, Fucke u. a., 1989)

Beim **Gestalten**, der künstlerischen Variante des Handelns, kehren die Verhältnisse sich um. Beim Malen eines Bildes ist der erste Pinselstrich noch ganz unbestimmt. Der zweite muß aber schon auf diesen Rücksicht nehmen. In der weiteren Entwicklung des Gestaltungsprozesses legt das Bild den Maler immer mehr fest. Er gerät *„in den Sog der Bestimmungen und Festlegungen seines eigenen Produkts.“* (Brater, Büchele, Fucke u. a. 1989, S. 63) Die Vorstellung des Ziels nimmt mit dem Prozeß eher ab. Der Dialog mit dem Gegenstand tritt in den Vordergrund. *„Im künstlerischen Prozeß müssen Erkennen und Handeln, Analyse und Praxis unmittelbar miteinander verbunden sein und 'bruchlos' ineinandergreifen.“* (Ebd., S. 68) Diese Handlungsweise wird als **situationsrationales Handeln** bezeichnet.

Im Hinblick auf manuelle Handhabungen bzw. sog. Pflegetechniken kann es darum gehen, primär[70] zweckrational zu handeln. Beim Lagern oder beim Anlegen eines Verbands steht dieser Aspekt des Übens im Vordergrund. Auch die Kinästhetik, das Bobath-Handling, die Basale Stimulation, rhythmische Einreibungen und physiotherapeutische Maßnahmen folgen zunächst überwiegend dem Aspekt des zweckrationalen Handelns. In allen Belangen der Pflege, die den Beziehungsprozeß berühren, wird jedoch das situationsrationale Handeln die adäquate Form darstellen. Hier geht es nicht darum, daß eine Krankenschwester ihre Vorstellung davon verwirklicht, was der Patient vermeintlich braucht. Es geht vielmehr darum, herauszufinden, was aus der Perspektive des Patienten der Bedarf an Pflege ist. Pflege ist insofern in erster Linie eine Gestaltungsaufgabe. Eine Beziehung kann nicht auf der Grundlage bestimmter Vorstellungen logisch aufgebaut werden. Hier geht es darum, daß die Pflegende in einen Dialog mit dem Patienten[71] tritt, um seine Situation immer wirklichkeitsnäher zu erfassen und schließlich mit ihm gemeinsam an seinen Zielen zu arbeiten. Insofern erfüllt die Pflege den Anspruch, eine Kunst zu sein. Will Berufsbildung diesen Anspruch aufgreifen, wird sie solche Übungen entwickeln wollen, die dem Kriterium des situationsgerechten oder situationsrationalen Handelns genügen. Vielfach wird das in Formen des sogenannten **handlungsorientierten Unterrichts** der Fall sein. Die Handlungsorientierung allein ist jedoch kein hinreichendes Indiz dafür, daß der künstlerische Aspekt des Gestaltens schon verwirklicht ist. Vor diesem Hintergrund kann verständlich werden, warum der Kunst seit der Antike ein hoher Bildungswert beigemessen wurde. Nicht im Konsumieren der Kunstwerke, sondern im tätigen künstlerischen Gestalten entstehen Fähigkeiten, die ich hier als Schlüsselkompetenzen bezeichne. Dieses übende Gestalten oder gestaltende Üben bezog sich gleichermaßen auf die Redekunst, die Dialektik, die Geometrie und die anderen freien Künste. Die Förderung der Schlüsselkompetenzen nimmt also ihren Ausgang bei solchem praktischen Üben, das dem Prinzip des Gestaltens nahe kommt. Der Aspekt der Handlungsorientierung wird entsprechend um das Kriterium des situationsrationalen Handelns ergänzt werden müssen. Demgegenüber kann die klassische Methode – Vormachen, Nachmachen, Üben, Anwenden (vgl. Kap. 3.2.2) eher als ein Training bezeichnet werden, welches dem zweckrationalen Handeln dient.

Ein Beispiel: Eine ganz hilfreiche Methode zur Übung des situationsrationalen Handelns ist das Rollenspiel. Es kommt dabei jedoch maßgeblich darauf an, daß es nicht auf das Nachspielen einer erlebten Situation mit anschließender Analyse beschränkt bleibt. Konstruktiv kann diese Übung werden,

---

70 Gleichwohl sind Beziehungsprozeß und Pflegemaßnahme untrennbar miteinander verschränkt.
71 Mit Dialog ist hier nicht allein die verbale Kommunikation gemeint, sondern jegliche Form der produktiven (auch nonverbalen) Interaktion im pflegerischen Beziehungsprozeß.

wenn das dargestellte Beispiel zum Anlaß genommen wird, verschiedene Variationen auszuprobieren. Spielen etwa zwei KursteilnehmerInnen eine Konfliktsituation aus dem Pflegealltag nach, haben jetzt andere Teilnehmer-Innen und auch die LehrerInnen die Gelegenheit, in der gleichen Situation ein alternatives Verhalten auszuprobieren. So dient das Rollenspiel nicht allein dem kognitiven Verstehen einer Situation, sondern auch der Übung des richtigen Umgehens mit ihr.

5 Leitlinien und Prinzipien eines entwicklungs- orientierten Konzepts am Beispiel Herdecke

5.1 Vorstellung des Instituts

Das Ausbildungsinstitut für Krankenpflege am Gemeinschaftskrankenhaus Herdecke wurde 1970 gegründet, ein Jahr nach der Klinik. Ausschlaggebend dafür war der Wunsch, neben den am Krankenpflegegesetz orientierten Inhalten ein erweitertes Bildungsangebot zu schaffen, dessen zentrales Konzept die Persönlichkeitsentwicklung ist. Es sollten nicht nur junge Menschen in der Ausübung eines Berufes geschult werden, sondern sie sollten vor allen Dingen fähig werden, diesen Beruf selbst mit zu gestalten. Voraussetzung dafür sind innere Unabhängigkeit und berufsübergreifende Fähigkeiten im Sinn der Schlüsselkompetenzen.

Träger des Instituts ist der Gemeinnützige Verein zur Entwicklung von Gemeinschaftskrankenhäusern in Herdecke. Es ist der Klinikleitung nicht weisungsunterstellt und versteht sich als eine assoziierte Einrichtung des Vereins neben der Klinik. Nach den Bestimmungen in Nordrhein-Westfalen untersteht es der Aufsicht durch die Gesundheitsbehörde im Präsidium des Regierungsbezirks Arnsberg. Die SchülerInnen[72] stehen nicht auf dem Stellenplan des Krankenhauses. Dies ist die wesentliche Grundlage dafür, auch den praktischen Teil der Ausbildung unter pädagogischen Gesichtspunkten gestalten zu

---

[72] MitarbeiterInnen und Lernende sind mit dem Terminus „Schüler" nicht zufrieden. Er suggeriert ein mehr traditionelles Bild von Schule, das im Gegensatz zu einem modernen Erwachsenenbildungskonzept durch Hierarchie und Abhängigkeit der SchülerInnen gekennzeichnet ist. Im Rahmen eines Wettbewerbs wurde von SchülerInnen der Begriff Pflegende in Ausbildung vorgeschlagen. Viele nutzen diese alternative Bezeichnung heute für die Beschriftung ihrer Namensschilder. Im täglichen Umgang konnte sie sich jedoch bisher wenig durchsetzen. Ich bin daher in diesem Buch bei dem traditionellen Begriff geblieben – nicht aus Überzeugung, sondern in Ermangelung eines angemesseneren.

können. Das Kollegium besteht zur Zeit aus sieben LehrerInnen (bei 6,25 Stellen) und einer Sekretärin mit einer Drei-Viertel-Stelle. Alle LehrerInnen kommen aus dem Pflegeberuf und sind durch verschiedene Fort- und Weiterbildungen sowie durch Studiengänge pädagogisch und fachlich qualifiziert. Dieses Kollegium gewährleistet die Ausbildung und die betriebliche Fortbildung für den Pflegebereich. Bei 85 genehmigten Ausbildungsplätzen werden seit vielen Jahren etwa 50–60 SchülerInnen kontinuierlich ausgebildet. Jedes Jahr beginnt ein Kurs mit ca. 22 SchülerInnen. Da sie nicht auf den Stellenplan angerechnet werden, haben sie keinen Anspruch auf Ausbildungsvergütung. Dafür sind sie BAFöG-berechtigt. Hat eine Schülerin Schwierigkeiten, während der Ausbildung ihre Existenz zu sichern, werden individuelle Finanzierungslösungen gesucht. Als Zugangsvoraussetzungen werden akzeptiert: Fachoberschulreife oder ein vergleichbarer Abschluß; ein Praktikum im Pflegebereich außerhalb des Gemeinschaftskrankenhauses und Vollendung des 20. Lebensjahres werden empfohlen[73]. Das Kollegium arbeitet auf der Grundlage der von Rudolf Steiner entwickelten Geisteswissenschaft. Diese liegt dem Konzept der anthroposophisch orientierten Erwachsenenbildung zugrunde. Ein grundlegendes Motiv der Anthroposophie ist die **Freiheit im Geistesleben.** Daher ist es weder Voraussetzung, anthroposophisch orientiert zu sein, wenn man die Ausbildung beginnt, oder einen Kurs belegt, noch ist es Ziel, diese Orientierung herbeizuführen. Beides würde dem Freiheitsgedanken eklatant widersprechen. Voraussetzung für die Ausbildung ist lediglich eine unvoreingenommene Offenheit für die Anthroposophie, um weltanschaulichen Kollisionen vorzubeugen. Methoden und Inhalte von Ausbildung und Fortbildung werden als Angebote verstanden, die jeder Teilnehmer auf seine Art individualisiert. Das Kollegium fühlt sich den Leitlinien des Trägervereins verpflichtet. Eine der dort formulierten Grundlagen heißt: *„Unterstütze den kranken Menschen darin, seine individuellen Möglichkeiten zu verwirklichen, und in der Auseinandersetzung mit seinem kranken Leib, seinem Schicksal und der Umwelt neue Verwirklichungsmöglichkeiten zu erlangen.[74]"*

Im Vermitteln dieser Fähigkeiten liegt ein wesentliches Ziel der Bildung in der Pflege: Der Versorgungsaspekt der Pflege setzt manuelles Geschick voraus. Das ist Schulung der Hand im Sinn Pestalozzis (leibliche Ebene). Dem Schicksal gegenüber bedarf es der Fähigkeit, einen Menschen mit Empathie zu begleiten. Die Auseinandersetzung mit der Umwelt schließlich erfordert soziale

---

[73] Dieses Kriterium löst bisweilen folgende Kritik aus: Die Ausbildung solle die persönliche Reife herbeiführen, nicht voraussetzen. Bei diesem Standpunkt handelt es sich jedoch um eine Verkennung der biographischen Gesetzmäßigkeiten. Reife läßt sich nicht zu einem beliebigen Zeitpunkt herstellen. Die Berufsbildung kann nur den Rahmen schaffen, der die Entwicklung einer altersgemäßen Reife optimal unterstützt. Ich halte die zu frühe und ungelenkte berufliche Sozialisation vieler Pflegenden für eine wesentliche Ursache für Ausgebranntsein und Fluktuation in diesem Beruf.

[74] Gemeinnütziges Gemeinschaftskrankenhaus, 1989.

Kompetenz. Durch seine vermittelnden Fähigkeiten unterstützt der Pflegende die Menschen, die er im Rahmen seiner beruflichen Aufgabe betreut. Der zentrale Aspekt liegt in der Suche nach neuen Verwirklichungsmöglichkeiten. Das unbedingte Vertrauen in die Fähigkeit zur Weiterentwicklung des Individuums ist ein Grundkonzept der anthroposophischen Pflege, Pädagogik und Medizin.

Die derzeitigen Aufgaben des Ausbildungsinstituts liegen in der Ausbildung des beruflichen Nachwuchses für die Pflege und in der Fortbildung der examinierten Pflegenden.[75] Die LehrerInnen sind in diesem Prozeß – wie überall in der beruflichen Bildung – mit zwei Praxisbezügen konfrontiert: Der Beruf, der ausgebildet, bzw. für den gebildet wird (Pflege) und der selbst ausgeübte pädagogische Beruf der Lehrerin. Beide Bezüge werden bewußt aufgegriffen und gepflegt. Wohl gibt es Spezialisierungen innerhalb des Kollegiums, jedoch keine Trennung in LehrerInnen für Fachpraxis und LehrerInnen für Theorie. Alle LehrerInnen sind für beide Tätigkeiten qualifiziert. Begründet wird dieses Konzept mit einer wesentlichen Aufgabe der beruflichen Bildung, nämlich die Entwicklung einer professionellen beruflichen Identität bei den Lernenden zu unterstützen. Diese Unterstützung kann nur gewährleistet werden, wenn an einem Institut eine Modellvorstellung, ein Leitbild des Ausbildungsberufes erlebbar wird und wenn dieses Leitbild authentisch an der Praxis überprüfbar ist. Die Erfahrungen im dualen Bildungssystem haben meiner Meinung nach hinreichend geklärt, daß die Trennung in Theorie- und Praxislehrer vor allem auf Kosten der Glaubwürdigkeit der ersteren gegangen ist (vgl. Bischoff 1993, S. 12). Im übrigen werden auch die anerkannten Professionen (Jurist, Arzt, Apotheker ...) nicht durch Lehrer für Rechtsprechung, für Medizin oder für Pharmazie ausgebildet, sondern aus gutem Grund durch Professionsangehörige. In diesen Fällen entstehen Ausbildungsprobleme nicht primär durch fachliche, sondern durch pädagogische Unsicherheiten seitens der Lehrenden. Für das Kollegium bedeutet das: Im Rahmen der konzeptionellen Entwicklungsarbeit wird kontinuierlich an beiden Praxisbezügen gearbeitet.

■ Der pädagogische Bezug wird wahrgenommen in pädagogischen Konferenzen, in (teilweise) gemeinsamen Fortbildungen zur Erwachsenenbildung, in der Entwicklung und Durchführung eines eigenen Fortbildungsangebots (z. B. „Lernwerkstatt Erwachsenenbildung") und in der gemeinsamen konzeptionellen Arbeit an der Ausbildung. Dies betrifft z. B. die Curriculumentwicklung, Aufgabenstellungen an die Lernenden und das Prüfungswesen.

---

[75] Das Ausbildungsinstitut nimmt die Aufgabe wahr, übergeordnete Themen der Arbeitnehmerfortbildung anzubieten, z.B. Anleitung, anthroposophisch erweiterte Pflege, Bezugspflege, Gesprächsführung, Ethik in der Pflege. Fachliche Fortbildungen werden meist auf Stations- oder Abteilungsebene organisiert, z.B. Stomatherapie, Mobilisierungstechniken, Patientenbesprechungen.

■ Der pflegefachliche Bezug wird wahrgenommen in der kontinuierlichen Rezeption aktueller Fachliteratur, in der Diskussion fachlicher Fragen im Kollegium, in der Praxisanleitung, in der Beteiligung an Projekten und Aufgaben des Pflegebereichs in der Klinik. Dies betrifft z. B. folgende Themen: rhythmische Einreibungen, Pflegesubstanzen, Qualitätssicherung, Enterostomaberatung und Betreuung von Pflegeforschungsprojekten der Universität Witten/Herdecke im Gemeinschaftskrankenhaus.

Für die Durchführung der Ausbildung hat sich das Konzept der doppelten Kursführung bewährt: Zwei KollegInnen betreuen einen Kurs. Eine organisiert primär verantwortlich den theoretischen Teil, die andere den praktischen Teil der Ausbildung. Beide arbeiten als FachlehrerInnen in der theoretischen Ausbildung und leisten fachpraktischen Unterricht in der Praxis (Praxisanleitung). Die konkrete Verteilung der Aufgaben und Schwerpunkte wechselt von Team zu Team. Übergeordnete Aufgaben (z. B. Einsatzplanung, Koordinierung der Raumplanung, Hausmeisterei etc.) werden als Mandate wahrgenommen.

5.2 Theoretischer Teil der Ausbildung

Die Ausbildung ist in Schulblöcken und Praxiseinsätzen organisiert, die einander abwechseln. Zu Anfang der Ausbildung gibt es anschließend an den Einführungsblock fünf Unterrichtstage während des ersten klinischen Einsatzes. Der theoretische Teil gliedert sich in acht Unterrichtsblöcke zwischen fünf und sieben Wochen und einen dreiwöchigen Block vor dem mündlichen Examen am Ende der Ausbildung. Es werden ca. 3200 Stunden Praxis und 1950 Stunden theoretischer Unterricht angeboten. Dieser wird zu gut 50 Prozent vom Kollegium bestritten, daneben muß auch auf Gastdozenten zurückgegriffen werden.

5.2.1 Inhalte

Die Inhalte des Lehrplans orientieren sich an der Vorgabe durch die Ausbildungs- und Prüfungsverordnung im Krankenpflegegesetz. Die inhaltliche Erweiterung dieses Angebots bezieht sich auf folgende Schwerpunkte.

Anthropologie

Mit dem Schwerpunkt Anthropologie ist ein großes Feld umrissen, zu dem Modellvorstellungen der anthroposophischen Menschenkunde gehören. Themen sind u. a.: das Menschenbild, Gesundheit und Krankheit, die funktionelle Dreigliederung (zum Verständnis der Wirkungsweise anthroposophischer Pflege- und Heilmittel und -verfahren) und Lernprozesse. Es wird Wert darauf gelegt, daß diese Modellvorstellungen nicht als Lehrmeinung, sondern als Arbeitshypothesen behandelt werden, die es an der Beobachtung zu überprüfen gilt. Im Bereich der Berufskunde beschränkt sich der Unterricht nicht auf die Entwicklung der Pflege allein, sondern stellt den Zusammenhang zur Menschheitsgeschichte her. In der Pädagogik werden das Menschenbild und

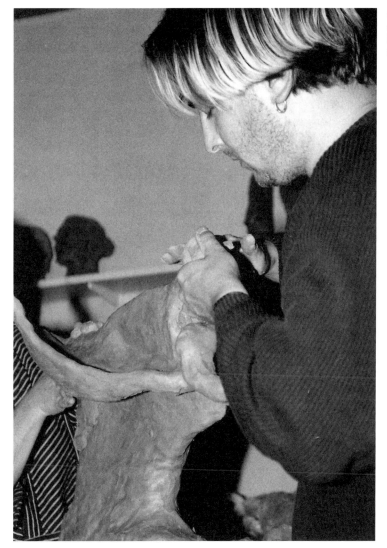

Abb. 5-1 Im Kurs „Anatomisches Plastizieren" entsteht ein Schulterblatt.

die Praxis des Lernens in verschiedenen Kulturepochen, z. B. in der Antike und im Idealismus, behandelt. Im dritten Ausbildungsjahr werden im künstlerischen Unterricht Knochen des Bewegungsapparates plastiziert, um Wachstumsgesetzmäßigkeiten daran zu erkennen (Abb. 5-1; s. a. Abb. 3-2). Vordringliches Ziel ist es in diesen und anderen Unterrichten, den Stoff in einen größeren Zusammenhang zu stellen. So wird das Verständnis erleichtert und Interesse geweckt.

Kunst

Im künstlerischen Unterricht geht es in erster Linie um die Schulung der ästhetischen Kompetenz im Schillerschen Sinn. Beim Malen kann beispielsweise nicht nur das Beobachtungsvermögen gesteigert werden; die Art, wie Farben sich mischen, wie sie miteinander kontrastieren, welche Empfindungen sie im Betrachter hervorrufen, schärft den Sinn für Qualitäten. Jemand schaut anschließend anders in ein Patientenzimmer, versteht möglicherweise, was es bedeutet, als bettlägeriger Mensch tage- oder sogar wochenlang auf die konturlose weiße Zimmerdecke schauen zu müssen.

In der Eurythmie[76] entwickeln sich rasch soziale Kompetenzen. Im Plastizieren wird der Widerstand erlebbar, den der Ton stellvertretend für die übrige Umwelt den eigenen Gestaltungsimpulsen entgegensetzt. Während im beruflichen und meist auch privaten Bereich die audiovisuellen Wahrnehmungen einseitig dominant im Vordergrund stehen, bieten die Künste die Möglichkeit, die Sinne in ihrer Ganzheit anzusprechen. Und sie bieten die Chance zur gestaltenden, schöpferischen Tätigkeit, die nicht in die Grenzen tatsächlicher oder scheinbarer Sachzwänge sich fügen muß. Läßt die Lernende sich auf diesen Prozeß ein, kann sie ein Gefühl der Befreiung erleben, denn es erschließen sich ihr Erlebnis- und Handlungserfahrungen, die auch für den Alltag Bedeutung erlangen. Andererseits erfordern die Künste aktives Tätigsein, das sich nicht wie von selbst durch die äußeren Anforderungen ergibt. Hier sind der persönliche Entschluß und die eigene Tat entscheidend. Auch das ist für viele eine neue Erfahrung, die zunächst einmal lähmen kann. Es wird ganz deutlich: Kunst ist Arbeit. Im Zusammenhang mit Bildung hat die Kunst eine besondere Aufgabe: Sie wird nicht um ihrer selbst willen[77] praktiziert, sondern sie wird zum Hilfsmittel des Lernens. Was zählt, ist der Prozeß. Das Produkt ist Nebensache.

---

[76] Eine Bewegungskunst, die auf Rudolf Steiner zurückgeht. Sie wird im Zusammenhang mit Sprache oder Musik ausgeübt, wobei diese durch den eigenen Körper zum Ausdruck gebracht werden sollen. Eurhythmie wird künstlerisch für die Bühne betrieben, aber auch als Therapie (Heileurhythmie). Mit Schülergruppen handelt es sich um eine Form der Eurhythmie, bei der das Schaffen einer gemeinsamen künstlerischen Gestalt im Vordergrund steht.

[77] Um etwas Ästhetisches zu schaffen, ein Kunstwerk herzustellen.

Während sich FortbildungsteilnehmerInnen in der Regel gern auf künstlerische Übungen einlassen, ist deren Wert jüngeren, in der Ausbildung stehenden Menschen, ungleich schwerer zu vermitteln. Über sein Erleben eines Seminars sagt ein Teilnehmer: *„Und das hat mich teilweise genervt, daß man da irgendwie Bildchen gemalt hat, und danach hat man sich über das Bildchen unterhalten, was man denn da so jetzt empfunden hat und wie man sich denn da erlebt hat [...].“*[78] In diesem Alter geben kognitive Inhalte und frontale Methoden der Vermittlung oft die größte Sicherheit, etwas gelernt zu haben. Die Künste haben damit zu kämpfen, *„daß man das Gefühl [hat], man läßt da unwahrscheinlich viel Zeit.“* Hilfreich ist, wenn ein direkter Nutzen erkannt werden kann: *„Das Portraitieren und [...] wir haben ja auch Pflanzen gezeichnet, einfach zu lernen, genau hinzugucken [...]. Also das fand ich schon so für die Beobachtung 'ne große Hilfe.“*

Erweiterte Pflege

Zu der durch Anthroposophie erweiterten Pflege gehören zahlreiche Maßnahmen mit therapeutischer[79] Qualität. Bei der **Körperpflege** gilt es, differenzierte Techniken zu erüben, die den Wärmeverlust minimieren und den Intimschutz gewährleisten. Auch stehen die Aspekte des Wohlbefindens und der Prophylaxe im Vordergrund.[80] So können bei geschickter Technik Fuß- und Handbäder im Bett angeboten werden, was für den pflegebedürftigen Menschen eine völlig andere Erfahrung ist, als das sonst übliche Befeuchten und Reiben der Haut mit einem nassen Waschlappen.[81] Zum Ausbildungsprogramm gehören weiterhin zahlreiche Stunden zum Erüben der **rhythmischen Einreibungen** und der **äußeren Anwendungen**. Immer steht auch hier die selbständige Urteils- und Handlungsfähigkeit im Vordergrund. Demonstrieren, Experimentieren und Ausprobieren können Methode sein; früh jedoch werden auch schon Kriterien erarbeitet, die es den SchülerInnen erlauben, sich selbst zu korrigieren.

---

[78] Die folgenden Zitate ohne Quellenangabe entstammen einem explorativen Gruppeninterview am Ausbildungsinstitut in Herdecke mit einem Kurs im dritten Ausbildungsjahr.

[79] Therapie wird hier in ihrer ursprünglichen Bedeutung als Einheit von Dienen, Behandeln und Pflegen verstanden, abgeleitet vom griechischen Ursprung „therapeía". Sie unterstützt die Heilung.

[80] Der Gesichtspunkt der Reinigung tritt bei einem bettlägrigen Menschen allemal in den Hintergrund.

[81] Damit eine derartige differenzierte Maßnahme innerhalb der Grenzen vorhandener zeitlicher Ressourcen gelingen kann, bedarf es 1) einer ausgefeilten Technik und 2) einer differenzierten Urteils- und Entscheidungsfähigkeit, denn die Pflegende muß entscheiden, was sie in dem ihr zur Verfügung stehenden Rahmen tun kann, und wann sie es tun kann. Im Rahmen einer Funktionspflege ist dieses Vorgehen ausgeschlossen.

Soziale Interaktion und Beziehungsfähigkeit

Gestaltung und Pflege von Beziehungen wurde in Kapitel 2.4 als ein zentrales Charakteristikum der Pflegeprofession beschrieben. Im Herdecker Ausbildungskonzept wird diese Dimension folgendermaßen aufgegriffen: Durch Übung einer gewissen Psychohygiene wird versucht, diese Art Team- und Beziehungsfähigkeit zu entwickeln. Das drückt sich darin aus, daß die jungen Menschen in die Verantwortung genommen werden für das, was sie tun oder unterlassen, und auch für das, was sie sprechen. Das betrifft z. B. den Umgang mit Konflikten. Als Elementarregel kann gelten: Es wird nach Möglichkeit nicht über, sondern mit Menschen gesprochen.[82] Gibt es z. B. Probleme mit einem Gastdozenten, wird der Kursleiter sich nicht anbieten, diese Probleme für den Kurs mit dem Dozenten zu lösen. Er wird ein gemeinsames Gespräch vorschlagen, in dem versucht werden kann, die Situation miteinander zu klären.

Eine andere Grundregel lautet: Einander wahrnehmen.[83] So können viele Mißverständnisse ausgeräumt oder gleich vermieden werden. **Einander wahrnehmen** und **miteinander reden** als elementare Techniken der sozialen Interaktion können auf vielfältige Weise geübt werden. Auswertungen von Stationseinsätzen, Rückblicke auf Unterrichte, Konflikte im Kurs oder zwischen einem Kurs und einem Kollegen oder Dozenten sind dankbare Gelegenheiten. Auch die Evaluation einer klinischen Anleitung (Einzelunterricht auf einer Station) im gemeinsamen Gespräch erfordert ein sehr einfühlsames und individuelles Vorgehen. Einerseits müssen Situationen angesprochen werden, an denen deutlich wurde, was noch zu üben ist, andererseits muß das so geschehen, daß die Schülerin auch den Mut bekommt, weiter zu üben. Im übrigen kann ein Schüler hier auch lernen, einen Anleiter zu kritisieren.

Eine besondere Übungsmöglichkeit liegt in den sogenannten **Kolloquien**, d. h. Kursgesprächen. Diese finden im Einführungsblock jede Woche und in den weiteren Blöcken alle zwei Wochen statt. Alles, was ein Kurs zu besprechen, regeln und organisieren hat, wird hier bearbeitet.[84] Zu Beginn dient das Kolloquium dazu, Regeln der sozialen Interaktion kennenzulernen und miteinander zu erüben.[85] Später kann die Gesprächsleitung in die Hände des Kurses übergehen. Einzige Bedingung ist, daß der Kurs mit der Zeit die Kom-

---

[82] Diese Regel muß nur unterbrochen werden, wenn seelische Verletzungen eingetreten sind, die eine gegenwärtige Konfrontation der Konfliktpartner unmöglich machen.

[83] Das bedeutet: Genau beobachten lernen, was wirklich gesagt oder getan worden ist, oder wie einer Situation in Wirklichkeit stattgefunden hat.

[84] Es gibt auch kursinterne Angelegenheiten, zu denen die Kursleiter hinausgebeten werden.

[85] Ich greife in diesem Zusammenhang auf Erfahrungen mit einer Technik zurück, die Lievegoed entwickelt hat (1986b). Es wären aber auch die Themenzentrierte Interaktion oder andere Verfahren möglich. Hauptsache ist, daß das Kolloquium eine Form bekommt, die ein produktives Bearbeiten der anstehenden Fragen ermöglicht.

Abb. 5-2 Einladung zur Präsentation der Jahresarbeiten

petenz entwickelt, für die anstehenden Themen und Probleme tragfähige Lösungen zu finden.

Jahresarbeit

Die Jahresarbeit bietet den SchülerInnen die Gelegenheit, im zweiten Ausbildungsjahr allein oder in einer kleinen Arbeitsgruppe ein Thema der eigenen

Wahl[86] vertiefend zu bearbeiten. Die Palette der Themen ist so breit, wie die Interessen vielfältig sind: Astronomie, platonische Körper, das Einstudieren einer dramatischen Rolle, spanischer Tanz, Volkstanz, Marionettentheater, die Inszenierung eines Theaterstücks, das Erlernen eines Instruments, Kalligraphie, Architektur, koreanisch Kochen und viele andere. In diesem Zusammenhang entstand auch eine einem Werk Barlachs nachempfundene Marmorplastik, die heute die Eingangshalle des Instituts schmückt. In der Regel besteht die Arbeit aus einem theoretischen und einem praktischen Teil. Ziel ist die Präsentation auf einer kleinen Veranstaltung, zu der auch Mitarbeiter und Freunde eingeladen werden können (Abb. 5-2).

Diese Aufgabe integriert einen Moment von Konzentration und Dauer in eine Ausbildung, die vor allem durch Vielfalt und raschen Wechsel gekennzeichnet ist. Sie fällt den SchülerInnen nicht leicht, denn sie sind hier weitgehend auf sich gestellt[87], müssen Ausdauer und Disziplin entwickeln. Sie müssen sich auf ein Thema festlegen, ihre Zeit organisieren, den Fortgang abschätzen, sich am Ende der Öffentlichkeit präsentieren. Der Wert für die berufliche Entwicklung liegt auf der Hand: Selbständigkeit, Handlungsfähigkeit, Organisationstalent und Mut, für das Eigene einzustehen, werden hier erübt. Der Umgang mit dieser Aufgabe ist aufgrund ihrer großen Offenheit selbstverständlich sehr unterschiedlich. Schlimmstenfalls wird sie als notwendiges Übel innerhalb weniger Wochen abgehandelt. Es geht aber auch anders: *„Ja, es kommt darauf an, inwieweit ich das nutzen will, oder auch nicht. Also, ich hab' auch erst gedacht, jetzt muß ich noch zusätzlich 'ne Jahresarbeit [machen]."* Doch schnell wird deutlich: *„daß für mich das unheimlich viel gebracht hat [...] weil ich mich echt dahinter [...] setzen mußte und [...] organisatorische [...] Dinge waren, und ich auch dafür [...] feste Termine hatte, also weil wir jetzt speziell schauspielern."* Diese Schülerin zieht das Resümee, daß *„[...] das für mich eigentlich in dem Jahr so das beste war, was ich hätte machen können."* Ein letztes Argument muß noch Erwähnung finden, um diese zusätzliche Aufgabe angemessen zu begründen. Ziel der Ausbildung ist, eine breite Basisqualifikation zu vermitteln. Dazu gehören jedoch nicht nur die Schlüsselkompetenzen (formaler Bildungsaspekt), sondern auch Kenntnisse aus nichtberuflichen Feldern im Sinn einer Allgemeinbildung (materialer Bildungsaspekt). Dies ist dasselbe Motiv, was Universitäten neuerdings ein Studium fundamentale in die akademische Ausbildung reintegrieren läßt.

---

[86] Pflege ist hier nicht das Thema. Zur Vertiefung der pflegerischen Kompetenz und insbesondere des Pflegeprozesses dienen zwei sogenannte Pflegeberichte, nach einem Jahr und nach zwei Jahren Ausbildung, die durch klinische Anleitung betreut und differenziert ausgewertet werden.
[87] Es besteht jedoch die Möglichkeit, einen Betreuer für diese Arbeit zu wählen.

5.2.2 Methoden

Das Kollegium bemüht sich um einen themenintegrativen Aufbau der Inhalte.[88] Im Sinn dieser Integration steht überdies jeder Block unter einem Motto. So heißt der erste: „Erste Begegnung mit Gruppe und Beruf". Dieser Block steht ganz unter dem Gesichtspunkt: Einführung in das Pflegehandwerk im therapeutischen Team. Es geht hier darum, einen Überblick über zentrale Aufgabenfelder und Themengebiete der Pflege zu geben. Auf diese Art soll gleichsam wie durch eine Landkarte ein Bild des Berufes entstehen. In den folgenden Blöcken werden dann einzelne Gebiete dieser Landkarte unter ein Vergrößerungsglas genommen und vertieft. Ein späterer Block hat das Motto „Identität finden". Hier stehen die Berufskunde und die Reflexion des Berufsbildes im Vordergrund. Ebenfalls ganz ernst gemeint ist das Motto des letzten Blocks: „Mut zur Lücke". Den SchülerInnen muß bis dahin deutlich geworden sein, daß ihre berufliche Handlungsfähigkeit, die schließlich im Examen geprüft werden soll, nicht davon abhängt, daß sie sich enzyklopädisches Wissen angeeignet haben, sondern daß sie die instrumentellen Fähigkeiten erworben haben, ihr Wissen effektiv zu organisieren und mit der Praxis in Verbindung zu bringen.

Die Ausbildung ist an Bildungszielen orientiert, die sich, gebrochen zu Schlüsselkompetenzen, zu Fähigkeiten konkretisieren, an denen es zu üben gilt. Im Vordergrund stehen ausgewogenes Urteil und individuell angemessenes Handeln. Das Konzept ist bemüht um Handlungsorientierung.[89] Diese läßt sich z. B. im Rahmen von Projektunterrichten verwirklichen, die sich vor allem im Fach Pflege anbieten.[90] Das Kollegium hält diese Methode noch längst nicht für ausgeschöpft. Aus einer mehrjährigen (und nicht abgeschlossenen) Curriculumarbeit hat sich ein Lehrplan herauskristallisiert, der eine sehr gute Orientierung bietet, ohne den einzelnen Kursleiter in seiner Gestaltungsautonomie zu beschränken.

Ein wichtiges Thema heißt „Prüfung und Benotung". Prüfungen im Sinn einer Bewährungsprobe bietet die berufliche Tätigkeit reichlich. Gelingt es

---

[88] Ein Beispiel: Im Einführungsblock (Block 1) erüben die SchülerInnen aneinander Teilwaschungen. Parallel dazu erhalten sie Unterricht über die Wahrnehmung der verschiedenen Hauttypen und die Möglichkeiten der Hautpflege mit speziellen Substanzen, und in der Anatomie/Physiologie wird die Haut mit ihren Anhangsgebilden behandelt.

[89] Im Sinn Meyers: *„Handlungsorientierter Unterricht ist ein ganzheitlicher und schüleraktiver Unterricht, in dem die zwischen dem Lehrer und den Schülern vereinbarten Handlungsprodukte die Organisation des Unterrichtsprozesses leiten, so daß Kopf- und Handarbeit der Schüler in ein ausgewogenes Verhältnis zueinander gebracht werden können."* (Meyer 1994, S. 402)

[90] Projektaufgaben können sein: Erstellung eines Heilpflanzenkompendiums; Handbuch zur pflegerischen Betreuung bei Inkontinenz; Handbuch über pflegerische Hilfe bei Schmerzen; kleine „Forschungsprojekte" zu pflegerischen Themen. Entscheidend ist, daß die Themen den Weg in die Praxis bahnen (Expertengespräche, Interviews, Beobachtungen und Befragungen) und daß ein gemeinsames Produkt entsteht (Präsentation, Informationsveranstaltung, Handbuch, Kompendium), in welchem sich der Gestaltungsaspekt verwirklicht.

dem Betroffenen, eine Situation zu reflektieren, wird er oft persönlichen Gewinn daraus ziehen, selbst wenn er vielleicht zunächst das Gefühl hatte, versagt zu haben. Prüfungen haben also durchaus eine positive, produktive Seite. Auch institutionalisierte Prüfungen haben grundsätzlich diesen Aspekt. Sie erlauben dem Geprüften eine Einschätzung seiner Leistungen und Fähigkeiten. Benotung stellt zusätzlich Vergleichbarkeit zu den MitschülerInnen oder KurskollegInnen her.

Andererseits stellt gerade die Benotung ein sehr wirksames Mittel der Disziplinierung dar. Hier liegt die Gefahr des Mißbrauchs. In der Erwachsenenbildung[91] geht es darum, daß der Lernende aus eigener Initiative aktiv wird. Diesen Willen zu selbständigem Lernen zu stützen ist maßgebliche Aufgabe des Erwachsenenbildners. Prüfungen und Noten können in diesem Zusammenhang nur den einen Sinn haben, nämlich den Lernenden eine Einschätzung ihres Lernstandes zu geben. Diese Einschätzung zu bewerten ist nicht Aufgabe des Lehrers in der Erwachsenenbildung! Der Kursteilnehmer muß lernen, sich selbst realistisch zu beurteilen. Eine solche Einschätzung läßt sich in der Regel auch nicht in Noten fassen.[92] Der Ausbilder wird sich eher auf schriftliche oder mündliche Berichte stützen. Er kann seinen Verzicht auf Disziplinierung durch Noten deutlich machen, indem er die Entscheidung darüber, ob eine Klausur geschrieben werden und ob und wie sie bewertet werden soll, den SchülerInnen überläßt. Ich halte Klausuren (zumindest in Theoriefächern) durchaus für sinnvoll, habe jedoch gute Erfahrungen mit der Praxis gemacht, Klausuren als Angebot an einen Kurs und nicht als Pflicht zu handhaben.[93]

„Man kriegt viel zu selten Bestätigung, daß man's richtig oder falsch macht, so wie man lernt." Das kann natürlich ein negativer Effekt eines eher zurückhaltenden Umgangs mit benoteten Klausuren sein. Das selbstbestimmte Erwachsenenlernen ist eben keine Selbstverständlichkeit in der Ausbildung: *„Mir hätte es sicher auch gut getan, zwischendurch mehr, ich sag mal Druck durch Noten [...] zu haben. [...] ich brauch' einfach ein bißchen Druck, und wenn ich den nicht hab', dann tue ich nicht so viel."* Das kann keinesfalls wundern, da die Inhalte der Ausbildung noch allzu wenig sinnvoll vernetzt und teilweise nur mäßig relevant sind. Das ist eine enorme Motivations-

---

[91] In der Ausbildung ist das für viele Bildung zum Erwachsenwerden.

[92] Beispiel: Ein Schüler hat eine schlechte Anatomieklausur geschrieben. Die Ursache ist: Er hat sich viel zu gründlich mit einer Frage beschäftigt und dafür für die anderen kaum noch Zeit gehabt. Das ist eine völlig andere Situation, als bei einem anderen Schüler, dessen schlechtes Ergebnis auf sehr oberflächliche Beantwortung der Fragen zurückzuführen ist.

[93] Die Erfahrung zeigt, daß sich die Kurse meist für die Klausur und für die Benotung ausgesprochen haben. Diese Tatsache kann allerdings nicht verwundern, denn am Ende der Ausbildung steht eine Prüfung, die für alle verbindlich ist. Klausuren und mündliche Prüfungen werden daher zum Teil bewußt als Übungen für die Vorbereitung auf das Examen angesehen. Für viele stellen die Prüfungen auch eine Lernhilfe dar. Die Doppelbelastung durch Berufstätigkeit und Lernen für diesen (anspruchsvollen) Beruf bringt viele an die Grenzen der Belastbarkeit (und darüber hinaus). Es werden dann künstliche Motivationshilfen im Sinn von Prüfungsdruck in Kauf genommen.

bremse. Der Grund liegt nur zum Teil in den Vorgaben durch die Ausbildungs-
und Prüfungsverordnung. Auch in Herdecke sind viele Möglichkeiten, die das
Gesetz trotz allem bietet, noch nicht ausgeschöpft. Der zeitliche Aufwand für
curriculare Arbeit erschöpft die Ressourcen eines kleinen Kollegiums allzu
rasch.

Ein weiterer wesentlicher Aspekt heißt: Praxis vor Theorie. Besucher staunen oft über die Größe des Demonstrationsraums im Herdecker Ausbildungsinstitut, bietet dieser doch neun Betten und einer Badewanne reichlich Raum.
Der Hintergrund dafür ist, daß Pflegetechniken wie auch diagnostische und
therapeutische Eingriffe erst aneinander geübt werden, bevor SchülerInnen
damit in die Praxis gehen. So entsteht ein Rahmen zum Experimentieren,
wie es in der klinischen Praxis ethisch nicht vertretbar wäre. Der Gewinn an
Erfahrung ist unschätzbar, denn während PatientInnen in der Regel Schüler-
Innen gegenüber mit einiger wohlwollender Nachsicht vieles in Kauf nehmen,
haben MitschülerInnen keine Scheu, ihre Erfahrungen zu artikulieren. Sehr
schnell wird z. B. auf diesem Weg verstanden, daß weniger der Vorgang an
sich, sondern vielmehr das Zögern beim Durchführen eine Injektion zur Qual
machen kann. Auch weniger invasive Maßnahmen bieten reichlich Anlaß
zum Lernen. Bei der Körperpflege, dem Mobilisieren, dem Lagern, der rhythmischen Einreibung lernt jede und jeder recht gut ihre und seine persönliche
Grenze kennen. Ein Gespür für Nähe und Distanz wird ganz praktisch erfahren und erübt. Auch erfährt hier jeder ganz praktisch, wie rasch ein Bein aus-
kühlt, wenn beim Waschen nur unzureichender Wärmeschutz gewährleistet
wird. Hier wird unmittelbar erlebbar, daß Pflege bis ins Handwerkliche Kunst
sein kann – und daß sehr viel Übung nötig ist, bis aus einer morgendlichen
Körperpflege eine erfrischende und zügige Maßnahme werden kann, auf die
ein Patient sich freut.

Bezüglich des Legens einer Magensonde sagte eine Schülerin: *„[...] also das
hat mir die meiste Sicherheit gegeben, daß wir uns beiden gegenseitig 'ne
Magensonde gelegt haben. [...] ja, weil es dann nicht mehr nur rein theoretisch war und irgendwas Schreckliches, was ich [...] dem anderen zufügen
muß, sondern ich hatte auch so'n bißchen schon so'n eigenes Erleben, was
ich daran anknüpfen konnte, und das hat mir unheimlich geholfen, und ich
mach'das mittlerweile sogar sehr gerne. [lacht]"*

Jedoch auch ganz unerwartete Lerneffekte stellen sich ein. Bezüglich eines
Unterrichts zum Essenreichen sagt ein Schüler: *„[...] da ging's [...] um den
Umgang mit dem bettlägrigen Patienten, wo wir also vorher in der Theorie
besprochen haben, wie wichtig es doch sei, daß man zum Beispiel auf [...]
Augenhöhe mit dem Patienten kommuniziert, oder, wie [...] wesentlich es
doch ist, daß der [...] Patient [...] wenigstens [...] seine [...] Privatsphäre Bett,
[...] daß da wenigstens noch 'ne Grenze für ihn besteht."* Im Verlauf des Un-

terrichts lag dieser Schüler schließlich auch einmal selbst im Bett, so daß er „[...] das echt selbst erleben konnte, [...] wie es dann ist, wenn sich jetzt jemand in mein Bett, sich auf'n Bettrand setzt [...] Wenn ich heute in 'nen Patientenzimmer gehe, gegenüber meiner Zeit damals als Praktikant, muß ich sagen, das ist jetzt professionell, daß ich das jetzt nicht [...] mehr mache [...]."

Abb. 5-3 Auch ein paar Stunden Gartenpflege gehören zur Ausbildung. Die Heilpflanzen wachsen schließlich nicht in der Apotheke.

An dieser Stelle soll nicht verhehlt werden, daß dieses Angebot zum Üben auch seine heikle Seite hat. Für mich wurde ein Unterricht zum Legen einer Magensonde zur Prüfung. Diese Stunde verhalf mir zu dem erleichternden Erlebnis, in meinem Leben schon wesentlich gravierendere Dinge erlitten zu haben, als eine Sonde im Nasen-Rachen-Raum. Wer Raum zum Üben schafft, muß auch selbst zum Experimentieren bereit sein. Ob ich so eine Sonde wirklich würde schlucken können, war mir vor dieser Stunde jedenfalls sehr ungewiß. Dieses Beispiel hebt nur eine Tatsache hervor, die für alle Unterrichte gilt – professionell LehrerIn sein heißt in erster Linie: authentisch sein. Nicht ein alles-vormachen-könnender Experte ist gefordert, sondern ein offener, selbst lernbereiter und mit fachlichem Vorsprung ausgestatteter Lernbegleiter. Mit perfekten (Multi-media-)Unterrichtsshows läßt sich zwar Eindruck machen, der persönliche Lernwille entsteht jedoch erst in einer Atmosphäre des offenen Experimentierens und Fehler-machen-Dürfens.

5.2.3   Das helfende Gespräch – Ein Seminarbeispiel

Selbstverständlich unterliegt auch die Ausbildung am Herdecker Institut der Ausbildungs- und Prüfungsverordnung für die Berufe in der Krankenpflege. Hier wie anderenorts erleben die SchülerInnen bisweilen auch Unterrichtstage, an denen sich relativ zusammenhanglos eine Stunde an die andere reiht. Wie eingangs gezeigt, befindet sich der Lehrplan jedoch in einem dynamischen Entwicklungsprozeß. Ein wesentliches Ziel in diesem Prozeß ist die Integration der Fächer und Inhalte (zunächst) der theoretischen Ausbildung, orientiert an beruflichen Handlungsfeldern. Auf der Grundlage dieses Motivs sind zahlreiche Seminare entstanden, in denen ein bestimmter Aspekt beruflichen Erlebens und Handelns in den Mittelpunkt gestellt wird. Es gibt z. B. Seminare zu Diabetes- und AIDS-Kranken. Altwerden und Altsein sind ebenso Themen wie Mannsein, Frausein und die Pflege des Rückenmarkverletzten. Es gibt Seminare zu Sterben und Tod, zu den Themen „Biographik", „Moralisches Handeln in der Pflege" und nicht zuletzt das Anleiteseminar, in dem sich auch die Lebens- und Lernprozesse wiederfinden. Zahlreiche dieser Seminare werden für gemischte Gruppen aus Aus- und FortbildungsteilnehmerInnen abgehalten. So ist auch das Seminar „Das helfende Gespräch" als Versuch zu werten, Inhalte aus Pädagogik, Psychologie und Pflege themenzentriert zu verknüpfen. Es soll stellvetend für bereits entstandene und noch entstehende Seminare an dieser Stelle beschrieben werden.

„Was ist herrlicher als Gold, fragte der König.
„Das Licht", antwortete die Schlange.
„Was ist erquicklicher als Licht?" fragte jener.
„Das Gespräch", antwortete diese." [94]

Die Entwicklung der Pflege – zumindest in den stationären Institutionen – ist gekennzeichnet durch eine immer raschere Beschleunigung aller Prozesse und Arbeitsabläufe im beruflichen Alltag. Beispielsweise stehen die LehrerInnen vor der paradoxen Situation, daß SchülerInnen in Kliniken kaum noch Gelegenheit haben, Krankheits- und Heilungsverläufe beobachten zu können. Allzu rasch verlassen PatientInnen das Krankenhaus. Dieser durchaus positiven Entwicklung steht gegenüber, daß Diagnostik, Therapie und pflegerische Versorgung und Begleitung auf wenige Tage komprimiert werden. Wo soll da noch Zeit für ein Gespräch sein? Zeit ist ein subjektives, relatives Phänomen. Wer kennt nicht die Probleme, die eine hastige, womöglich flüchtige Kommunikation machen kann! Nicht selten hätte es gereicht, einem Bewohner oder Patienten einmal richtig zuzuhören, ihn zu Wort kommen zu lassen, um nicht immer wieder an sein Bett gerufen werden zu müssen. So kann es sehr viel Zeit kosten, sich nicht die Zeit genommen zu haben. Auch wenn wir an unsystematisch und unkonzentriert geführte Pflegeübergaben denken, kann deutlich werden, wieviel Zeit durch eine unprofessionelle Gesprächskultur täglich vergeudet wird. Gewiß ist Zeit ein Aspekt des helfenden Gesprächs. Aus gutem Grund soll es in diesem Seminar jedoch um den Aspekt der Qualität gehen. Wer gelernt hat, einem Menschen zuzuhören, kann auch einmal sagen: „Ich habe gerade keine Zeit für Sie, komme aber bestimmt darauf zurück." Der zunehmende Mangel an Zeit spricht also gerade nicht gegen, sondern für das Erüben einer Gesprächskompetenz, die – wie alle echte Profession – das Prädikat „Kunst" verdient. Das in diesem Seminar erübte Niveau an Gesprächsführungskompetenz muß allerdings mit allem Nachdruck vom therapeutischen Gespräch abgegrenzt werden. Letzteres gehört in die Hände von Psychotherapeuten und anderen Fachleuten, die gezielt dafür ausgebildet wurden. Der Helfer muß also auch erkennen können, wo die Grenze seiner Möglichkeiten liegt.

Organisation und Struktur

In dem Seminar „Das helfende Gespräch" steht der Handlungsaspekt im Vordergrund. Es wird nur so viel Theorie angeboten, wie in den Übungen auch bearbeitet werden kann. Die Wahrnehmungs- und Gesprächsübungen stehen

---

[94] Das Märchen von der Lilie und der Schlange (Goethe, 1985, S. 16)

mit den künstlerischen Übungen und den Vorträgen im Zusammenhang. Geht es beispielsweise im Tagesvortrag um die Begegnung, kann im Gesang erlebt werden, wie die Qualität des Chorsingens sich ändert, wenn jede einzelne Teilnehmerin bewußt auf die anderen hört. Und beim Plastizieren kann erfahren werden, daß das Gegenüber – hier das Medium Ton – auch Widerstand leistet, der das eigene Handeln beeinflußt. Daß dieses künstlerische Handeln nicht banal ist, wird jedem, der sich darauf einläßt, spätestens in den Gesprächsübungen deutlich: Wer zu wenig auf den anderen hört, sich zu wenig von ihm beeindrucken läßt, wird rasch mit Ratschlägen zur Hand sein, nur um in der Auswertung erkennen zu müssen, daß sein Gesprächspartner damit nichts anfangen konnte. Wer sich andererseits zu sehr beeindrucken läßt, verliert die nötige Distanz und gleitet in Solidarisierung und Mitleid mit der bzw. dem Hilfesuchenden ab. Im Plenum schließlich werden diese Ereignisse und Gedanken explizit noch einmal gesammelt, ggf. auch visualisiert, damit aus Erlebnissen Erfahrungen werden können. Das Seminar wird nach jeder Durchführung reflektiert. Bevor es erneut angeboten wird, wird es unter Anwendung der Erfahrungen vom letzten Mal neu geplant. Derzeit hat es den in Tabelle 5-1 wiedergegebenen Aufbau.

Tab. 5-1 Seminar „Das helfende Gespräch", Programm

Zeit	Montag		Dienstag		Mittwoch		Donnerstag		Freitag
8:00 8:30	Musizieren	8:00 8:30	Musizieren	8:00 8:30	Musizieren	8:00 8:30	Musizieren	8:00 8:30	Musizieren
8:40 9:40	Referat Begegnung	8:40 9:40	Referat Helfen	8:40 9:40	Referat Phasen des helfenden Gesprächs	8:40 9:40	Referat Die 7 Stile	8:40 10:40	Übung
9:40 10:00	Pause	9:40 10:00	Pause	9:40 10:00	Pause	9:40 10:00	Pause	10:40 11:00	Pause
10:00 12:00	Übung	10:00 12:00	Übung	10:00 12:00	Übung	10:00 12:00	Übung	11:00 12:15	Plastizieren
12:00 13.30	Mittagspause	12:00 13:30	Mittagspause	12:00 13:30	Mittagspause	12:00 13:30	Mittagspause	12:15 13:30	Mittagspause
13:30 14:45	Plastizieren	13:30 14:45	Plastizieren	13:30 14:45	Plastizieren	13:30 14:45	Plastizieren	13:30 14:45	Plenum und Abschluß
14:45 15:00	Pause	14:45 15:00	Pause	14:45 15:00	Pause	14:45 15:00	Pause		
15:00 16:00	Übung	15:00 16:00	Übung	15:00 16:00	Übung	15:00 16:00	Übung		
16:00 16:15	Plenum	16:00 16:15	Plenum	16:00 16:15	Plenum	16:00 16:15	Plenum		

Eine Besonderheit auch dieses Seminars besteht in der Zusammensetzung des Teilnehmerkreises. Neben den SchülerInnen eines Krankenpflegekurses im dritten Ausbildungsjahr nehmen auch examinierte MitarbeiterInnen teil. Ausbildung und betriebliche Fortbildung sind an dieser Stelle sehr fruchtbar verknüpft. Der wesentliche Gewinn für dieses Seminar besteht wohl in der Tatsache, daß MitarbeiterInnen aufgrund ihrer Berufserfahrung und ihres Lebensalters oft sehr praxisrelevante und erlebte Beispiele in die Gesprächsübungen einbringen. Auch ist die Bedeutung der Gesprächsführung den in der Verantwortung stehenden PraktikerInnen unmittelbar bewußt, so daß sie den angebotenen Übungsraum sofort initiativ ergreifen. Diskussionen über den Sinn eines solchen Seminars oder seiner Methoden relativieren sich auf diese Weise sehr rasch und machen einer konstruktiven Kritik Platz. Für die TeilnehmerInnen und das Dozenten-Team entsteht so eine sehr lebendige und experimentierfreudige Atmosphäre.

Inhalte

Gesprächsübungen. In den Gesprächsübungen werden die TeilnehmerInnen auf mehrere Gruppen verteilt, so daß fünf bis maximal sieben TeilnehmerInnen – jeweils durch eine Dozentin begleitet – eine Gruppe bilden. SchülerInnen und examinierte Pflegende werden anteilig auf die Gruppen aufgeteilt. Die Gruppen bleiben konstant, da ein gewisses, während der Woche wachsendes Vertrauen der TeilnehmerInnen zueinander und zu der Dozentin eine wichtige Basis für die Gespräche darstellt. Bei allen Ereignissen, die zum Gegenstand der Gespräche werden, handelt es sich um echte, nicht konstruierte Begebenheiten. Je eine Teilnehmerin stellt so eine Begebenheit zur Verfügung, erzählt sie möglichst konkret und sucht sich ggf. eine „Helferin" als Gesprächspartnerin. Zumindest zunächst sollten keine sehr konfliktträchtigen oder problematischen Ereignisse gewählt werden. Jedes Ereignis ist recht, wenn der Erzähler noch eine Frage daran hat.

Ein Beispiel: Jemand erzählt, wie er einen durch ihn nicht verschuldeten Unfall hatte und wie ihn das noch immer ärgert. Mit großem Zorn berichtet er über den unfallflüchtigen Verursacher des Schadens. Es ist überaus spannend zu erleben, wie ergiebig so ein Thema sein kann, wenn man es in der Gruppe systematisch bearbeitet. In diesem Fall wurde deutlich, daß der Erzähler sich am meisten über sich selbst geärgert hat, der er sich nicht korrekt an das deutlich erkannte Kennzeichen des flüchtigen Fahrzeugs erinnern konnte. Dieser Umstand vertrug sich schlecht mit seinem Selbstbild, auch kritische Situationen im Griff zu haben.

Zunächst bekommen die GruppenteilnehmerInnen unterschiedliche Beobachtungsaufgaben für die Erzählsituation. Einige richten ihr Augenmerk ganz gezielt auf die gedankliche Struktur der Erzählung. Andere beobachten, welche Gefühle zum Ausdruck kommen, und die übrigen richten ihre Aufmerksamkeit auf die Willensäußerungen, die Motive also, welche in der Erzählung spürbar werden. Nach einer Bedenkzeit schildern alle Beobachter ihre Wahrnehmungen. Als letzter hat der Erzähler das Wort. Er meldet zurück, inwieweit er sich in den Beobachtungen wiederfindet. Mache Aspekte wird er eher als konstruiert erlebt haben, andere jedoch haben ihm möglicherweise ein neues Verständnis eröffnet. Weiter geht diese erste Übung nicht! Keinesfalls geht es darum, den Erzähler zu analysieren oder seine Äußerungen psychologisch zu deuten. Darüber wacht der begleitende Dozent. Vielmehr gibt diese Übung den BeobachterInnen Gelegenheit, ihre Beobachtung anhand konkreter Kriterien durch Überprüfung an der Wirklichkeit zu schulen.

Erst im Lauf der Seminarwoche werden die Ereignisse existentieller. Der Erzähler sucht sich einen Helfer in der Gruppe, der immer konkretere methodische Hilfen für seine Rolle bekommt. Gegen Ende wird die Gruppe selbständig und entscheidet selbst, welche konkreten Aspekte aus den Vorträgen in die Übungen eingebaut werden sollen. Die wichtigsten Aufgaben und Qualitäten des Dozenten, der die Gruppe begleitet, heißen: authentisch sein, Wertungen vermeiden und darüber wachen, daß die Situation nicht unversehens in ein therapeutisches Gespräch abgleitet. Zu diesem Zweck schult sich das Dozenten-Team je nach Bedarf vor einem solchen Seminar selbst, indem dieselben Übungen miteinander praktiziert werden, die dann in den Gruppen begleitet werden. Den Mut für diese Gruppenbegleitung schöpfen die DozentInnen nicht zuletzt aus den Rückmeldungen: Das Seminar sei eine *„gemeinsame Lernwerkstatt mit viel Herz"* und *„jeder kann es"!*

Künstlerische Übungen. Beim Führen eines helfenden Gesprächs handelt es sich um eine Kunst. Es ist das Ziel der künstlerischen Übungen, diesen Zusammenhang in einem anderen Medium erlebbar zu machen. Hilfreich wird ein Gespräch nicht durch das Abarbeiten eines Gesprächsleitfadens. Andererseits bedarf es jedoch einer Struktur. Auch können dem Helfer gewisse Gesprächstechniken durchaus hilfreich werden. Seine Aufgabe besteht jedoch darin, die formalen Aspekte des Gesprächs, d. h. Struktur und Technik, spielerisch den Erfordernissen anzupassen, die eine konkrete Gesprächssituation stellt. Ein Gespräch wird eben gestaltet und nicht konstruiert. Das Singen am Morgen schafft zunächst einmal einen anregenden Tagesbeginn. Im Erarbeiten von Kanons und mehrstimmigen Liedern wird hier spielerisch Musik gestaltet. Die Freude am Singen steht im Vordergrund. Die Melodie trägt das gemeinsame Handeln. Im Lauf der Woche individualisiert sich der Beitrag des einzelnen zunehmend. Gegebenenfalls werden Instrumente wie Klangstab und Gong eingesetzt. So kann sich gegen Ende der Woche aus dieser morgendlichen Übung eine freie musikalische Improvisation entwickeln. Die Ästhetik dieser spontanen Komposition ist völlig davon abhängig, wie sehr die TeilnehmerInnen gelernt haben und bereit sind, aufeinander zu hören und miteinander zu spielen. Eine Teilnehmerin faßt ihre Erfahrungen zusammen: *„Mein erstes Erlebnis von Musik, Raum und Klang."* Weitere Eindrücke waren: *„Sehr belebend"; „Klänge öffnen"; „Interesse geweckt, sich auf etwas neues einzulassen".* Jedoch auch Wut und Enttäuschung wurden geäußert. Künstlerisches Üben ist durchaus nicht einfach nur schön. Es werden auch Emotionen geweckt.

Sehr viel mehr Willensenergie erfordert das Plastizieren mit Ton. Zunächst gilt es, in Einzelarbeit eine Kugel zu formen. Auch die Kugel wird gestaltet und nicht mit Hilfe technischer Tricks, z. B. durch Rollen, hergestellt. Sobald die Kugel den seinem Schöpfer angemessenen Grad an Perfektion erreicht hat, soll sie eine Veränderung erfahren. Ein beliebiger Impuls wird jetzt gesetzt, der der ehemaligen Kugel eine individuelle Gestalt verleiht. Von jetzt an ist die Übung dialogisch: Die umgestaltete Kugel wird abgegeben an einen Partner; dessen Plastik wird übernommen. Der Teilnehmer steht jetzt vor dem Problem, irgendetwas mit dem unfertigen Objekt seines Partners anfangen zu müssen. Nimmt er die Übung ernst, wird er versuchen, dessen Gestaltungsimpuls irgendwie aufzugreifen und weiterzuführen. Nach einer Weile wird wieder gewechselt. Die Parallele zum helfenden Gespräch liegt auf der Hand. Denn auch hier ist der Helfer nicht der „Macher", und der Hilfesuchende ist nicht der passiv Empfangende. Beide sind an der Entwicklung des Gesprächs beteiligt, stellen sich aufeinander ein, leisten einander Widerstand, greifen Impulse voneinder auf. Das „Gesprächsprodukt" ist immer eine Gemeinschaftsarbeit. Gegen Ende der Woche verwandelt sich dieses dialogische Prinzip noch einmal. Die Plastiken wechseln nicht mehr ihre Bearbeiter, treten jedoch in einen Dialog miteinander. Die TeilnehmerInnen orientieren sich jetzt an dem Objekt ihres Partners, stellen plastizierend eine Beziehung her zwischen ihrem Objekt und seinem Gegenüber. Am Ende dieser Übung werden jeweils in einer kurzen Reflexionsrunde die Erfahrungen ausgetauscht. Einzelne „Blitzlichter" können auch während des Plastizierens an eine Tafel geschrieben werden. Auch diese werden reflektiert.

TeilnehmerInnen finden es durchaus *„erholsam, etwas ohne Kopf zu tun"* oder staunen, *„etwas anders tun zu können, wenn der Kopf mal ausgeschaltet werden kann."* Auch hier gilt: *„Gefühle gingen rauf und runter."*

Es soll keineswegs verhehlt werden, daß künstlerische Unterrichte – wie alle nicht kognitiven Angebote – sehr leicht Widerstand hervorrufen können. Folgende Gründe scheinen dafür verantwortlich zu sein:

■ Intellektuell-kongnitiven Fähigkeiten wird in den westlichen Industrienationen und allen Ländern, die sich an deren Standards orientieren, ein sehr hoher Wert beigemessen. Die öffentlichen Schulen sind ein Spiegel dieser Kultur. Junge Menschen in der Ausbildung haben von daher sehr viel Vertrauen in alles, was sich rational begründen läßt. Weitgehend unsicher und ungeschult sind sie jedoch in Bezug auf das Interpretieren ihrer Gefühle und das Erkennen ihrer persönlichen Motive. Die ästhetische Dimension des Lernens liegt in der öffentlichen Schule weitgehend brach. In der Folge können viele junge Menschen Kunst als Übung überhaupt nicht ernst nehmen. Sehr viel einfacher ist die Situation mit lebenserfahrenen KollegInnen in der Fortbildung.

■ Kunst ist für die KursteilnehmerInnen Arbeit und für den Künstler ein anspruchsvolles Handwerk. Es erfordert ein erhebliches Maß an Erfahrung und Wachsamkeit, den Drahtseilakt zu schaffen zwischen künstlerischer Übung als willkürlicher Gaudi und künstlerischer Übung als Weg, ein Kunstwerk zu schaffen. Das Ziel liegt in der Mitte: Weder der Spaß am Üben, noch die Freude über das Produkt rechtfertigen allein die künstlerische Übung. Vielmehr soll die Kunst im Unterricht Mittel zur Beförderung des Lernprozesses sein. Das muß für die TeilnehmerInnen erlebbar werden, wenn sie dieses Medium ernstnehmen sollen.

Tages- und Wochenrückblicke (Plenum). Der Wert des Reflektierens wird für das Lernen allzu leicht unterschätzt. Lerninhalte müssen erlebt, verdaut und idividualisiert werden, damit aus ihnen Fertigkeiten und Fähigkeiten werden können. Aha-Erlebnisse, die sich im Üben einstellen sind oft ebenso beglückend wie flüchtig. Der systematische Rückblick verleiht den neuen Erfahrungen die nötige Dauer, damit weiter mit ihnen gearbeitet werden kann. Gern wird dieser Rückblick mit dem gesamten Kurs auch als Ernte bezeichnet. Immerhin macht er allen KursteilnehmerInnen bewußt, welche individuellen Schritte getan worden sind.

Vorträge. In den Vorträgen werden einige grundlegende Aspekte der Gesprächsführung entwickelt. Da die TeilnehmerInnen parallel dazu auch schon mit den Übungen beginnen, treffen die Inhalte auf ganz frische Erfahrungen und können gut nachvollzogen werden. Andererseits folgt so auf den theoretischen „Input" unmittelbar die Anwendung. Die Themen der Vorträge sind variabel und hängen maßgeblich von den Kompetenzen der jeweiligen Kursbegleiter ab. Seit zwei Jahren werden die Themen „Begegnung", „Helfen", „Phasen des helfenden Gesprächs" und „Die 7 Stile" angeboten. Um einen Eindruck zu vermitteln, worum es dabei geht, fasse ich einige Aspekte meines letzten Vortrags, „Die 7 Stile", zusammen. Es handelt sich dabei um meinen theoretischen Anteil zu diesem Seminar.

Die 7 Stile. Im mehr oder weniger angespannten beruflichen Alltag stellt ein helfendes Gespräch immer eine Ausnahmesituation dar. Allzu rasch lassen wir uns verleiten, schnell einen Rat zu geben oder von uns zu erzählen, die wir glauben, das Problem des Hilfesuchenden selbst schon einmal gehabt zu haben. Ein helfendes Gespräch wird jedoch auf diese Weise abgebrochen, ehe es begonnen hat. Der Hilfesuchende braucht – zumindest zunächst – keinen Rat, sondern einen aufmerksamen Zuhörer, der ihm hilft, seine Gedanken und Gefühle zu sortieren. Sich zurücknehmen und mit Achtung, Interesse und Empathie aktiv zuhören können ist die eigentliche Aufgabe des Helfers. Denn nur so kommt er in die Lage, den anderen nicht nur da zu verstehen, wo sein eigener Erfahrungshintergrund berührt wird. Ein helfendes Gespräch führen heißt vielmehr: den anderen in seinem Anderssein verstehen wollen. Nicht erst seit Schulz von Thun (1996) wissen wir, daß eine Nachricht viele Botschaften enthält und es hilfreich ist zu wissen „auf welchem Ohr" jemand gerade hört. Denn jeder von uns ist seelisch ein bißchen anders gestimmt. Diese Gestimmtheit wird in der Tiefenpsychologie als Mischung sogenannter Partialtriebe beschrieben. Die Libido – die den Menschen antreibende allgemeine Lebenskraft – wird bei jedem Individuum gebrochen in seine Partialtriebe, wie das Prisma das Sonnenlicht in seine Spektralfarben bricht. Bei den 7 Stilen handelt es sich um eine solche modellhafte Vorstellung von sieben seelischen Gestimmtheiten, die bei jedem Menschen in einer anderen Mischung vorliegen. Die Art, wie jeder Mensch die Welt wahrnimmt und auf sie reagiert wird so individuell akzentuiert. Dazu gehören bestimmte Vorlieben und Bestrebungen, Bedürfnisse und Motive, eine bestimmte Art zu sprechen und sich zu bewegen, die Gestik eines Menschen und seine Mimik, kurz: die gesamte individuelle Palette an seelischer Empfindungsfähigkeit und seelischem Ausdrucksvermögen. Da gibt es beispielsweise den mehr merkurialen Typ, der rasch Zusammenhänge erkennt, ein bewegliches Denken besitzt, Ereignisse oder Fakten schnell modellhaft zusammenfaßt und voller Ideen ist. Seine Stärke sind sein Humor und seine spielerische Leichtigkeit. Erzählt ihm jemand tief deprimiert, „Du, ich habe mein Auto total zu Schrott gefahren", fragt er vielleicht zurück: „Was ist denn heil geblieben?" Der mehr marshaft konstituierte Mensch würde in diesem Fall voller Aktionsdrang überlegen, welches Auto denn jetzt angeschafft werden sollte und wie man einen soliden Finanzierungsplan auf die Beine stellt. Die Vergangenheit bedeutet ihm nichts. Das Zerstörte macht (endlich) Platz für etwas neues. Die 7 Stile als Archetypen seelischer Gestimmtheit stellen also ein Modell einer psychologischen Konstitutionslehre dar. Ihr Ursprung liegt in der seriösen Astrologie, wie sie der Psychoanalytiker Fritz Riemann (1996) sehr überzeugend vertritt. Der Wert einer Kenntnis der 7 Stile liegt auf der Hand. Ein Helfer ist so besser in der Lage, sich auf die „Stimmung" eines anderen einzustellen, ihn ernstzunehmen wie er ist.

Auf der anderen Seite lernt er sehr viel über sich. Sich zum Helfer in Krisensituationen qualifizieren zu wollen, erfordert nämlich vor allem auch dies: die eigenen Einseitigkeiten und Talente kennen und handhaben lernen. Diese 7 Stile haben bildhaften Charakter. Ihre Bilder sind weder festlegend noch wertend. Sie erlauben ein nachempfindendes Verstehen und helfen, Etikettierungen zu vermeiden. Wenn wir sagen, ein Kind sei wild wie ein junges Fohlen, haben wir ein Bild gewählt, das jeder versteht. Schreiben wir jedoch in eine Dokumentation, das Kind sei leicht hypermotorisch mit einer aggressiven Komponente, haben wir es möglicherweise mit Diagnosen belegt, die es nicht mehr los wird. So handelt es sich auch bei den 7 Stilen um offene Bilder, die in ihrer jeweils typischen Mischung für eine Ganzheit, eine Gestalt, eine Seelenkonfiguration stehen, die Helfer und Hilfesuchenden frei lassen.

Die Vorträge ernten in aller Regel sehr positive Beurteilungen. So wurde z. B. einmal allenfalls die „schlechte Luft" reklamiert. Schließlich kommen sie dem sehr legitimen Bedürfnis entgegen, die Erlebnisse aus den Übungen denkbar und beurteilbar zu machen.

Resümee

Die Seminare sind Lichtpunkte für das Team der DozentInnen. Kaum sonst gelingt es so befriedigend, Theorie und Praxis, Inhalt und Anwendung so fruchtbar miteinander zu integrieren. Zu bedenken ist jedoch:

- Der personelle Aufwand ist sehr hoch. Das Seminar „Das helfende Gespräch" erfordert bei 30 bis 40 KursteilnehmerInnen fünf DozentInnen.
- Die Vorbereitung erfordert eine gute Organisation. Immerhin müssen fünf DozentInnen mindestens drei bis fünf gemeinsame Konferenztermine und eine gemeinsam verplanbare Woche in ihren Kalendern finden.
- Die Ausbildungs- und Prüfungsverordnung für die Krankenpflege erleichtert vor allem durch ihre sehr differenzierten inhaltlichen Vorgaben für den theoretischen Teil der Ausbildung die curriculare Umsetzung solcher fächerintegrierenden Seminare nicht. Es bleibt zu hoffen, daß sie einmal durch einen Rahmenlehrplan abgelöst werden wird, der einen ähnlichen Gestaltungsspielraum eröffnet, wie an den öffentlichen Schulen.

Diese Seminare sind ein möglicher Weg, um die Ausbildung konkreter auf das berufliche Feld auszurichten. Sie bieten die Möglichkeit, Unterrichte sehr sinnvoll zu integrieren. Den DozentInnen schaffen sie einen Raum zur kollegialen Zusammenarbeit. Im Fall des „Helfenden Gesprächs" ist beispielsweise

Abb. 5-4 Das Ausbildungsinstitut in Herdecke

auch eine pflegerische Bereichsleiterin aus dem Gemeinschaftskrankenhaus im Team. Wenngleich dies noch nicht im Detail empirisch abgesichert ist, scheint jedoch das Ergebnis dieser Unterrichtsform in der Regel eine Erweiterung der fachlichen Kompetenz der TeilnehmerInnen zu sein. Rückmeldungen ehemaliger SchülerInnen und Seminarrückblicke lassen diesen Schluß zu. Diese Seminarunterrichte sollten als Versuch gewertet werden, an einem Ort mit seinem spezifischen Kontext Ausbildungsqualität zu verbessern. Ein Rezept kann hier nicht gegeben werden. Dieses Beispiel soll im Gegenteil ermutigen, an anderen Orten mit ebensoviel Enthusiasmus zu experimentieren.

5.3   Praktischer Teil der Ausbildung

Während der Praktika in pflegerischen Einrichtungen findet die berufliche Sozialisation statt. Hier wird maßgeblich die professionelle Identität erworben.[95] Insofern handelt es sich um ein bedeutendes Lernfeld. Dieses dem Zufall überlassen heißt, einen wesentlichen Teil der Ausbildung aus der Hand geben. Will eine Ausbildungsstätte wirksam auf die Praxis Einfluß nehmen können, bedarf das einer Grundvoraussetzung: Die SchülerInnen dürfen nicht auf den Stellenplan angerechnet werden. Diese Voraussetzung ist in Herdecke seit über zwei Jahrzehnten erfüllt.

---

[95] Meiner Meinung nach ist es ein verbreitetes Mißverständnis, die Lehrer hätten die Möglichkeit oder sogar die Pflicht, ihren SchülerInnen ein bestimmtes Berufsbild zu vermitteln. Wichtig ist, daß sie ein eigenes Bild der Pflege in sich tragen und dieses auch nach außen vertreten. Die berufliche Identität entwickelt jedoch jeder und jede individuell für sich.

Organisation

Die Aufgaben des Ausbildungsinstituts liegen in der Auswahl der Praxisorte, der Einsatzplanung, der Gestaltung, Vorbereitung und Evaluation der Einsätze sowie in einer gewissen Pflege durch persönliche Kontakte.[96] Die Einsätze dauern in der Regel nicht länger als sechs Wochen. Für die SchülerInnen ist das eine recht anstrengende Situation. Kaum richtig eingearbeitet, müssen sie sich schon wieder auf eine neue Station einstellen. Auf der anderen Seite kann so gesichert werden, daß der Status des Lernenden erhalten bleibt. SchülerInnen kommen weniger in den Druck, sich als Aushilfen mißbrauchen zu lassen. *„Also, am Anfang habe ich mich auch darüber geärgert, daß die Einsätze so kurz sind und man dann einfach nicht die Möglichkeit hat, wenn man einmal richtig drin ist, weiter zu arbeiten [...]"* reklamiert eine Schülerin, jedoch *„[...] aber im Nachhinein habe ich dann gemerkt, daß das doch wirklich zur Routine geworden ist [die Tätigkeiten und Inhalte; Anm. d. Autors] nach fünf, sechs Wochen [...] das war eigentlich nicht mehr im wesentlichen Lernmoment."*

Auch steht in der Ausbildung Vielfalt und nicht Spezialisierung im Vordergrund. Das berufliche Feld soll in seiner ganzen Breite kennengelernt werden. Erst im dritten Ausbildungsjahr gibt es neun- bis zwölfwöchige Einsätze, die es SchülerInnen als Vorbereitung auf ihren Status nach dem Examen erlauben, eine gewisse Selbständigkeit zu erlangen. Ebenfalls im Sinne eines vielfältigen Angebots hat das Ausbildungsinstitut Kooperationsverträge mit Einrichtungen in ganz Deutschland abgeschlossen, die für die Ausbildung ein interessantes Tätigkeitsfeld anbieten. Dazu gehören der Einsatz in einer Behinderteneinrichtung, in Sozialstationen, in anthroposophischen Einrichtungen, in einer psychiatrischen Klinik und in einem Uni-Klinikum in Ostdeutschland. Wenn jeder Praktikumsort auch nur von einigen wenigen SchülerInnen eines Kurses besucht werden kann, entsteht doch aus der Mischung der Einsätze in einem Kurs ein interessantes Bündel an Erfahrungen, das durch Praxisrückblicke wieder allen zu Gute kommen kann. *„Was die Einsätze [...] in anderen Krankenhäusern anbelangt, kann ich dazu sagen, [...] das ist ganz toll, daß die Möglichkeit besteht [...]."* In diesem Fall hatte die Schülerin erlebt, wie gut es in einer kooperierenden Einrichtung möglich war, komplementäre anthroposophische Pflegemaßnahmen in den beruflichen Alltag zu integrieren.

Weil die SchülerInnen nicht auf dem Stellenplan stehen, haben sie erhebliche Gestaltungsmöglichkeiten in ihren Praxiseinsätzen. Da klinische Anlei-

---

[96] Zwar setzen die beschränkten Ressourcen enge Grenzen. Man kann aber den Wert auch sehr sparsamer Kontakte kaum überschätzen, weil jede Verbindung eine Brücke schlägt zwischen Theorie und Praxis.

tung durch KollegInnen des Ausbildungsinstituts angeboten wird, was erst die Größe des Kollegiums rechtfertigt, gibt es auf den Stationen des Gemeinschaftskrankenhauses keine Mentoren. Die SchülerInnen suchen sich in jedem Praktikum eine Bezugsperson auf der Station. Mit dieser wird im Idealfall:

- ein Erstgespräch geführt, um Lernbedarf der Schülerin und Lernangebot der Station abzugleichen;
- der Dienst nach lernrelevanten Gesichtspunkten geplant;
- je ein Termin für ein Zwischen- und ein Abschlußgespräch geplant;
- geschaut, welcher Mitarbeiter zu welcher Zeit mit welchem Schwerpunkt zur Anleitung zur Verfügung steht.

Der Einsatz wird also durch ein Vorgespräch vorbereitet. Hier können die Zeiten geplant und Schwerpunkte festgelegt werden. Man lernt einander kennen. Auf manchen Pflegegruppen befindet sich eine Dokumentation der Lernangebote[97] der Gruppe. Das ist für SchülerInnen eine sehr gute Orientierungshilfe. In einem Zwischengespräch soll ein erstes Resümee gezogen und der Rest des Einsatzes geplant werden. Oft wird es allerdings vernachlässigt, was besonders schmerzlich auffällt, wenn erst am Ende eines Einsatzes Konflikte zu Tage treten. Denn dann kann man zwar über die Situation sprechen, sie aber nicht mehr verändern.

Das Abschlußgespräch mit ein oder zwei MitarbeiterInnen der Gruppe rundet den Einsatz ab und mündet in einen frei formulierten Beobachtungsbogen. Als sehr günstig hat es sich erwiesen, wenn dieser Bogen direkt während des Gesprächs als Protokoll entsteht. Dann kommen in ihm beide Seiten zu Wort, und er ist sehr viel authentischer, als ein Bogen, der bisweilen erst nach Wochen und in einer mühevollen Formulierungsarbeit durch einen Mitarbeiter erstellt wird.

Auf den Stationen im Gemeinschaftskrankenhaus gibt es MitarbeiterInnen, die explizit die Funktion einer sogenannten „PiA-Begleiterin" (Pflegende(r) in Ausbildung-Begleiterin) wahrnehmen. Zu ihren Aufgaben gehört z. B. die Vorplanung des Einsatzes mit der Schülerin vor Einsatzbeginn, um zu gewährleisten, daß sie auf der Station eine Bezugsperson hat und um ihre Anwesenheiten auf der Station gemeinsam zu planen (s. u.). Sie erarbeiten ferner eine Liste mit den Lernschwerpunkten der Station, sind erste AnsprechpartnerInnen für Schüler und LehrerInnen in Ausbildungsfragen auf der Station, nehmen an einer alle zwei Monate stattfindenden Konferenz aller PiA-Begleiter im Aus-

---

[97] Das sind Informationen über die medizinischen Schwerpunkte, bzw. Patientengruppen auf der entsprechenden Fachabteilung, über pflegerische Schwerpunkte und andere Besonderheiten, die lernrelevant sind. Die Lernangebote sind offener formuliert als Lernziele und dienen der Einschätzung, damit SchülerInnen ihre Schwerpunkte selbst festlegen können.

bildungsinstitut teil und führen neue MitarbeiterInnen in das Amt der Bezugsperson für eine Schülerin ein.

Die Einsatzplanung erfolgt durch das Institut. Den Nachweis über die Einsätze erbringen die SchülerInnen selbst. Sie führen während der Praktika einen Anwesenheitsbogen[98], auf den sie nach Möglichkeit mit ihrer Bezugsperson oder dem Dienstplaner ihre Anwesenheitszeiten eintragen und den sie sich am Ende des Einsatzes vom Dienstplaner unterschreiben lassen. Auf diese Art dokumentieren sie selbst ihre praktische Ausbildung. Dieses Verfahren hat bei den Praktikern teils Verwunderung, teils auch Erleichterung ausgelöst, denn es kann in der Gewährleistung des Schülerstatus eine Hilfe sein. Der Dienstplan besitzt für SchülerInnen keine Relevanz. *„Und [...] in diesem Zusammenhang find' ich's wichtig, daß wir dann selber [...] für das, was wir machen, geradestehen."* Wichtig sei auch, so *„einen Einblick zu bekommen [...] in die Arbeit des Dienstplaners [...]."*

In diesem Vorgehen drückt sich mit aller Deutlichkeit aus, daß SchülerInnen nicht als Arbeitskräfte zur Verfügung stehen. Es handelt sich bei den Praxiseinsätzen um eine unter Ausbildungsgesichtspunkten gelenkte Praxis. Diese ermöglicht, daß SchülerInnen schrittweise in die berufliche Qualifikation hineinwachsen und wohldosiert in die Lage kommen, Verantwortung zu übernehmen. Während SchülerInnen im ersten Ausbildungsjahr kein Wochenende arbeiten[99], machen sie im dritten Jahr denselben Dienst, wie examinierte Pflegende und haben explizit die Aufgabe, ganze Patientengruppen zu betreuen. So kommt es durchaus auch zur Entlastung der MitarbeiterInnen – nicht jedoch, weil akut Dienstplanlöcher gestopft werden müssen, sondern weil Pflegende in Ausbildung sich Schritt für Schritt für diese Verantwortungsübernahme qualifiziert haben.

Wie weit examinierte Pflegende dieses Konzept stützen, hängt ganz maßgeblich mit deren Berufsverständnis zusammen. Je deutlicher Pflegende ihren Beruf nicht als abhängigen Heil-Hilfsberuf betreiben, sondern als Profession mit einem berechtigten Autonomieanspruch, desto mehr wissen sie auch die angemessene Qualifizierung ihres Nachwuchses zu schätzen. Insofern SchülerInnen im Gemeinschaftskrankenhaus und bei anderen Kooperationspartnern des Ausbildungsinstituts überwiegend sehr engagierten Pflege-Teams begegnen, wird die hier angedeutete Gestaltung der praktischen Ausbildung überhaupt erst möglich. Es darf allerdings nicht darüber hinweg getäuscht werden, daß die Pflegenden in der Ausbildung meist mehr oder weniger im Spannungsfeld zwischen ihren Ausbildungserwartungen und den Möglichkeiten

---

[98] Dieses auffällige gelbe Blatt soll sich auch durch seinen Titel deutlich vom „Dienstplan" unterscheiden. Es geht um Anwesenheit zum Lernen, nicht jedoch um Ableistung eines Dienstes.

[99] Die Erfahrung zeigte, daß der Arbeitskraftaspekt hier allzuoft im Vordergrund stand, was zu nicht zu verantwortenden Situationen führte.

einer durch Liegezeitverkürzung, Multimorbididität und immer aufwendigere Diagnostik und Therapie inzwischen sehr belasteten Praxis stehen. Das Nutzen der Praxis als Lernort muß immer wieder zwischen SchülerIn und MitarbeiterInnen ausgehandelt werden. Diese Situation kann sehr belastend sein und wird nur ausgehalten, wenn die SchülerInnen sich in ihren Bemühungen durch das LehrerInnenkollegium absolut unterstützt wissen. Bisweilen entstehen vor diesem Hintergrund auch Konflikte in der Praxis. Hier ist das Hinzuziehen eines Kursleiters und ggf. auch einer pflegerischen Bereichsleiterin in aller Regel sehr hilfreich. Denn sobald man miteinander redet, wird fast immer deutlich, daß alle Beteiligten an einer konstruktiven Lösung der Situation interessiert wird. Das zu erleben und einander einschließlich der oft so unterschiedlichen Perspektiven[100] wahrgenommen zu haben, ist in der Regel der entscheidende Schritt zur Lösung.

Schließlich fehlt bisweilen auch einfach einmal die Kraft, sich immer wieder an immer neuen Praxisorten für seine Ziele einzusetzen. Das zu akzeptieren ist nicht ganz leicht, und manch einer will zwischendurch auch einmal den Anforderungen ausweichen („Vielleicht sind ja die Ziele falsch"). Viele dieser Probleme können durch Praxisanleitung aufgefangen werden. Der Bedarf an Beratung und Unterstützung ist jedenfalls erheblich. Der LehrerIn wird hier eine kuriose Mischung aus Hartnäckigkeit und Standvermögen und gleichzeitig Empathie, Kompromißbereitschaft und Flexibilität abverlangt.

5.3.2 Fachpraktischer Unterricht

Je nach Energie und Engagement der SchülerInnen können sie durch MitarbeiterInnen des Instituts im Schnitt 60 Stunden praktische Anleitung auf den Stationen des Krankenhauses bekommen. Teils kommen die LehrerInnen auf sie zu, teils kümmern sie sich selbst um Termine. Es hat sich bewährt, wenigstens zwei Tage hintereinander gemeinsam zu arbeiten, weil dann schon ein Stück Umsetzung des Erlernten erlebt werden kann. Auch steht zumindest im ersten Ausbildungsjahr für viele am ersten Tag noch eine gewisse Unruhe im Vordergrund. Viele SchülerInnen sind mit negativen Schulerfahrungen beladen und müssen erst einmal erleben, daß man mit einer Lehrerin entspannt lernen kann. Im Rahmen eines Vorgesprächs am Vortag werden

1. Modus (das „Wie", die Form der Interaktion) und
2. Inhalte (das „Was", die pflegerische Aufgabe) der Anleitung besprochen.

---

[100] Die LehrerInnen sind ExpertInnen für den Bildungsprozeß, die MitarbeiterInnen sind die ExpertInnen für die Pflegepraxis. Jeder Konflikt ist fruchtbar, wenn beide voneinander lernen wollen.

Der Modus. Es können im wesentlichen drei Varianten der Anleitung unterschieden werden:

- Demonstration – Eine ist die Tätige, Demonstrierende, die andere hält sich mehr im Hintergrund, beobachtet. Gegebenenfalls bekommt letztere Kriterien dafür. Im ersten Ausbildungsjahr wird die Schülerin bei dieser Variante die Beobachtende sein. Im dritten Jahr wird aber auch von SchülerInnen gewünscht, daß der Anleiter mehr im Hintergrund bleibt.
- Assistierende Form – Die Schülerin hat bereits Kompetenzen; die Kooperation zwischen beiden steht im Vordergrund.
- Offene Form – Diese Situation zeichnet sich durch viele Unbekannte aus. Schülerin und Anleiterin nehmen bewußt in Kauf, mit neuen Situationen konfrontiert zu werden, für die ihnen die Erfahrung fehlt. In diesen Situationen wird vor allem das Lernen gelernt. Anstatt, daß pflegerische Fähigkeiten und Kenntnisse unmittelbar zur Anwendung kommen können, geht es hier darum, aufmerksam die Situation einzuschätzen, die richtigen Fragen den richtigen Menschen zu stellen, die nötigen Informationen aus der Dokumentation herauszulesen, mit Informationslücken umgehen zu können, die eigenen Grenzen zu erkennen. – Meist findet man zwei oder drei dieser Varianten in einer Anleitung verwirklicht. Durch die Verabredung im Vorgespräch können die Situationen bewußter als Lernchance genutzt werden und Mißverständnisse werden reduziert.

Die Inhalte. Die Schülerin macht eine Übergabe zu der Patientengruppe, die betreut werden soll, und stellt ihre Zeitplanung vor. Sie soll dabei lernen, ihre Möglichkeiten und Ressourcen einzuschätzen. Die Übergabe wird in der Regel zur Übung der Pflegediagnostik genutzt: Die Schülerin schildert kurz Krankheitsbild und aktuelle medizinische Situation und entwickelt dann anhand einer Liste von Kriterien[101] den pflegerischen Befund ihrer Patienten. Die gemeinsame Arbeit am Krankenbett findet an den folgenden Tagen wie verabredet statt. Nach der Anleitung wird die Situation im Nachgespräch reflektiert.

Im Auswertungsgespräch steht nicht die Bewertung durch den Anleiter im Vordergrund. Schon zu Beginn der Ausbildung werden mit den SchülerInnen Kriterien erarbeitet, die ihnen eine eigene Einschätzung ihrer Arbeit erlauben. Das sind die **fünf Prinzipien der Pflegepraxis:**

---

[101] Z.B. Die Aktivitäten des täglichen Lebens nach dem Pflegemodell von Liliane Juchli.

Abb. 5-5 SchülerInnen präsentieren das Ergebnis ihrer Gruppenarbeit zum Thema „Reflexion".

1. Kommunikation und Interaktion,
2. Wahrnehmung und Beobachtung,
3. Hygiene,
4. Ökonomie,
5. Reflexion.

Diese Prinzipien sind von einer Projektgruppe des Kollegiums entwickelt worden. Im Rahmen eines Seminars im ersten Unterrichtsblock erarbeiten sich die SchülerInnen diese Prinzipien und differenzieren sie aus.[102]

Nach einer Anleitung dienen die Prinzipien oft dazu, diese auszuwerten. Sie stellen dann Kriterien dar, anhand derer die Schülerin selbst einschätzen kann, ob sie sach- und menschengerecht gearbeitet hat und woran sie noch üben muß. So kann eine Anleitung sachlich und ohne Wertungen beurteilt werden. Es geht nicht darum, eine Maßnahme mit den Prädikaten „gut" oder „schlecht" zu versehen. Mit Hilfe der Prinzipien, z. B. „Ökonomie", kann gemeinsam geschaut werden, inwiefern diese bereits erfüllt waren und was sich noch verbessern läßt, hier z. B.: Materialverbrauch, überflüssige Wege, Zeit. Die Anleitung wird schließlich auf einem Formblatt dokumentiert. Nach dem ersten halben Jahr macht das in der Regel die Schülerin, nur noch ergänzt durch die Anleiterin. Auch in der Praxis findet keine Bewertung in Form von Noten statt. *„Prinzipiell find' ich das 'ne sehr, sehr gute Einrichtung [...] und ich fand sie eigentlich auch immer [...] wirklich 'ne konstruktive Kritik."* Manchen SchülerInnen kommt dieser Einzelunterricht jedoch auch schon einmal zu nah. Das betrifft z. B. *„[...] zwischenmenschliche Sachen, [...] wo ich mich frage, ob die da rein gehören."* Auch von der SchülerInnenseite aus wird diese Anleitung allerdings als Tropfen auf den heißen Stein erlebt: *„Also, mir ging's so, [...] mir war das einfach zu wenig, was ich so an Praxisanleitung kriegen konnte. Das war immer so diese Terminschlacht [...]."* Flexibilität und Lernfähigkeit dokumentieren sich schließlich in folgendem Zitat: *„Was ich sehr gut fand, daß ihr alle anleitet, daß man ganz unterschiedliche Kriterien kriegt, je nachdem, mit wem man zusammenarbeitet, das fand ich ganz hilfreich."* Hier besteht offensichtlich kein Bedürfnis (mehr) nach einfachen (Handlungs-)Rezepten. Einen weiteren, sehr geschätzten Aspekt von Anleitung formuliert eine Schülerin: *„Man [...] nimmt da auch noch mit, daß man lernt, Anleiter zu sein."* Diese pädagogische Kompetenz macht inzwischen einen erheblichen Anteil der Arbeit examinierter Pflegender aus.

Nicht leicht zu bewältigen ist schließlich auch in Herdecke *„[...] die Differenz [...] zwischen diesem Ideal, was von Euch eben gezeigt und gelehrt*

---

[102] Sie untersuchen z. B.: Was bedeutet Ökonomie in Bezug auf die Körperpflege? Sie finden: Umgang mit Pflegesubstanzen; Haushalten mit Ihren eigenen Kräften; Berücksichtigen der Ressourcen des Patienten; Planung und Ablauforganisation u. a.

wird und [...] dem, was machbar ist. "Die Praxis scheint viele Abstriche vom Ideal zu erfordern, was nicht selten im Alltag zur Gewissensfrage wird. Eine andere Schülerin hat schon deutlich verstanden, worum es eigentlich geht: *„Ja, ich weiß gar nicht, ob da so viel Abstriche da sind [...]"*, man könnte auch sagen, *„[...] man hat gelernt, Prioritäten zu setzen. [...] Ja man lernt wirklich so [...] entscheiden zu können, was wesentlich ist. [...] Gerade, daß es am Anfang so ausführlich gemacht wird* [betr. hier v. a. praktische Pflegeunterrichte; Anm. d. Autors], *macht es wesentlich einfacher dann im nachhinein das als Beiläufigkeit nebenbei mitzumachen."* Dies gilt allerdings nur, wenn die Praxis konsequent zum Üben genutzt wurde!

Zwischenprüfungen als Methode der Lernstandskontrolle sind vor einigen Jahren abgeschafft worden.[103] Sie wurden abgelöst durch sogenannte **Selbsteinschätzungsgespräche** nach dem ersten und dem zweiten Ausbildungsjahr, die im Zusammenhang mit einer Anleitung geführt wurden. Anhand eines als Formular vorliegenden Katalogs von relevanten pflegerischen Kompetenzen bemühte sich die Schülerin, ihre Fähigkeiten und ihren Lernbedarf zu erkennen und einzuschätzen. Der Anleiter gab seine Einschätzung dazu, und gemeinsam wurde auf dieser Grundlage geschaut, wo und wie bestimmte Fähigkeiten noch erworben werden können.[104] Diese Variante der Lernstandsüberprüfung war ebenso hilfreich wie aufwendig. Zur Zeit kann sie nicht in dieser Form geleistet werden, es gibt jedoch noch keinen ganz befriedigenden Ersatz. Dies ist einer der Punkte, an dem das Kollegium an die Grenze des Leistbaren stieß. Eine differenzierte Liste „Lernfelder praktische Ausbildung" bietet den SchülerInnen einen Überblick über die vielfältigen, in der beruflichen Praxis zu erwerbenden und zu erlernenden Fähigkeiten und Kenntnisse.

5.4   Motivation und Erwartungen an die Ausbildung – Eine empirische Erhebung

Im Sinn der Ausgangsprämisse, meine primär geisteswissenschaftlich pädagogische Argumentation empirisch zu verankern, füge ich dem Bericht über die Ausbildungspraxis zwei kleine empirische Studien an. Mit dem Mittel der qualitativen Inhaltsanalyse (vgl. Mayring, 1997) wertete ich zunächst Personalakten von BewerberInnen aus. In einem zweiten Schritt befragte ich schriftlich AbsolventInnen über ihre Erfahrungen (Kap. 5.5).

---

[103] Einzige Ausnahme ist die Zwischenprüfung nach der Probezeit.
[104] Das sind beispielsweise oft Pflegetechniken, die mangels Gelegenheit nicht geübt werden konnten.

Um einen Eindruck zu bekommen, mit welchen Motiven, Vorstellungen vom Beruf und Erwartungen an die Ausbildung die (meist) jungen Menschen sich für die Krankenpflege interessieren, wurden 54 Personalakten[105] ausgewertet. Es handelt sich dabei um Schülerinnen und Schüler, die die Ausbildung auch tatsächlich aufgenommen haben. Nicht alle haben sie bis zu Ende geführt. Erfaßt wurden drei Jahrgänge mit 17, 17 und 22 SchülerInnen bei Ausbildungsbeginn.[106] Das Durchschnittsalter lag bei ca. $22^{1}/_{3}$, 22 und 24 Jahren. Aus dem konzeptionellen Rahmen des Ausbildungsinstituts ergibt sich, daß die BewerberInnen bei Ausbildungsbeginn in aller Regel das 20. Lebensjahr vollendet haben. Die meisten (36) in der untersuchten Gruppe waren knapp 20 bis 24 Jahre alt. Insgesamt 6 waren über 30 und davon wiederum 2 über 40 Jahre alt. Im Sinn einer qualitativen Datenanalyse wurden Bewerbungsschreiben, Lebensläufe und Berichte von Pflegepraktika ausgewertet. Die leitende Fragestellung war:

- ▉ Welche Aspekte des Berufsbildes Krankenpflege konnten die BewerberInnen identifizieren?
- ▉ Mit welchen Aspekten des Berufsbildes konnten sie sich besonders verbinden (persönliche Bedeutung)?

Zahlreiche Bewerbungen geben keinen Hinweis im Sinn der Fragestellung. Die Lebensläufe sind in dieser Beziehung fast ausnahmslos neutral. Auch in Praktikumsberichten findet oft keine persönliche Bewertung der beschriebenen Tätigkeiten und Erlebnisse statt. Zwanzig Schülerinnen und 4 Schüler machten Aussagen, die sich im Sinn der Fragestellung interpretieren lassen; 42 Aussagen dieser Gruppe wurden erfaßt (35 Schülerinnen, 7 Schüler). Die Kategorien, die daraus gebildet werden konnten, zeigt Tabelle 5-2.

Motivation für eine Pflegeausbildung	n
Begegnung und Beziehung	20
Persönlichkeitsentwicklung	5
Helfen	4
Praktisch handeln können	4
Sinnhaftigkeit	3
Intellektuelle Herausforderung	2
Medizinische Inhalte	2
Selbständigkeit	1
Gestaltungsspielraum; Selbständigkeit	1

Tab. 5-2 Motivation für eine Pflegeausbildung – Ergebnisse der Auswertung (Erläuterung im Text)

[105] Es handelt sich bei diesen Daten ausschließlich um solche, die von mir am Ausbildungsinstitut für Krankenpflege in Herdecke erhoben wurden. Sie sind anderenorts nicht veröffentlicht.
[106] Erfaßt wurden die Jahrgänge '91/'94 bis '93/'96 am Ausbildungsinstitut für Krankenpflege am Gemeinschaftskrankenhaus in Herdecke.

Im folgenden werden Beispiele zu den einzelnen Kategorien gegeben.

Begegnung und Beziehung. In einigen Aussagen steht der helfende Aspekt der Beziehung im Vordergrund: *„Mir liegt sehr viel daran, direkten Kontakt mit Menschen zu haben und auch in einem Team zu arbeiten […] Mich faszieniert dabei, daß der Patient dazu motiviert wird, den Krankheitsverlauf mit zu beeinflussen. "*; und in zwei weiteren: *„Gerade diese Nähe zwischen zwei Menschen […] bietet die Möglichkeit für den Kranken, etwas zu bekommen, was elementar zum Heilwerden dazugehört: Hilfestellung selbst bei intimsten Tätigkeiten, Zuwendung zur Erlangung von (Selbst-)Sicherheit, Wohlbefinden zur Überwindung von Schmerzen oder anderen Belastungen. "; „Bemerkenswert aber fand ich immer wieder aufs Neue, wie sehr sich ein Mensch verändern kann, allein schon durch ein Minimum an menschlicher Wärme, Fürsorge und Zuwendung. "* Eine als Praktikantin mit der Pflege eines polytraumatisierten Patienten mit Stammhirnblutung offenbar überforderte Bewerberin: *„Die Pflege war zwar besonders 'mühsam', da er durch die Bewegungsunfähigkeit sehr schwer war, aber es war doch ein Geschenk, mit ihm umzugehen und ihn dadurch wieder mit dem Leben in Zusammenhang zu bringen. "* In anderen Aussagen steht der psychologische Aspekt im Vordergrund: *„Bei der Betreuung dieser Patienten ist besonders wichtig, was meines Erachtens eine Grundlage für die Pflege Kranker ist, nämlich emotionale Hemmungen abzulegen und offen und einfühlsam auf den Patienten zuund einzugehen. "; „Ich erlernte, die Menschen zu verstehen und konnte sie von einer anderen Seite sehen, als manche ihrer Angehörigen. "; „Die Aufgabe der Pflegeperson sehe ich darin, ihrem Gegenüber das Vertrauen zu vermitteln, als Person angenommen zu sein und den Patienten auf dem Weg der Heilung zu begleiten. "* Aber auch einfach als Quelle beruflicher Zufriedenheit kann der Beziehungsreichtum erlebt werden: *„Durch die Begegnung mit den unterschiedlichsten Menschen wird das Praktikum nicht zur Routine – trotz der vielen Routinearbeiten. "*

Persönlichkeitsentwicklung. Hier wird deutlich, wie spezifische, durchaus belastende Anforderungen des Berufes positiv gedeutet werden: *„Die Schwierigkeit, mit den Patienten zu kommunizieren, ist eine Herausforderung. ";* [Über die Betreuung einer Alkoholikerin im Praktikum, die ihr Befinden nur noch durch Gesten ausdrücken konnte:] *Ich könnte noch so viel über diesen Menschen schreiben, der einen so tiefen Eindruck auf mich gemacht hat. Sie war es auch, die mir vielleicht Fähigkeiten aufgedeckt hat, von denen ich selbst überhaupt nichts wußte. "* Einfacher drückt es folgendes Zitat aus: *„Zusätzlich hilft einem der Umgang mit den Menschen, etwas mehr über sich selbst zu erfahren. "*

Helfen. Dieser Aspekt wird am wenigsten konkreten Berufsinhalten zugeordnet: *„In dieser Zeit habe ich erfahren, daß es eine sehr schöne und dankbare Aufgabe ist, kranken Menschen helfen zu können."* Es scheint hier eher eine allgemeine idealistische Hilfsbereitschaft zum Ausdruck zu kommen: [Aus einem Lebenslauf] *„Interessiert war ich auch sehr an Biographien von großen Persönlichkeiten. Ich bewunderte Menschen wie A. Schweizer, Mutter Theresa, M. L. King und alle anderen, die ihr Leben für Menschen eingesetzt hatten."*

Praktisch handeln können. *„Mir machte es sehr viel Spaß, Menschen zu duschen oder zu waschen, da man einen direkten Kontakt zu den Patienten hatte. Man [...] sieht, wie sich ein Körper durch das Alter oder durch eine schwere Krankheit verändern kann. Außerdem erfährt man oft wichtige Dinge über das Leben des Patienten."*; [die Schülerin hatte vorher Sozialpädagogik studiert] *„[...] und mehr und mehr wurde mir klar, daß die Sozialpädagogik für mich immer ein Kompromiß bleiben würde, weil der Versuch mich nicht befriedigt, Probleme vom Schreibtisch aus zu lösen."*

Medizinische Inhalte. *„Ich besitze auch großes therapeutisches Interesse"*; *„Mein Interesse galt schon immer dem medizinischen Bereich."* Es ist zu vermuten, daß die Zahl der medizinisch Interessierten deutlich größer ist. Aus persönlichen Gesprächen geht hervor, daß die Pflegeausbildung für einen Teil der AbiturientInnen einen Ersatz für ein nicht aufgenommenes Medizinstudium darstellt.

Intellektuelle Herausforderung. *„Ich habe mir lange überlegt, ob dieser Beruf der richtige für mich ist und bin zu dem Entschluß gekommen, daß ich hier praktisch mit Menschen arbeiten kann, doch daß auch eine geistige Arbeit sehr wichtig ist."*; *„Daher reizt mich am Berufsbild der Krankenschwester die Möglichkeit, großes theoretisches Fachwissen mit praktischer Anwendung zu verbinden."*

Sinnhaftigkeit. *„[...] ich konnte in dieser Zeit die Arbeit tun, in der ich einen Sinn sah, und dies ist für mich vielleicht das Wichtigste überhaupt."* Eher sind es aber die schweren Erfahrungen, die die Frage nach dem Sinn aufwerfen: [im Praktikum in der Neurologie] *„Ich mußte, während ich versuchte, diesen Menschen ein angenehmes Leben im Krankenhaus zu machen, oft daran denken, daß es mich ja mal genauso treffen könnte. Diese Gedanken machten mich oft auch ziemlich fertig und ich versuchte, mich an der Erfolgen festzuhalten."*; *„Oft fragte ich mich: 'Wie gehe ich als gesunder, glücklicher, junger Mensch mit solchen schwer betroffenen Menschen um?' Oder* *ich versuchte zu beobachten, wie der Patient sein Schicksal in die Hände nimmt und wie er mit seiner schweren Krankheit umgeht. "*

Gestaltungsspielraum, Selbständigkeit. *„Dieses Praktikum macht mir viel Freude, denn es gibt mir das befriedigende Gefühl, mit meiner Gegenwart etwas zu verändern und eventuell dazu beizutragen, dem Patienten den Aufenthalt im Krankenhaus zu erleichtern und zu verschönern. "* [Über das Praktikum in einer Sozialstation] *„Was mich von Anfang an faszinierte an der Pflege, war die persönliche, individuelle Arbeitsweise, was durch die heimische Umgebung erleichtert wurde. "*

5.4.1 Interpretation der Ergebnisse

Die persönlichen Aussagen der oben beschriebenen Analyse weisen einen deutlichen Schwerpunkt auf: Es dominiert die Nennung solcher Motive für die Ausbildung im Pflegeberuf, die auf Begegnung und Beziehung gerichtet sind. Für die Berufswahl scheinen also bereits Interessen ausschlaggebend zu sein, die tatsächlich auf ein zentrales Merkmal des Berufs zielen (vgl. Kap. 2.4). Hier hat sich offenbar ein Wandel vollzogen. Johanna Taubert charakterisiert die Situation in den 70er Jahren folgendermaßen: *„Krankenpflegepersonal bemüht sich in erster Linie, den ärztlichen Anforderungen zu entsprechen, weil es auf diese Weise Anerkennung, Berufszufriedenheit und Prestige bezieht. "* (Taubert 1990, S. 30). Nach meinem Eindruck spielte dieser medizinische Aspekt auch für die BewerberInnen in der Vergangenheit eine größere Rolle.

Andererseits kann jedoch kaum davon ausgegangen werden, daß dieses Interesse an dem Beziehungsaspekt bereits auf ein professionelles Berufsverständnis zurückzuführen ist,[107] da eine derartige berufliche Identität bei den im Beruf stehenden Pflegenden bis heute keineswegs durchgängig etabliert ist. Es muß daher angenommen werden, daß der Aspekt der Pflege als Frauenberuf[108] in den Motiven der BewerberInnen noch eine erhebliche Rolle spielt. Insbesondere der verhältnismäßig geringe Anteil der Kategorie „Intellektuelle Herausforderung" und die nur einmalige Nennung der Kategorie „Selbständigkeit" scheinen auch in diese Richtung zu weisen. Dieser Tatbestand konfrontiert die Lehrenden in der Ausbildung mit der besonderen Anforderung, die Entwicklung einer professionellen beruflichen Identität zu ermöglichen.[109]

---

[107] Vgl. den Aspekt der Anwaltschaft als Merkmal einer professionell gestalteten Beziehung in der Pflege in Kap. 2.4.

[108] Vgl. Kap. 2.3.

[109] Diese Anforderung ist insofern besonders, als Angehörige anderer Professionen (Arzt, Apotheker, Jurist) in ihrer beruflichen Praxis ein ausgeprägteres Standesbewußtsein zeigen. Ihre Professionen sind leichter abgrenzbar. Der Prozeß der beruflichen Identitätsfindung findet hier vor allem auch innerhalb der beruflichen Praxis statt.

5.5 Aspekte einer Evaluation der Ausbildung

Mertens bezeichnet als die drei grundlegenden Dimensionen der Bildung in der modernen Gesellschaft:

- Schulung zur Entfaltung der Persönlichkeit,
- Schulung zur Fundierung der beruflichen Existenz,
- Schulung des sozialen Verhaltens.[110] (Vgl. Mertens 1974, S. 36)[111]

Die berufliche Bildung muß sich also daran messen lassen, inwiefern sie diese Ziele verfolgt und erreicht. In diesem Sinn führte ich eine Befragung ehemaliger AbsolventInnen der Ausbildung am Herdecker Institut durch. Adressat dieser schriftlichen Befragung waren zwei der drei Jahrgänge, die auch in der vorangegangenen Studie erfaßt wurden.[112] Ziel der Befragung war es herauszufinden, ob im Sinn des in diesem Buch entworfenen Konzepts der Persönlichkeitsentwicklung Kompetenzen in den drei von Mertens postulierten Dimensionen (s.o.) gewachsen sind. Es wurden 26 Personen angeschrieben. Zur Beantwortung waren vier Wochen Zeit. Neun ehemalige AbsolventInnen haben geantwortet.[113] Die Fragen lauteten:

1. Haben sich für Dich vom Zeitpunkt des Ausbildungsbeginns bis heute wesentliche persönliche Werthaltungen oder Einstellungen geändert (im alltäglichen Leben und/oder in Bezug auf den Beruf)? Welche sind das? Welche Gründe kannst Du erkennen?
2. Benenne bitte Fähigkeiten oder Eigenschaften, die Du heute für sehr wichtig hältst im Pflegeberuf.
3. Welche dieser Fähigkeiten hat die Ausbildung bei Dir gefördert und warum?
4. Wenn Du heute die Anforderungen im Pflegealltag erlebst, inwieweit fühlst Du Dich ihnen gewachsen?
5. Fühlst Du Dich ähnlich kompetent, wie Deine KollegInnen? Wo erlebst Du Abweichungen?

Diese Fragen wurden bewußt sehr offen gehalten, um ein Suggerieren von Antwortmöglichkeiten weitgehend auszuschließen.

---

[110] Im Folgenden kurz als „Selbstkompetenz", „Sachkompetenz" und „Sozialkompetenz" bezeichnet.
[111] Vgl. Schlüsselkompetenzen in Kap. 3.5.
[112] Der dritte Jahrgang befand sich zum Zeitpunkt der Verfassung dieser Schrift in den Examensprüfungen. Die beiden in die Befragung einbezogenen Jahrgänge befanden sich zu dem Zeitpunkt zehn bzw. 22 Monate nach dem Examen im Beruf.
[113] Es läßt sich nicht ermitteln, wie viele Befragungsbögen ihren Adressaten, z. B. wegen Auslandsaufenthalt, nicht (rechtzeitig) erreicht haben.

Zu Frage 1. Ähnlich wie bei der Untersuchung der Bewerbermotivation in Kapitel 5.4 bemühte ich mich, Kategorien zum Ordnen der Anworten zu bilden. Aufgrund der sehr individuellen und vielschichtigen Antworten habe ich jedoch nur zwei relativ allgemeine Kategorien bestimmen können:

- Wandlung des Berufsbildes im Sinn einer Professionalisierung (5 der Befragten),
- Persönliche/biographische Entwicklung (3 der Befragten).

Viele der Aussagen bezogen sich auf Kompetenzen, bzw. Fähigkeiten. Diese wurden keiner Kategorie zugeteilt, da sie nicht im Bereich der Fragestellung lagen. Die übrigen sollen hier (teilweise gekürzt) wiedergegeben werden.

Wandlung des Berufsbildes im Sinn einer Professionalisierung
„Eine wichtige Lernerfahrung, die ich denke durch die Pflege-Tätigkeit machen konnte, die sich aber auf viele Bereiche meines Lebens ausgewirkt hat: Durch das innerliche Sich-distanzieren von einer Situation – einem Schicksal etc. überhaupt erst wirklich in der Lage zu sein, etwas zu sehen, anstatt blind in Symbiose zu leben." In diesem Zitat drückt sich sehr deutlich eine Professionalisierungsentwicklung aus. Beziehung wurde offenbar vor der Pflegeausbildung als Symbiose erlebt. Heute weiß die Informantin, daß diese unreflektierte Identifikation mit dem Beziehungspartner blind macht für die Wahrnehmung einer wirklichen Hilfsbedürftigkeit. In folgendem Zitat drückt sich das Motiv der Anwaltschaft aus: *„Geändert hat sich das Selbstverständnis meines Berufes, z. B. nicht nur 'ärztliches Hilfspersonal' zu sein oder auch z. B. dem Patienten 'zur Seite zu stehen' und nicht ihm gegenüber."* Auch in dem bewußten Einsatz der eigenen Ressourcen drückt sich ein Merkmal beruflicher Professionalität aus: *„Wenn ich mein Wohlbefinden berücksichtige, kann ich besser arbeiten, trage zum Wohl des Teams mit bei (das war mir vorher nicht klar)."*

Das weibliche Element bewußt als Haltung einsetzen zu wollen drückt sich in folgendem Zitat eines Mannes aus: *„Ganz grundsätzlich ein zunehmender Wandel im Empfinden und Erfahren einer eher fraulich/weiblichen Haltung dem Leben gegenüber. – Pflegen und Erhalten statt bloß erkennen und 'machen'."* Eine andere Absolventin erklärt die drei grundlegenden Einstellungen aus der klientenzentrierten Psychotherapie (vgl. Rogers, 1993), Akzeptanz, Kongruenz und Wertschätzung zu ihrem Ideal in der pflegerischen Beziehung. Fraglich scheint hier jedoch, ob es sich tatsächlich schon um eine Änderung von Einstellungen aus erlebter Erfahrung handelt, oder um Ideale, die erst noch umgesetzt werden sollen.

Persönliche/biographische Entwicklung

„Während der Ausbildung bemerkte ich, daß meine eigene Persönlichkeits-entwicklung mehr Priorität erhielt gegenüber dem Ziel, 'Menschen helfen zu wollen'. Das hat mich sehr positiv überrascht, da ich diese Entwicklung nicht massiv erwartet habe. Geändert hat sich die Einstellung zu meinem Leben, ich habe gelernt, ein eigenständiger, freier Mensch zu werden, habe so ein klareres Verhältnis zu meinen Eltern, der Kirche, meinem Glauben."; „Das *Gelernte bewahren und ausbauen ist mir heute wichtig. Mehr an einzelnen Dingen/Verrichtungen dranbleiben. Experimentieren. Nicht Pflege Routine werden lassen.“* Beide Zitate stammen von AbsolventInnen, die zum Zeit-punkt der Befragung 26 Jahre alt und zwei Jahre examiniert im Beruf waren. Es wird deutlich, daß das eigene Leben bzw. die berufliche Aufgabe in die ei-gene Verantwortung genommen werden konnten.[114] So heißt es weiterhin: *„Heute sieht man, daß die Ideale vor einem liegen und nicht in der näch-sten Ausbildung mit viel tolleren Menschen.“* Einen sehr speziellen Aspekt ihrer Entwicklung beschreibt folgende Absolventin. Sie arbeitet heute in ei-ner Klinik für Tumorbiologie mit Krebspatienten: *„Mein Bezug zum Tod hat sich durch die Ausbildung theoretisch und durch die praktische Erfahrung sehr geändert. Gründe sind Offenheit und viel Austausch.“*

Zu Frage 2. Aus den Antworten zu Frage 2 ließ sich eine Liste von Fähigkeiten zusammenstellen, die das Kriterium der Schlüsselkompetenzen erfüllen. Ta-belle 5-3 zeigt die teils mehr umschreibend angegebenen Fähigkeiten und ih-re Häufigkeit.

Fähigkeit/Eigenschaft	n
Wahrnehmungs-/Beobachtungsfähigkeit	3
Flexibilität	3
Reflexionsfähigkeit	3
Kritikfähigkeit	2
Organisationsfähigkeit	2
Kommunikationsfähigkeit	2
Anleitekompetenz	2
Lernfähigkeit	2
Teamfähigkeit	1
Urteilsfähigkeit	1

Tab. 5-3 Fähigkeiten oder Eigenschaften, die in einer Umfrage für sehr wichtig im Pflegeberuf erachtet werden (Erläuterung im Text)

---

[114] Vgl. zum Aspekt der Biographie Kapitel 2.2.2.

Einzelne weitere instrumentelle Fähigkeiten wurden erwähnt, die sich von den Schlüsselkompetenzen ableiten lassen:

- eigene Grenzen erkennen können,
- Schwerpunkte bzw. Prioritäten setzen können,
- Kontinuität aufbauen können und
- auf das eigene Befinden schauen.

Im übrigen wurden Merkmale beschrieben, die eher das Kriterium von Persönlichkeitsmerkmalen bzw. Charaktereigenschaften erfüllen. Das sind:

- Wahrhaftigkeit,
- Ehrlichkeit,
- intuitives Gespür,
- Interesse,
- Menschenschätzung,
- Akzeptanz,
- Selbstvertrauen,
- Zuhören können,
- Ideale haben,
- Reife,
- Phantasie,
- Geduld,
- sich in andere Situationen und in den anderen hineinversetzen können,
- in sich ruhen; nicht schnell in Panik geraten,
- die Bereitschaft, sich in bestehende Strukturen einzufügen.

Kein einziges Mal beschrieben wurden funktionelle Fähigkeiten wie z. B. „eine Injektion durchführen können", „einen Patienten waschen können", „die Apothekenbestellung durchführen können". Wie in Kapitel 3.5 beschrieben, verändert und differenziert sich in Ausbildungsberufen der Bedarf an speziellen Fertigkeiten und Kenntnissen derart schnell, daß ein Ausbildungsgang heute weder die notwendige Fülle an Themen, noch die notwendige Aktualität bieten kann, um seine Absolventen ausreichend beruflich handlungsfähig zu machen. Angemessener scheint die Vermittlung instrumenteller Fähigkeiten zu sein. Insofern bietet dieses Befragungsergebnis eine eindeutige Bestätigung des Konzepts der Schlüsselkompetenzen. Offensichtlich erleben auch die Berufsangehörigen, daß es wesentlich wichtiger ist, die Fähigkeit zur raschen Anpassung an ein neues Arbeitsfeld zu besitzen, um sich dort selbständig bewegen zu können, als über ein gigantisches Repertoire an Fertigkeiten und Kenntnissen zu verfügen.

Zu Frage 3. Mit einer Ausnahme[115] gehen alle Absolventen davon aus, daß die Ausbildung bei ihnen die vorher von ihnen genannten Fähigkeiten oder einige von ihnen gefördert hat. Die wesentlichen Begründungen sind hier zusammengefaßt:

- eigenverantwortliches Handeln von Anfang an,
- das vermittelte Menschenbild,
- patientennahe Anleitung,
- Raum für eigene Auseinandersetzung,
- Kursgespräche/Auswertungsgespräche nach Praxisanleitung,
- Wahrnehmungsübungen,
- Arbeit am Berufsbild,
- Praxisanleitung und Evaluation,
- Selbsteinschätzungen[116],
- künstlerischer Unterricht,
- Pflegepraxis (Bezugspflege),
- Selbsterfahrung[117].

Zu Frage 4. Drei Aussagen sind ausschließlich positiv. Zum Beispiel folgende:

„Ich fühlte mich von Anfang an den mir gestellten Anforderungen gewachsen und hatte dadurch den Freiraum, mich mit neuen Gegebenheiten vertraut zu machen. Schnell konnte ich auch meinen beruflichen Interessensschwerpunkten nachgehen in Form von Arbeitsgruppen und Seminaren.“

Die Übrigen relativieren jedoch. Das drückt sich zum Beispiel in folgenden Aussagen aus:

„Schon gewachsen, bloß meine ich, den Patienten nicht richtig gerecht werden zu können (zeitlich und auch, weil zu wenig Pausen für mich gegeben sind, die verschiedenen Schicksale zu verkraften und dabei nicht als Schutzmechanismus mich zu verschließen und abzustumpfen).“

„Je nach Situation natürlich. Dem Thema Sterben und Tod fühle ich mich nie wirklich gewachsen, aber auch das ist unterschiedlich. Dem normalen Pflegealltag fühle ich mich gewachsen, was auch mit der täglichen Routine zu begründen ist. Durch die Routine kann ich mich leichter akuten Anforderungen stellen. Meine eigenen Grenzen rechtzeitig zu erkennen ist schwer, zu hoher Anspruch?“

---

[115] Diese Antwort enthält keine Aussage zu der gestellten Frage.
[116] Vgl. Kap. 5.3.2.
[117] Es gehört zum Herdecker Konzept, daß zahlreiche Pflegemaßnahmen zunächst im Kurs aneinander geübt werden, bevor sie am Patienten durchgeführt werden. Das betrifft z. B. Körperpflege, Injektionen und rhythmische Einreibungen.

Als Kritik an der Ausbildung findet sich:

„Fachlich fühle ich mich momentan (sechs Wochen in der Psychiatrie) noch nicht so sehr gewachsen, da die Psychiatriepflege in der Ausbildung so gut wie nicht behandelt wird." [118]

Und: *„Medizinisches Wissen und daraus resultierende Handlungen hätten uns fundierter vermittelt werden sollen."*

Zu Frage 5. Die Bedeutung dieser Frage liegt in der Tatsache begründet, daß Herdecker SchülerInnen regelmäßig mit der Frage konfrontiert werden, ob sie nicht eigentlich vor allem für das Herdecker Gemeinschaftskrankenhaus ausgebildet würden und dem rauhen Alltag in anderen Häusern gar nicht gewachsen wären. [119] Sieben der neun Absolventen, die die Fragen beantworteten, arbeiten in anderen, fünf von ihnen in nichtanthroposophischen Häusern. Alle Antworten auf diese Frage weisen in die gleiche Richtung: In Bezug auf die fachliche Kompetenz erleben die AbsolventInnen keine gravierenden Abweichungen. Mit einer Ausnahme wird diese Antwort weiter differenziert. Beispielhaft seien hier folgende zitiert:

„Abweichungen sind natürlich durch die sehr unterschiedlichen Erfahrungen zu erleben. In der 'pflegerischen Grundkompetenz' (Basiswissen, Techniken, theoretischer Hintergrund etc.) fühle ich mich allerdings mindestens genauso kompetent wie andere Kollegen."

„Fachfragenbezogen ja, auf Pflege bezogen kompetenter, medizinisch teilweise inkompetenter. Abweichungen: Individuelle Einfälle sind bei Kolleginnen weniger."

„Jetzt, nach fast zwei Jahren auf einer Station, fühle ich mich doch ähnlich kompetent wie die Kollegen. Es gibt immer wieder Situationen, bei denen Unsicherheit da ist, z. B. bei Pleuradrainagen oder Wundversorgung. Dann gibt es wieder z. B. die äußeren Anwendungen, wo ich mir etwas mehr Kompetenz zugestehe."

„Von fachlicher, betreuender Seite auf jeden Fall. Oftmals glaube ich, wird mir meine 'Jugend' und Aktualität der Ausbildung 'geneidet'. Zum Teil fühle ich mich noch zu 'jung', um zum Beispiel eine Station mit 38 Patienten/ -Innen zu leiten im Sinne einer Urlaubsvertretung. Andererseits: Die Ausbildung war eine sehr wichtige Zeit (und sehr schöne) mit extremen Hochs und Tiefs; ich bin Euch allen noch sehr dankbar."

---

[118] Dies ist ein Beispiel dafür, wie schnell die berufliche Praxis den Blick auf das spezielle Handlungsfeld fokussieren kann: Die Psychiatrie ist im Herdecker Konzept mit sieben Wochen Praxis und ca. 50 Stunden Unterricht (Krankenpflege, Krankheitslehre, verschiedene Therapieformen) durchaus nicht unterrepräsentiert.

[119] So fragen nicht selten SchülerInnen anderer Krankenpflegeschulen, die als Besuchergruppen das Herdecker Ausbildungsinstitut kennenlernen.

5.5.1 Interpretation der Ergebnisse

Bezugnehmend auf das in dieser Schrift entwickelte Berufsbild[120] kann nicht eindeutig getrennt werden zwischen Sozialkompetenz und Sachkompetenz. Stellt der Beziehungsaspekt das integrierende Merkmal aller professionell pflegerischen Aktivität dar, dann wirkt in allen Tätigkeiten die soziale Komponente mit. Sachkompetenz in der Pflege heißt in diesem Sinn auch: Gestalten des sozialen Umfelds und der Beziehungen. In der Beantwortung der Frage 1 drücken sich durchaus einige Aspekte einer beruflichen Identität aus, die diesem Berufsbild entsprechen (innere Distanz aufbauen können, Anwaltschaft, Aspekt des Erhaltens dessen, was der Patient als Ressource einbringt).

Die drei Grundkompetenzen: Selbst-, Sach- und Sozialkompetenz zeichnen im Sinn der Schlüsselqualifikationen die selbständig beruflich handlungsfähige Persönlichkeit aus.[121] Insbesondere die Antworten auf Frage 2 lassen Rückschlüsse darauf zu, wie die Notwendigkeit zur selbständigen Handlungsfähigkeit eingeschätzt wird: Es werden Anforderungen an die in der Pflege Tätigen benannt, die weitgehend den Schlüsselkompetenzen entsprechen: Organisationsfähigkeit, Urteilsfähigkeit, Flexibilität und Lernfähigkeit, Kommunikationsfähigkeit und Teamfähigkeit. Insbesondere auf die Selbstkompetenz sind folgende gerichtet: Kritikfähigkeit, die eigenen Grenzen erkennen können und Berücksichtigung des eigenen Befindens. Ich leite von diesen Antworten die These ab, daß die Absolventen ihre berufliche Situation als eine solche erleben, die selbständiges und selbstverantwortetes Handeln erfordert. Die Beantwortung von Frage 3 läßt den vorsichtigen Schluß zu, daß die Ausbildung in der Einschätzung ihrer Absolventen zumindest einen Anteil hat an ihrer professionellen Handlungsfähigkeit. Und die Antworten zu Frage 4 und 5 erlauben die Vermutung, daß diese Kompetenz mit der anderer Berufsangehöriger durchaus vergleichbar ist.

Insbesondere läßt diese Befragung noch keine Aussage über den Grad an Professionalisierung im Sinn des in dieser Schrift vertretenen Berufsbildes zu. Wohl konnte der von vielen Bewerbern gewählte Aspekt „Begegnung und Beziehung"[122] im Sinn tatsächlicher Merkmale und Anforderungen des Berufs differenziert und konkretisiert werden. Inwieweit dem Aspekt des Vermittelnkönnens[123] jedoch bereits ein reflektiertes Rollenverständnis zugrunde liegt[124] oder inwieweit das klassische Rollenverständnis der Frau in der

---

[120] Vgl. Kap. 2.4
[121] Vgl. Kap. 3.5
[122] Vgl. Kap. 5.1
[123] Vgl. Kap. 2.4
[124] Dessen wichtigster Indikator wäre die Verknüpfung einer gewissen Empathie mit der notwendigen pflegerisch-therapeutischen Distanz.

Familie[125] sich hier noch auswirkt, kann auf der Grundlage der vorliegenden Befragung nicht eindeutig beantwortet werden.

Das Problem der beruflichen Identitätsfindung ist außerordentlich vielschichtig. Neben der Arbeit am Berufsbild in der Ausbildung haben die berufliche Praxis, das Selbstverständnis der dort arbeitenden Berufsangehörigen und das Fremdbild durch Angehörige anderer Berufe und Klienten (z. B. Patienten oder Bewohner) entscheidenden Einfluß. Allein vom Standpunkt der beruflichen Bildung aus, läßt sich das Problem der Professionalisierung nicht lösen. Aus- und Fortbildung können jedoch die Auseinandersetzung mit dem eigenen Berufsbild immer wieder initiieren. Weiterhin ist zu diesem Thema konzeptionelle Zusammenarbeit zwischen Lehrern und Leitungskräften aus dem Pflegebereich angezeigt. Beides zu intensivieren legt das Befragungsergebnis nahe.

Die wissenschaftliche Bedeutung dieser Erhebung schätze ich folgendermaßen ein: Aufgrund des eingeschränkten Personenkreises kann diese Untersuchung nicht als repräsentativ gelten. Meiner Meinung nach liegt ihr Wert jedoch zumindest darin, ein paar gültige Einschätzungen der Bedeutung des Herdecker Konzepts in Bezug auf den in diesem Buch vertretenen Bildungsanspruch zuzulassen. Auch sind die Ergebnisse insofern als zuverlässig anzusehen, als das Spektrum der Antworten in Bezug auf die Kategorien jeweils relativ widerspruchsfrei in eine spezifische Richtung weist. So deuten z.B. alle Antworten auf Frage 2 in Kap. 5.5 in Richtung instrumentelle Fähigkeiten, bzw. Persönlichkeitsmerkmale; keine Antwort beschreibt ein spezifisches berufliches Verhalten. Im übrigen kann diese Untersuchung zur Konkretisierung weiterführender Forschungsfragen beitragen bzw. diese anregen.[126] Und schließlich kann sie die Richtung weisen, in der Verbesserungen für die Ausbildung angestrebt werden können.[127]

Die Richtigkeit der Anwendung bildungstheoretischer Prinzipien in der Berufsbildung, wie sie in diesem Buch entworfen wurden, scheint durch diese Befragung bestätigt zu werden. Ich messe diesem Ergebnis erhebliche Bedeutung bei, da angesichts der formalen und inhaltlichen Vorgaben durch die Gesetzgebung bei Lehrenden und Lernenden immer auch ein Sich-einlassen-können auf Unwägbarkeiten[128] dazugehört, um zugunsten einer exemplarischen

---

[125] Vgl. Kap. 2.3.
[126] Mögliche Schwerpunkte:
  – Herausfiltern derjenigen Themen und Methoden, die in erster Linie bildend, d. h. schlüsselkompetenzfördernd im Sinn dieses Buches sind.
  – Weitere Entwicklung der persönlichen und beruflichen Biographie der AbsolventInnen in bezug auf Lebens- und Berufsbewältigung. Mögliche Indikatoren wären das berufliche Innovationspotential, und das Maß an beruflicher und persönlicher Individuation (im Sinn von Reifung und Differenzierung der Persönlichkeit).
[127] Beispielsweise wirft sie die Frage auf, inwieweit es gelungen ist, den medizinischen Unterricht (der nicht durch das Lehrerkollegium abgedeckt wird) in das Gesamtkonzept zu integrieren.
[128] Viele Menschen in der Ausbildung bringen zunächst durchaus das noch unreflektierte Bedürfnis mit, für alle möglicherweise in der beruflichen Praxis vorkommenden Situationen vorbereitet zu werden

Vertiefung des Stoffes an ausgewählten Themen und zugunsten unkonventioneller, kooperierender Methoden eben nicht die ganze Bandbreite der beruflichen Inhalte abzudecken.

6 Zusammenfassung

In diesem Buch werden wesentliche Grundlagen, Hintergründe und Anwendungsmöglichkeiten eines entwicklungsorientierten Bildungsansatzes beschrieben und dazu die Soziologie (Sozialisation, Risikogesellschaft), die Psychologie (Einfluß der Medien, Biographik, Lernen), die Pflegewissenschaft (Berufsverständnis), die Geschichtswissenschaft (Eckpunkte der abendländischen Kulturentwicklung), die Philosophie (Ästhetik) und natürlich vor allem die Pädagogik einbezogen. Warum soweit ausholen? In den letzten Jahren ist den mit der beruflichen Bildung in der Pflege betrauten LehrerInnen eine Flut von neuen pädagogischen Konzepten begegnet. Handlungsorientierter Unterricht, erfahrungsbezogenes Lernen, Spielpädagogik, Gestaltpädagogik und Projektunterricht sind nur einige, die inzwischen Eingang in die Pflegeaus- und -fortbildung fanden. Sie erweitern auf erfreuliche Weise das Repertoire der Lehrenden. Es stellt sich jedoch die Frage: Ist ein Unterricht schon bildend, wenn die SchülerInnen die Möglichkeit zur aktiven Beteiligung haben?

Meine Intention war es, die Merkmale und Prinzipien herauszuarbeiten, die vor dem Hintergrund des hier vertretenen Menschenbildes den Anspruch an Bildung im Sinn der Persönlichkeitsentwicklung markieren. Erst vor diesem Hintergrund kann es möglich werden, die tatsächliche Bildungspotenz einer Unterrichtsmaßnahme zu beurteilen. Zu diesem Zweck wurde der historische Ursprung dieses Konzeptes von Bildung bis in die Antike zurückverfolgt. So konnte deutlich werden, daß der Beginn der abendländischen Kultur im pädagogischen Sinn durch einen gesamtgesellschaftlichen Lernprozeß gekennzeichnet ist, dessen Schwerpunkt im Erüben des individuellen Urteils- und Handlungsvermögens lag. Dieser Lernprozeß hat verschiedene Wandlungen erfahren, die schließlich im Neuhumanismus zum Bewußtsein der konstruktiv-schöpferischen Selbstbestimmungsfähigkeit des Menschen geführt haben. Es konnte gezeigt werden, daß Bildung in dem hier entwickelten Sinn sich seit über 2000 Jahren immer durch ein spezifisches Merkmal auszeichnet, und zwar durch ein dialektisches Verschränktsein von Kunst und Wissenschaft, Ars und Scientia. Von Schiller schließlich wurde die ästhetische Dimension begrifflich in die Pädagogik eingeführt. Er hat damit quasi anthropologisch Kants' kategorischen Imperativ[129] überwunden und den Freiraum markiert, in dem menschliche Entwicklung sich verwirklicht. Persönlichkeitsentwicklung in diesem Sinn ist nicht durch Unterdrückung des sinnlichen Menschen (Kant) gekennzeichnet, sondern durch einen künstlerisch-schöpferischen Prozeß in dem der Mensch durch Verschränkung und Verwandlung der sinnlichen Triebe mit den sittlichen Normen seine individuelle Gestalt gewinnt. Diese schöpferische Gestaltungsfähigkeit war die eigentliche Quelle der Menschenbildung seit der Antike. Das künstlerische Üben war ein Mittel zur Vervollkommnung des Menschen. Noch im Mittelalter war die Hochschule ein Ort der Künste und gleichzeitig der Wissenschaft. Und auch im Idealismus waren künstlerischer und wissenschaftlicher Prozeß nicht scharf getrennt wie heute: Goethe führte den Entwicklungsgedanken wissenschaftlich in seiner Botanik und künstlerisch in seiner Dichtung aus.

In Bezug auf Unterrichtsmethodik ist der Bildungsaspekt im Sinn der vorliegenden Schrift also erst erfüllt, wenn sie dem schöpferischen Gestaltungswillen und -vermögen der Lernenden Raum gibt. Dieser Aspekt ist implizit in der didaktischen Analyse Klafkis vorhanden[130], aber er ist nicht ausgearbeitet und konkretisiert. Auch beim Konzept der Schlüsselkompetenzen handelt es sich um ein bildungstheoretisches Modell mit dem Schwerpunkt auf der (Bildungs-)Zielformulierung. Im Rahmen dieses Buches wurde daher besonderer Wert darauf gelegt, auch Aussagen zur Umsetzung dieses Gestaltungsaspektes im Lernprozeß zu machen. Ein wesentliches Ergebnis dieser Arbeit liegt also in der Feststellung, daß ein Unterricht nicht allein dadurch bildend wird, daß SchülerInnen aktiv werden. In dem hier entwickelten Sinn verdient er dieses Prädikat erst, wenn der Schwerpunkt nicht primär auf kognitiver Verarbeitung und motorischer Aktion liegt, sondern wenn auch die ästhetische Gestaltungsfähigkeit angesprochen wird. In der Unterrichtswirklichkeit werden SchülerInnen praktisch immer kreativ, wenn sie Raum für eigene Aktionen bekommen. Die Frage ist dann allerdings, wie die Lehrerin das aufgreift. Versucht sie die Arbeitsergebnisse in der Ergebnissicherungsphase des Unterrichts mit ihren Unterrichtszielen und inhaltlichen Vorgaben

---

[129] Im Sinn des Kantschen kategorischen Imperativs soll jeder Mensch die Maxime ausbilden, sein Verhalten stets daraufhin zu überprüfen, ob es einem allgemeinen Sittengesetz gerecht wird (vgl. Gil, 1993).

[130] Selbstbestimmungs-, Mitbestimmungs- und Solidaritätsfähigkeit setzen eine konstruktiv produktive Auseinandersetzung mit der Umwelt im Sinn eines schöpferischen Gestaltenkönnens voraus.

zu synchronisieren, oder ist sie in der Lage, das Neue, was gefunden wurde, als solches wirklich aufzugreifen und weiter zu bearbeiten? In vielen Unterrichten wird der hier explizierte Bildungsprozeß seit vielen Jahren schon Wirklichkeit sein. In dem Konzept des offenen Unterrichts ist er geradezu veranlagt. Es ist also nicht das Verdienst des Autors, ein neues didaktisches Konzept gefunden zu haben. Sollten die Leserinnen und Leser diesem Buch überhaupt einen Erkenntnisgewinn zuerkennen wollen, besteht er meiner Meinung nach darin, eine Begrifflichkeit zugänglich gemacht zu haben, mit der das Zentrum des Bildungsprozesses, das schöpferische Wahrnehmungs- und Gestaltungsvermögen eines jeden Menschen, begrifflich faßbar und damit der Pädagogik (wieder) zugänglich gemacht werden kann. Mit der Begründung, daß die Wirksamkeit des hier entwickelten Bildungsverständnisses nicht beweisbar, wohl aber beschreibbar (erzählbar) ist, bitte ich all diejenigen, die beim Lesen die Geduld verloren haben, die epische Länge dieser Studie zu entschuldigen.

Anhang

Um den LeserInnen Gelegenheit zu geben, meine Interpretationen zu überprüfen, sind die Daten aus beiden Erhebungen (Bewerbermotivation und Evaluation) hier vollständig wiedergegeben.

Bewerbermotive

[PiA-Motive; Bewerbung]

„Mir wurde jedoch in der letzten Zeit immer stärker bewußt, daß die eigentliche Aufgabe des Berufs der Krankenschwester, nämlich das Pflegen und Helfen, auch die Auseinandersetzung mit dem Patienten als Mensch, · immer mehr in den Hintergrund tritt zugunsten der überhandnehmenden Diagnostik und der fortschreitenden Technisierung der Medizin." [Erfahrungen aus einer bereits begonnenen Pflegeausbildung]

[PiA-Motive; Bewerbung]

[Nach dem Praktikum in einer anthroposophischen Einrichtung] „Mir liegt sehr viel daran, direkten Kontakt mit Menschen zu haben und auch in einem Team zu arbeiten. Ich besitze auch großes therapeutisches Interesse. Mich fasziniert dabei, daß der Patient dazu motiviert wird, den Krankheitsverlauf mit zu beeinflussen."

[PiA-Motive; Bewerbung]

„ich habe mir lange überlegt, ob dieser Beruf der richtige für mich ist und bin zu dem Entschluß gekommen, daß ich hier praktisch mit Menschen arbeiten kann, doch daß auch eine geistige Arbeit sehr wichtig ist."

[PiA-Motive; Lebenslauf]

„Interessiert war ich auch sehr an Biographien von großen Persönlichkeiten. Ich bewunderte Menschen wie A. Schweizer, Mutter Theresa, M. L. King und alle anderen, die ihr Leben für Menschen eingesetzt hatten."

[PiA-Motive; Erfahrungsbericht]

„Mir machte es sehr viel Spaß, Menschen zu duschen oder zu waschen, da man einen direkten Kontakt zu den Patienten hatte. Man [...] sieht, wie sich ein Körper durch das Alter oder durch eine schwere Krankheit verändern kann. Außerdem erfährt man oft wichtige Dinge über das Leben des Patienten."

[PiA-Motive; Lebenslauf]

[Nach einem Identitäts- und Glaubensfindungskurs nach abgeschlossenem Lehramtsstudium] *„Die Erfahrungen dieser Woche haben mich gestärkt und auch befähigt, die notwendigen Konfrontationen mit meinen Eltern und meinen Freunden auszutragen."*

[PiA-Motive; Erfahrungsbericht]

[Über die Schwestern auf einer inneren Station] *„Und sie waren übermäßig beschäftigt und für vieles verantwortlich. Das sah ich, aber die Frage für mich ist: wie können Menschen in solchen Umständen gesund werden? Mit Gleichgültigkeit und Tablette?"*

[PiA-Motive; Erfahrungsbericht]

„Dieses Praktikum macht mir viel Freude, denn es gibt mir das befriedigende Gefühl, mit meiner Gegenwart etwas zu verändern und eventuell dazu beizutragen, dem Patienten den Aufenthalt im Krankenhaus zu erleichtern und zu verschönern."

[PiA-Motive; Erfahrungsbericht]

[Über die Betreuung alter Menschen in einer inneren Abteilung] *„Die Schwierigkeit, mit den Patienten zu kommunizieren, ist eine Herausforderung."*

[PiA-Motive; Erfahrungsbericht]

„Durch die Begegnung mit den unterschiedlichsten Menschen wird das Praktikum nicht zur Routine – trotz der vielen Routinearbeiten."

[PiA-Motive; Bewerbung]

„Daher reizt mich am Berufsbild der Krankenschwester die Möglichkeit, großes theoretisches Fachwissen mit praktischer Anwendung zu verbinden. Besonders wichtig ist mir der Umgang mit Menschen, der immer bereichernd und nie langweilig ist."

[PiA-Motive; Erfahrungsbericht]

„Da kam mir auch die Frage, wie ich dieses Schicksal begreifen kann."

[PiA-Motive; Erfahrungsbericht]

[Über die Pflege bei einem polytraumatisierten Patienten mit Stammhirnblutung] *„Die Pflege war zwar besonders 'mühsam', da er durch die Bewegungsunfähigkeit sehr schwer war, aber es war doch ein Geschenk, mit ihm* *umzugehen und ihn dadurch wieder mit dem Leben in Zusammenhang zu bringen."*

[PiA-Motive; Lebenslauf]
   [Nach dem Pflegepraktikum] *„Im Laufe der Zeit in B. hatte ich viele schöne zwischenmenschliche Erlebnisse, die mich immer mehr ermunterten, weiter pflegerisch und später eventuell auch heilpädagogisch zu arbeiten."*

[PiA-Motive; Erfahrungsbericht]
   „In dieser Zeit habe ich erfahren, daß es eine sehr schöne und dankbare Aufgabe ist, kranken Menschen helfen zu können."

[PiA-Motive; Bewerbung]
   [Nach einer Ausbildung bei der Post und Berufstätigkeit als Postbotin] *„Im Beruf der Krankenschwester sehe ich für mich eine sinnvolle Aufgabe, da sich dadurch meine Interessen und, wie ich meine, auch Fähigkeiten im Umgang mit Menschen produktiv in die Tat umsetzen lassen würden."*

[PiA-Motive; Bewerbung]
   [Nach über 5jähriger Tätigkeit in der Heilpädagogik] *„Mein Interesse galt schon immer dem medizinischen Bereich."*

[PiA-Motive; Erfahrungsbericht]
   [Über die Betreuung einer Alkoholikerin im Praktikum, die ihr Befinden nur noch durch Gesten ausdrücken konnte] *„Ich könnte noch so viel über diesen Menschen schreiben, der einen so tiefen Eindruck auf mich gemacht hat. Sie war es auch, die mir vielleicht Fähigkeiten aufgedeckt hat, von denen ich selbst überhaupt nichts wußte."*

[PiA-Motive; Lebenslauf]
   [Schülerin hatte Studium der Sozialpädagogik aufgenommen] *„[...] und mehr und mehr wurde mir klar, daß die Sozialpädagogik für mich immer ein Kompromiß bleiben würde, weil der Versuch mich nicht befriedigt, Probleme vom Schreibtisch aus zu lösen."*

[PiA-Motive; Lebenslauf]
   [Nach einem Praktikum in der Landwirtschaft] *„In dieser Zeit lernte ich mit vielen verschiedenen Menschen, oft in extremen Situationen, wie sie auf einem Bauernhof und in der Einsamkeit gegeben sind, zusammen zu leben und zu arbeiten. Besonders interessierten mich die Formen mensch-*

lichen und familiären Zusammenlebens, [...] die Ursachen von Spannungen und Schwierigkeiten im gemeinschaftlichen Leben."

[PiA-Motive; Bewerbung]
„Es ist ein Beruf, der immer neue Anforderungen an den Menschen stellt, ihn dadurch weiter entwickelt [...]."

[PiA-Motive; Erfahrungsbericht]
[Über das Praktikum in einer Sozialstation] *„Was mich von Anfang an faszinierte an der Pflege, war die persönliche, individuelle Arbeitsweise, was durch die heimische Umgebung erleichtert wurde."*

[PiA-Motive; Erfahrungsbericht]
„Ich erlernte, die Menschen zu verstehen und konnte sie von einer anderen Seite sehen, als manche ihrer Angehörigen."

[PiA-Motive; Erfahrungsbericht]
[Aus dem Zivildienst im Altenheim] *„Zusätzlich hilft einem der Umgang mit den Menschen, etwas mehr über sich selbst zu erfahren."*

[PiA-Motive; Bewerbung]
„Die Herausbildung der Persönlichkeit des Auszubildenden während der Ausbildung ist [...] ein weiterer wichtiger Gesichtspunkt."

[PiA-Motive; Erfahrungsbericht]
„[...] ich konnte in dieser Zeit die Arbeit tun, in der ich einen Sinn sah, und dies ist für mich vielleicht das Wichtigste überhaupt."

[PiA-Motive; Erfahrungsbericht]
„Gerade diese Nähe zwischen zwei Menschen [...] bietet die Möglichkeit für den Kranken, etwas zu bekommen, was elementar zum Heilwerden dazugehört: Hilfestellung selbst bei intimsten Tätigkeiten, Zuwendung zur Erlangung von (Selbst-)Sicherheit, Wohlbefinden zur Überwindung von Schmerzen oder anderen Belastungen."

[PiA-Motive; Erfahrungsbericht]
[Nach 2 Jahren Arbeit als Helferin] *„Die Aufgabe der Pflegeperson sehe ich darin, ihrem Gegenüber das Vertrauen zu vermitteln, als Person angenommen zu sein und den Patienten auf dem Weg der Heilung zu begleiten."*

[PiA-Motive; Bewerbung]
„Die persönliche Zuwendung und Aufmerksamkeit halte ich für das Allerwichtigste. "

[PiA-Motive; Erfahrungsbericht]
[Im Praktikum in der Neurologie] *„Ich mußte, während ich versuchte, diesen Menschen ein angenehmes Leben im Krankenhaus zu machen, oft daran denken, daß es mich ja mal genauso treffen könnte. Diese Gedanken machten mich oft auch ziemlich fertig, und ich versuchte, mich an der Erfolgen festzuhalten. "*

[PiA-Motive; Erfahrungsbericht]
„Oft fragte ich mich: 'Wie gehe ich als gesunder, glücklicher, junger Mensch mit solchen schwer betroffenen Menschen um?' Oder ich versuchte zu beobachten, wie der Patient sein Schicksal in die Hände nimmt und wie er mit seiner schweren Krankheit umgeht. "

[PiA-Motive; Erfahrungsbericht]
„Bemerkenswert aber fand ich immer wieder aufs Neue, wie sehr sich ein Mensch verändern kann, allein schon durch ein Minimum an menschlicher Wärme, Fürsorge und Zuwendung. "

[PiA-Motive; Erfahrungsbericht]
„Das Praktikum auf dieser Station der inneren Abteilung hat mir sehr gut gefallen. Es hat mich das erste Mal mit Menschen konfrontiert – meist alten – die wirklich auf die Hilfe zum Leben angewiesen waren [...]. "

[PiA-Motive; Erfahrungsbericht]
[Über die Begleitung chronisch Kranker] *„Und wenn ich ihn nicht bei der Gesundung begleiten und betreuen kann, so doch auf jeden Fall nicht weniger beim Krank-bleiben oder Sterben. "*

[PiA-Motive; Erfahrungsbericht]
[Über seine Praktikumserfahrungen mit Tumorpatienten] *„Bei der Betreuung dieser Patienten ist besonders wichtig, was meines Erachtens eine Grundlage für die Pflege Kranker ist, nämlich emotionale Hemmungen abzulegen und offen und einfühlsam auf den Patienten zu- und einzugehen. "*

[PiA-Motive; Bewerbung]
[Nach einer Aushilfstätigkeit in der Psychiatrie] *„Mir ist [...] sehr wichtig, auch für die Zukunft mit Menschen umzugehen, ihnen zu helfen und sie zu begleiten."*

Befragung

1) Haben sich für Dich vom Zeitpunkt des Ausbildungsbeginns bis heute wesentliche persönliche Werthaltungen oder Einstellungen geändert (im alltäglichen Leben und/oder in Bezug auf den Beruf)? Welche sind das? Welche Gründe kannst Du erkennen?

1	Während der Ausbildung bemerkte ich, daß meine eigene Persönlichkeitsentwicklung mehr Priorität erhielt gegenüber dem Ziel „Menschen helfen zu wollen". Dies hat mich sehr positiv überrascht, da ich diese Entwicklung nicht massiv erwartet habe. Geändert hat sich die Einstellung zu meinem Leben, ich habe gelernt, ein eigenständiger, freier Mensch zu werden, habe so ein klareres Verhältnis zu meinen Eltern, der Kirche, meinem Glauben.
2	Eine wichtige Lernerfahrung, die ich durch die Pflegetätigkeit machen konnte, die sich aber auf viele Bereiche meines Lebens ausgewirkt hat: durch das innerliche Sich-distanzieren von einer Situation – einem Schicksal etc. überhaupt erst wirklich in der Lage zu sein, etwas zu sehen, anstatt blind in Symbiose zu leben.
3	Allgemein: Der Umgang mit meinen Mitmenschen und mir. ■ Akzeptanz Konfrontation mit unterschiedlichen Denkweisen und Einstellungen durch Mitschüler, Patienten und Mitarbeiter. ■ Echtheit auch durch Pat., Mitsch. und Mitarb. mir gegenüber und anderen ehrlich und kongruent sein, als Ideal. ■ Mich mehr wertschätzen zu lernen und vor allem mit jedem Menschen, egal welchen Berufsfeldes etc. mich gleichwertig zu fühlen. Grund: Auseinandersetzung und Behauptung der eigenen Person als Schüler mit anderen Positionen im Krh. und in der Schule. ■ Konsequenter, geplanter u. strukturiertes Umgehen mit Erledigen in Schule und Krh. (Arbeitsfeld).
4	Im alltäglichen Leben: Wesentlich geändert eigentlich nicht, ich fühle mich aber besser in der Lage, sie [Einstellungen] zu formulieren, zu vertreten und zu verwirklichen.

Im Beruf: Geändert hat sich das Selbstverständnis meines Berufes, z. B. nicht nur „ärztliches Hilfspersonal" zu sein oder auch z. B. dem Patienten „zur Seite zu stehen" und nicht ihm gegenüber (das bleibt natürlich immer auch ein Ideal im Berufsalltag!). Gründe: Nach der Ausbildung kann ich mehr „zu mir" stehen, stärkeres Selbstvertrauen, fachliche Qualifikation.

| 5 | Einstellungen im alltäglichen Leben vor der Ausbildung: |

5 | Einstellungen im alltäglichen Leben vor der Ausbildung:
1. Man wollte am liebsten alles an sich verändern, was man von außen bei anderen od. durch Anregungen gesehen hat.
2. Ideale waren weiter weg. Man idealisierte mehr die Welt.
Gründe:
- Man möchte jemand anderes werden.
- Man hat mehr mit Gedankengebäuden gearbeitet.
Heute:
- Man sieht, gewisse Dinge gehören zu seiner Persönlichkeit. Man kann sich nur in kleinen Schritten verändern. Nur einige angehen.
- Heute sieht man, daß die Ideale vor einem liegen und nicht in der nächsten Ausbildung mit viel tolleren Menschen.
Berufsleben vorher:
1. Das wesentliche Gelernte anwenden, Neugier, Lebenspraxis erproben, Ressourcen von außen waren einem wichtig. Man verbrachte z. B. auch einmal einen Morgen in einem Zimmer, redete mit Patienten und nahm sie voll in sich auf.
Berufsleben nachher:
2. Das Gelernte bewahren und ausbauen ist mir heute wichtig. Mehr an einzelnen Dingen/Verrichtungen dranbleiben. Experimentieren. Nicht Pflege Routine werden lassen. Z. B. Senfmehlfußbad bei Sanguiniker oder Phlegmatiker, was muß ich beachten. Man möchte einfach kleine Ausschnitte in der Pflege vertiefen, weil man im Alltag gesehen hat, alles geht nicht. Man sieht schon, Pflege und Persönlichkeit hat viel miteinander zu tun.

6 | a) Durch die vielen Gespräche während der Ausbildung in bezug auf Beruf und Mensch habe ich gelernt, mehr zu hinterfragen und mir meine Tätigkeiten und die des Umfelds ins Bewußtsein zu rufen.
b) Während der Ausbildung habe ich Hierarchien als abschreckend empfunden (innerhalb eines Teams), jetzt betrachte ich es als rahmengebender, strukturierter, eine Stationsleitung zu haben, die vorgibt, aber auch annimmt.

	c) Wenn ich mein Wohlbefinden berücksichtige, kann ich besser arbeiten, trage zum Wohl des Teams mit bei (dies war mir vorher nicht klar).
7	Mein Bezug zum Tod hat sich durch die Ausbildung theoretisch und durch die praktische Erfahrung sehr geändert. Gründe sind Offenheit und viel Austausch. Die Frage, warum bin/werde ich krank? Die anthroposophischen Hintergründe halfen mir.
8	Ganz grundsätzlich ein zunehmender Wandel im Empfinden und Erfahren einer eher fraulichen/weiblichen Haltung dem Leben gegenüber. ■ Pflegen und erhalten, statt bloß erkennen und „machen". ■ Mehr Zeit nehmen und soziale Prozesse und Lebensqualität wichtiger finden als Fortschritt und Karriere. ■ Mehr Mut, eine solche veränderte Haltung zu suchen und zu leben (in allen Bezügen; i. e. privat wie dienstlich). ■ Intensivere Beschäftigung mit der Frauen-Geschlechter-Menschlichkeitsfrage; aus der Erfahrung (als Pflegender), daß pflegende, nährende Lebenshaltungen (ähnlich wie gegenüber z. B. Müttern) in unserer modernen Welt hauptsächlich verkannt, bzw. gering geachtet sind.
9	■ Toleranz mir selbst und meiner Umwelt gegenüber hat sich sehr verbessert. ■ Kritikfähigkeit, sowohl Kritik annehmen zu können, als auch kritischer dem Mitmenschen gegenüber zu treten, deutlicher wahrnehmbar. ■ Empfindung von Symptomen/Stimmungen sehr erhöht. ■ Gefühl der Unabhängigkeit vom Arbeitgeber, da sehr sicherer Beruf. ■ Wertschätzung des Kollegen als Gleichen bzw. Ergänzung durch Hausdienste Küche/Technik usw. als Erfüllung erlebt.

2) Benenne bitte Fähigkeiten oder Eigenschaften, die Du heute für sehr wichtig hältst im Pflegeberuf.

1	■ Die Wahrnehmung ■ Das Interesse am Menschen/an seinem Schicksal ■ Die Fähigkeit, zu kommunizieren ■ Konstruktive Kritik zu äußern/zu erhalten ■ Das Arbeiten im Team, mit anderen Berufsgruppen

	■ Im Umgang mit Sterbenden und deren Angehörigen wahrhaftig zu handeln ■ Gemeinsam mit dem Patients Maßnahmen planen und auswerten
2	■ Organisationstalent ■ Flexibilität und die Fähigkeit, Schwerpunkte setzen zu können ■ Phantasie ■ Wärme ■ Freier Umgang mit Distanz und Nähe ■ Beobachtungsgabe ■ Intuitives Gespür ■ Eigene Grenzen kennen ■ Ehrlichkeit im Gespräch ■ Teamgeist ■ Neugierde und Interesse
3	■ Menschenschätzung (egal, wie der Patient sich benimmt) ■ Sich in andere Situationen versetzen können (Mitarb./Pat.) und das Interesse dafür (für andere in ihrer Situation und ihrem Blickwinkel) haben ■ In sich ruhen (nicht schnell in Panik geraten z. B. bei viel Arbeit) ■ Interesse an der Entwicklung von Mitmenschen
4	■ Selbstvertrauen/Persönlichkeit ■ Lernfähigkeit (Fortbildungen etc. wollen) ■ Fachliche Kompetenz ■ Eine gewisse (mit-)menschliche Reife ■ Ideale haben können/sie verfolgen können
5	1. Wahrnehmung – für Patient, seine Therapie (pflegerische Substanzen), Umfeld 2. Erkennen – was ist Pflege (trotz Technisierung und medizinischem Fachwissen in seinem Berufsfeld bleiben)? 3. Hinterfragen von Tätigkeiten 4. Phantasie haben 5. Prioritäten setzen (nicht immer sagen: man hat keine Zeit) 6. Kontinuität – eine gefundene pflegerische Geste für Pat. wochenweise aufrechterhalten 7. Würde mit Persönlichkeit ausstrahlen

	8. Produktivität im Gespräch/Kurvenführung 9. Sich in den anderen hineinversetzen, eigene Erfahrungen machen als Handlungsgrundlage 10. Wie gebe ich Fähigkeiten weiter an Lernende, Praktikanten, Kollegen (Methodik), Anleitung?
6	a) Flexibilität – es kommt oft anders, als geplant b) Organisationstalent c) Med. Wissen – erweitert meine Handlungsfähigkeit d) Hinterfragen lernen e) Geduld f) Austausch mit anderen g) Auf das eigene Befinden zu schauen
7	Kompetenz; Kritikfähigkeit, Annehmen und geben; Akzeptanz; Grenzen erkennen; Zuhören; Anleitung ...
8	2.1) Geplantes Vorgehen im Rahmen eines Pflegeprozesses. Nicht nur „machen", sondern „wissen", (Pat. und/oder Problem) erkennen, planen, flexibel anpassen an Mensch und Situation und von Zeit zu Zeit die geplante Pflege auf Aktualität prüfen und abschließende Evaluation/letzteres wird m. E. am meisten vernachlässigt. 2.2) „Wissen, was man tut und warum man es so tut!" Handeln aus erforschten und begründeten Inhalten und Ergebnissen und nicht aus Traditionen und unreflektierten Gewohnheiten, die zuweilen bis hin zu magisch-mystischen Hintergründen reichen (bzw. das Alte, „das war schon immer so").
9	■ Offenheit für neue Lernsituationen, Fortbildungen, Patientensituationen. ■ Erkennen von Wesentlichem/Unwesentlichem bei der Info-Ermittlung und Info-Weitergabe. ■ Bereitschaft, sich in bestehende Strukturen einzufügen. Andererseits Motivation, ggf. Veränderungen herbeizuführen im Sinn von Verbesserungen.

3) Welche dieser Fähigkeiten hat die Ausbildung bei Dir gefördert und warum?

1	Der Grundstock all der genannten Fähigkeiten wurde in der Ausbildung gelegt bzw. vertieft. ■ Durch eigenverantwortliches Handeln von Anfang an. ■ Durch das vermittelte Menschenbild. ■ Durch patientennahe Anleitung. ■ Raum für eigene, innere Auseinandersetzungen war gegeben => Persönlichkeitsentwicklung, „polares Denken" anstatt „Ursache-Wirkungsprinzip".
2	Ich denke, daß durch die Ausbildung vor allem auf vorhandene Fähigkeiten aufmerksam gemacht und diese geschult wurden. Besonders intensiv habe ich dies in Kursgesprächen, Auswertungsgesprächen nach Praxisanleitung, der Beschäftigung mit dem 2- und 5tägigen Pflegebericht und durch die künstlerischen Unterrichte erlebt.
3	Alle erwähnten! Durch das ständige Auseinandersetzen mit den Patienten, Mitarbeiter, Schüler.
4	Diese Fähigkeiten sollen die Ausbildung nicht fördern, sondern die Ausbildung soll diese Fähigkeiten fördern! Das ergibt dann wieder im Umkehrschluß eine Förderung dieser Fähigkeiten!
5	1. Wahrnehmungsübungen, Pflanzenbetrachtung, Pat. zeichnen, charakterisieren, Substanzen kennengelernt, Eigenstudium 2. Berufsbild erarbeitet, Entwicklung der Krankenpflege, Humoralpathologie, Demut — vom Urbild zum heutigen Leitbild der Pflege 3. Praxisanleitung (Wachgespräche), Evaluation 4. Anregung theoretisch/praktisch, Pflegeunterricht bei Dir, Pflegeplanung und individuelle Pflege 5. In der Praxis/Reflexion/Selbsteinschätzungen 6. An Aufgaben arbeiten, Verläufe beobachten, Bezugspflege, Patientenbesprechungen in der Praxis erlebt 7. Seminar Archiati (das Menschengemäße), Biographieseminar, Vorbilder, Jahresarbeit 8. Seminar van Houten, Anamnese-Stunden, Übergabe strukturieren, Pflegeplanung, Rollenspiele

	9. Praktische Übungen an uns: Ganzwäsche/Wickel/Tees/Ernährungslehre/Sterbeseminar (eigene Erfahrung prüfen); wie wollen wir sterben? 10. Anleitungskriterien erarbeiten
6	■ Flexibilität ■ Ansatzweise durch Praxisanleitung ■ Hinterfragen lernen und Austausch durch Gespräche im Unterricht ■ Auf das eigene Befinden schauen ■ Habe ich auch durch künstlerischen Unterricht gelernt
7	■ Die Kompetenz in einem gewissen Rahmen durch den Unterricht, aber stärker noch durch die praktische Arbeit. ■ Kritikfähigkeit mir selbst gegenüber durch Gespräche, Selbsteinschätzungen – anderen gegenüber kam erst später, in meiner jetzigen Arbeit. ■ Akzeptieren von mir selber durch den Wiesneckeinsatz, Gespräche daraus folgt das leichtere Akzeptieren von anderen. ■ Anleitung durch die Selbsterfahrung und Übung.
8	Geplantes Vorgehen schafft ein ruhiges Arbeitsleben (und auch privat), spart Kraft und Wege und erfreut geradezu durch das Erleben eines/des inneren, gedanklichen Überblicks.
9	■ Offenheit für neue Situationen sehr gefördert durch ständigen Wechsel der Einsätze/Lernfächer/Aussprachen usw. ■ Erkennen von Wesentlichem durch Auseinandersetzung mit Pflegeplanung. ■ Bereitschaft, sich in Team/Strukturen einzufügen durch Ausbildung insgesamt.

4) Wenn Du heute die Anforderungen im Pflegealltag erlebst, inwieweit fühlst Du dich ihnen gewachsen?

1	Ich fühlte mich von Anfang an den mir gestellten Anforderungen gewachsen und hatte dadurch den Freiraum, mich mit den neuen Gegebenheiten vertraut zu machen. Schnell konnte ich auch meinen beruflichen Interessenschwerpunkten nachgehen, in Form von Arbeitsgruppen und Seminaren.

2	Habe mich dem Pflegealltag gut gewachsen gefühlt. Die in Punkt 1 beschriebene Erfahrung war hier wesentlich, um den Überblick über eine größere Pflegegruppe zu bewahren, Anleitung zu integrieren etc. An einer auf diese Weise durchstrukturierten Tätigkeit habe ich richtig Spaß entwickelt.
3	Schon gewachsen, bloß meine ich, den Patienten nicht richtig gerecht werden zu können (zeitlich und auch, weil zu wenig Pausen für mich gegeben sind, die verschiedenen Schicksale zu verkraften und dabei nicht als Schutzmechanismus mich zu verschließen und abzustumpfen).
4	Fachlich fühle ich mich momentan (sechs Wochen in der Psychiatrie) noch nicht so sehr gewachsen, da die Psychiatriepflege in der Ausbildung so gut wie nicht behandelt wird. Ich fühle mich heute allerdings konfliktfähiger als vor der Ausb., kann Qualität und Sicherheit in der Pflege sicherstellen und muß noch viel Geduld aufbringen, um Erfahrung und Kompetenz im Fach zu erwerben.
5	■ Wunsch, mehr Pflegemaßnahmen auszutauschen mit Kollegen, andere Aspekte wären mir wichtig ■ Mehr Sicherheit in Wirkung von Wickeln, Einreibungen ■ Mehr Fachpersonal würde mehr Sicherheit im Alltag geben, um Pflege ausführlicher machen zu können und nicht nur punktuell oder von Praktikanten. (Anleitungssituation überfordert mich teilweise) ■ Technische Sicherheit durch Ausbildung gut angelegt ■ Strukturiertes Arbeiten kein Problem ■ Medizinische Erstmaßnahmen teilweise unsicher
6	Mit meiner pflegerischen Ausbildung und meiner Person fühle ich mich den Anforderungen gewachsen – meistens; zumindest nimmt es mit der Erfahrung zu. Dies gehört weniger zur persönlichen Entwicklung: Medizinisches Wissen und daraus resultierende Handlungen hätten uns fundierter vermittelt werden sollen (meine Meinung!). Pflegerisch war die Ausbildung gut, was jedoch das medizinische Wissen betrifft, da geht die Waagschale nach oben. Aber möglicherweise liegt dies auch an dem ärztlichen Personal, welches „unter dem Druck steht", Unterricht abzuhalten, daran aber nicht interessiert ist. Ich fand dies teilweise in Herdecke chaotisch.

7	Je nach Situation natürlich. Dem Thema Sterben und Tod fühle ich mich nie wirklich gewachsen, aber auch das ist unterschiedlich. Dem normalen Pflegealltag fühle ich mich gewachsen, was auch mit der täglichen Routine zu begründen ist. Durch die Routine kann ich mich leichter akuten Anforderungen stellen. Meine eigenen Grenzen rechtzeitig zu erkennen ist schwer; zu hoher Anspruch?
8	Die erlernte und geübte Anforderung, geplant vorzugehen, verschaffte mir auch die Möglichkeit, gefaßte Pläne – wie das in der Pflege häufiger der Fall ist – fallenzulassen und neue zu fassen bzw. schnell so umzustellen (Improvisieren) daß sie den ständig wechselnden Situationen mit individuellen Menschen (Patienten) immer neu gerecht werden. – Daraus, aus dem eher Gerecht-werden-können (der Situation) resultiert für mich auch ein hohes Maß an Arbeitszufriedenheit.
9	In der Regel ganz gut, allerdings schon wieder sehr spezialisiert.

5) Fühlst Du Dich ähnlich kompetent wie Deine KollegInnen? Wo erlebst Du Abweichungen?

1	Für meine fast zwei Jahre Berufserfahrung fühle ich mich in meiner Tätigkeit kompetent, was mir auch in Zwischengesprächen bestätigt wird. Großes Interesse gibt es von Seiten der Mitarbeiter u. Patienten an meinen Erfahrungen mit den äußerlichen Anwendungen. Die Umsetzung in die Tat erfolgt meist recht schnell, und die Erfolge sind nicht von der Hand zu weisen.
2	Ja, durchaus.
3	Ja, ich fühle mich ähnlich kompetent. In der Routine weniger und auch in der Abschätzung von Gefahrsituationen. In Situationen, wo es um das Einfühlen in die Patienten geht oder um die Menschenschätzung, fühle ich mich in Vergleich zu einigen kompetenter. Ebenfalls, wenn es darum geht, nicht durch viel Arbeit in Panik zu geraten.
4	Abweichungen sind natürlich durch die sehr unterschiedlichen Erfahrungen zu erleben. In der „pflegerischen Grundkompetenz" (Basiswissen, Techniken, theoretischer Hintergrund etc.) fühle ich mich allerdings mindestens genauso kompetent wie andere Kollegen (fachliche Kompetenz ausgenommen, d. h. hier Psychiatriekenntnis).

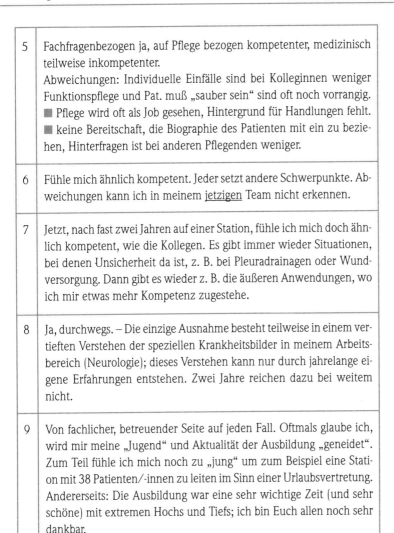

5	Fachfragenbezogen ja, auf Pflege bezogen kompetenter, medizinisch teilweise inkompetenter. Abweichungen: Individuelle Einfälle sind bei Kolleginnen weniger Funktionspflege und Pat. muß „sauber sein" sind oft noch vorrangig. ■ Pflege wird oft als Job gesehen, Hintergrund für Handlungen fehlt. ■ keine Bereitschaft, die Biographie des Patienten mit ein zu beziehen, Hinterfragen ist bei anderen Pflegenden weniger.
6	Fühle mich ähnlich kompetent. Jeder setzt andere Schwerpunkte. Abweichungen kann ich in meinem jetzigen Team nicht erkennen.
7	Jetzt, nach fast zwei Jahren auf einer Station, fühle ich mich doch ähnlich kompetent, wie die Kollegen. Es gibt immer wieder Situationen, bei denen Unsicherheit da ist, z. B. bei Pleuradrainagen oder Wundversorgung. Dann gibt es wieder z. B. die äußeren Anwendungen, wo ich mir etwas mehr Kompetenz zugestehe.
8	Ja, durchwegs. – Die einzige Ausnahme besteht teilweise in einem vertieften Verstehen der speziellen Krankheitsbilder in meinem Arbeitsbereich (Neurologie); dieses Verstehen kann nur durch jahrelange eigene Erfahrungen entstehen. Zwei Jahre reichen dazu bei weitem nicht.
9	Von fachlicher, betreuender Seite auf jeden Fall. Oftmals glaube ich, wird mir meine „Jugend" und Aktualität der Ausbildung „geneidet". Zum Teil fühle ich mich noch zu „jung" um zum Beispiel eine Station mit 38 Patienten/-innen zu leiten im Sinne einer Urlaubsvertretung. Andererseits: Die Ausbildung war eine sehr wichtige Zeit (und sehr schöne) mit extremen Hochs und Tiefs; ich bin Euch allen noch sehr dankbar.

Literaturverzeichnis

Arnold, Rolf: Betriebliche Weiterbildung. 2. Aufl., Heilbrunn/Obb. (Klinkhardt) 1991

Bäcker, G.: „Arbeitsbedingungen in der Krankenpflege". Ausbildung und Arbeitssituation der Pflege in der Diskussion. Hrsg. Neander, Klaus-Dieter. München, Bern, Wien u. a. (Zuckschwerdt) 1990, S. 58–84

Baumbach, Birgit: Die Bildungsfähigkeit des Menschen als Grundlage der Pädagogik. Stuttgart (Freies Geistesleben) 1994

Beck, Ulrich: Risikogesellschaft. Auf dem Weg in eine andere Moderne. Frankfurt/M. (Suhrkamp) 1986

Benner, Patricia: Stufen zur Pflegekompetenz. From Novice to Expert. Bern (Hans Huber) 1994

Benz, Richard: „Die romantische Geistesbewegung". Propyläen Weltgeschichte. Eine Universalgeschichte. Achter Band. Sonderausgabe. Hrsg. Mann, Golo; Heuß, Alfred. Berlin, Frankfurt/M. (Propyläen) 1986, S. 193–235

Bergmann, Wolfgang: Heimisch zwischen Trance und Schock. In: Zeitpunkte, Jg. 1996, Heft 2, S. 13–15

Beyer, Günther: Brain-fitness. Düsseldorf (Econ) 1994

Bischoff, Claudia: Theorie und Praxis – Konflikt in jeder Ausbildung? In: Pflegepädagogik, 3. Jg. (1993), 2. Heft, S. 8–15

Böhle, Brater, Maurus: Pflegearbeit als situatives Handeln. In: Pflege, 10. Jg. (1997), Heft 1, S. 18–22

Bollnow, Otto F.: Vom Geist des Übens. Eine Rückbesinnung auf elementare didaktische Erfahrungen. 3., durchg. und erweit. Aufl., Stäfa, CH (Rothenhäusler) 1991

Borst, Arno: „Religiöse und geistige Bewegungen im Hochmittelalter". Propyläen Weltgeschichte. Eine Universalgeschichte. Fünfter Band. Sonderausgabe. Hrsg. Mann, Golo; Nitschke, August. Berlin, Frankfurt/M. (Propyläen) 1986, S. 489–563

Brater, Michael; Büchele, Ute; Fucke, Erhard u. a.: Berufsbildung und Persönlichkeitsentwicklung. Stuttgart (Freies Geistesleben) 1988

Brater, Michael; Büchele, Ute; Fucke, Erhard u. a.: Künstlerisch handeln. Die Förderung beruflicher Handlungsfähigkeit durch künstlerische Prozesse. Stuttgart (Freies Geistesleben) 1989

Buddemeier, Heinz: Illusion und Manipulation. Die Wirkung von Film und Fernsehen auf Individuum und Gesellschaft. Stuttgart (Urachhaus) 1987

Eberhard, Kurt: Einführung in die Erkenntnis- und Wissenschaftstheorie. Stuttgart, Berlin, Köln u. a. (Kohlhammer) 1987

Fawcett, Jacqueline: Pflegemodelle im Überblick. Bern, Göttingen, Toronto u. a. (Hans Huber) 1996

Gemeinnütziges Gemeinschaftskrankenhaus (Hrsg.): Gemeinschaftskrankenhaus Herdecke. Klinikum der Universität Witten/Herdecke. Düsseldorf (Informations-Presse-Verlags-GmbH) 1989

Gil, Thomas: Ethik. Stuttgart, Weimar (Metzler) 1993

Göbel, Thomas: Die Quellen der Kunst. Lebendige Sinne und Phantasie als Schlüssel zur Architektur. Dornach/Schweiz (Philosophisch-Anthroposophischer Verlag Goetheanum) 1982

Goethe, Johann Wolfgang von: Das Märchen. 8. Aufl., Stuttgart (Freies Geistesleben) 1985

Golas, Heinz G.: Berufs- und Arbeitspädagogik für Ausbilder. Grundfragen der Berufsbildung. Planung und Durchführung der Ausbildung. 7., überarb. und erweit. Aufl., Düsseldorf (Cornelsen Girardet) 1992

Guardini, Romano: Die Lebensalter. 6. Taschenbuchaufl., o. O. (Topos) 1994

Heine, Rolf; Bay, Frances (Hrsg.): Pflege als Gestaltungsaufgabe. Anregungen aus der Anthroposophie für die Praxis. Stuttgart (Hippokrates) 1995

Hentig, Hartmut von: Aber das schwierigste Pensum ist die Geschichtlichkeit. Über die Maßstäbe, an denen sich Bildung bewähren muß. In: Frankfurter Rundschau, Jg. 52, Nr. 182, S. 16

Herder, Johann Gottfried: Briefe zu Beförderung der Humanität. Frankfurt/M. (Deutscher Klassiker Verlag) 1991

Herder, Johann Gottfried: 'Der Mensch ist der erste Freigelassene der Schöpfung'. Aus den ersten fünf Büchern der 'Ideen zur Philosophie der Geschichte der Menschheit'. Stuttgart (Freies Geistesleben) 1989

Heuß, Alfred: „Hellas; Die klassische Zeit". Propyläen Weltgeschichte. Eine Universalgeschichte. Dritter Band. Sonderausgabe. Hrsg. Mann, Golo; Heuß, Alfred. Berlin, Frankfurt/M. (Propyläen) 1986, S. 214–401

Houssaye, Ermengarde de la; Benthem, Albertine van; Bos, Saskia (Hrsg.): Krankenpflege zu Hause auf der Grundlage der anthroposophisch orientierten Medizin. 3., bearbeit. Aufl., Stuttgart (Freies Geistesleben) 1988

Houten, Coenraad van: Erwachsenenbildung als Willenserweckung. Stuttgart (Freies Geistesleben) 1993

Hurrelmann, Klaus: Einführung in die Sozialisationstheorie. Über den Zusammenhang von Sozialstruktur und Persönlichkeit. 5., überarb. und erg. Aufl., Weinheim, Basel (Beltz) 1995

Jank, Werner; Meyer, Hilbert: Didaktische Modelle. Frankfurt/M. (Cornelsen Scriptor) 1991

Käppeli, Silvia: Moralisches Handeln und berufliche Unabhängigkeit in der Krankenpflege. In: Pflege, 1. Jg. (1988), S. 20–27

Käppeli, Silvia (Hrsg.): Pflegekonzepte. Gesundheits-, entwicklungs- und krankheitsbezogene Erfahrungen. 1. Nachdruck. Bern, Göttingen, Toronto u. a. (Hans Huber) 1994

Klafki, Wolfgang.: Neue Studien zur Bildungstheorie und Didaktik. Zeitgemäße Allgemeinbildung und kritisch-konstruktive Didaktik. 3. Aufl., Weinheim, Basel (Beltz) 1993

Klaus, Georg; Buhr, Manfred (Hrsg.): Marxistisch-Leninistisches Wörterbuch der Philosophie. Erster Band. 10., neubearb. und erweit. Originalausgabe. Reinbek bei Hamburg (Rowohlt) 1980.

Kübler-Ross, Elisabeth: Interviews mit Sterbenden. 8. Taschenbuchaufl., Gütersloh (Gütersloher Verlagshaus Mohn) 1980

Lievegoed, Bernard: Lebenskrisen Lebenschancen. Die Entwicklung des Menschen zwischen Kindheit und Alter. 5. Aufl., München (Kösel) 1986a

Lievegoed, Bernard: Soziale Gestaltung am Beispiel heilpädagogischer Einrichtungen. Eine Vortragsfolge. Frankfurt (Info-3) 1986b

Lindenau, Christof: Der übende Mensch. Anthroposphie-Studium als Ausgangspunkt moderner Geistesschulung. 2. erweit. Aufl., Stuttgart (Freies Geistesleben) 1981

Maelicke, Alfred (Hrsg.): Vom Reiz der Sinne. Weinheim, New York, Basel, Cambridge (VCH) 1990

Mayring, Philipp: Qualitative Inhaltsanalyse. Grundlagen und Techniken. Weinheim (Beltz) 1997

Mertens, Dieter: Schlüsselqualifikationen. Thesen zur Schulung für eine moderne Gesellschaft. In: Mitteilungen aus der Arbeitsmarkt- und Berufsforschung, 7. Jg. (1974), S. 36–43

Meyer, Hilbert: Unterrichtsmethoden II: Praxisband. 4. Aufl., Frankfurt a. M. (Cornelsen Scriptor) 1991

Ministerium für Arbeit, Gesundheit und Soziales des Landes NRW (Hrsg.): Strukturreform der Pflegeausbildungen. Gutachten über Handlungsbedarf zur Neustrukturierung von Berufsbildern der gesundheits- und sozialpflegerischen Berufe und bildungspolitische Schlußfolgerungen. o. O. 1996

Mischo-Kelling, Maria; Wittnehen, Karin (Hrsg.): Pflegebildung und Pflegetheorien. München, Wien, Baltimore (Urban und Schwarzenberg) 1995

Myhre, Reidar: Autorität und Freiheit in der Erziehung. Stuttgart, Berlin, Köln (Kohlhammer) 1991

Niederhäuser, Hans Rudolf: Pädagogische Impulse Mitteleuropas. Gestaltungen einer Lebenspädagogik. Basel (Zbinden) 1979

Pieper, Josef: Thomas von Aquin. Leben und Werk. 3., veränd. Aufl., München (Kösel) 1986

Postman, Neil: Keine Götter mehr. Das Ende der Erziehung. 2. Aufl., Berlin (Berlin) 1995

Reble, Albert: Geschichte der Pädagogik. 17., durchges. und überarbeitete Aufl., Stuttgart (Klett-Cotta) 1993

Riemann, Fritz: Lebenshilfe Astrologie. Gedanken und Erfahrungen. 15. Aufl., München (Pfeiffer) 1996

Rogers, Carl: Therapeut und Klient. Grundlagen der Gesprächspsychotherapie. Frankfurt/M. (Fischer) 1993

Schiller, Friedrich: Über die ästhetische Erziehung des Menschen. 2., erw. Aufl., Stuttgart (Freies Geistesleben) 1989

Schulz von Thun, Friedemann: Miteinander reden. Band 1. Störungen und Klärungen. Reinbek bei Hamburg (Rohwolt Taschenbuch) 1996

Singer, Peter: Praktische Ethik. 2., revid. und erw. Aufl., Stuttgart (Reclam) 1994

Steiner, Rudolf: Die Philosophie der Freiheit. Grundzüge einer modernen Weltanschauung. 15. Aufl., Dornach/Schweiz (Rudolf Steiner Verlag) 1987 (= Rudolf Steiner Gesamtausgabe, 4)

Steiner, Rudolf: Die Rätsel der Philosophie in ihrer Geschichte als Umriß dargestellt. 9. Aufl., Dornach/Schweiz (Rudolf Steiner Verlag) 1985 (= Rudolf Steiner Gesamtausgabe, 18)

Steiner, Rudolf: Theosophie. Einführung in übersinnliche Welterkenntnis und Menschenbestimmung. 30. Aufl., Dornach/Schweiz (Rudolf Steiner Verlag) 1978 (= Rudolf Steiner Gesamtausgabe, 9)

Steiner, Rudolf: Das Rätsel des Menschen. Die geistigen Hintergründe der menschlichen Geschichte. 2. Aufl., Dornach/Schweiz (Rudolf Steiner Verlag) 1978 (= Rudolf Steiner Gesamtausgabe, 170)

Stollberg, Dietrich: Lernen, weil es Freude macht – Eine Einführung in die Themenzentrierte Interaktion. München (Kösel) 1982

Taubert, Johanna: Pflege auf dem Weg zu einem neuen Selbstverständnis; Berufliche Entwicklung zwischen Diakonie und Patientenorientierung. 2. Aufl., Frankfurt/M. (Mabuse) 1994

Wais, Mathias: Biographiearbeit und Lebensberatung. Krisen und Entwicklungschancen des Erwachsenen. Stuttgart (Urachhaus) 1992

Zimbardo, Philip G.: Psychologie. 4., neubearb. Aufl., Berlin, Heidelberg, New York u. a. (Springer) 1983

Sachwortverzeichnis

Problemorientiertes Lernen

Moust/Bouhuijs/Schmidt
Problemorientiertes Lernen

1998. 96 Seiten, 10 Abb.
Format 14.5 cm x 21.5 cm. Softcover
DM 34.00 SFr 31.50, öS 248.00
ISBN 3-86126-584-2

Das ganze Leben besteht aus Problemlösen. Universitäten und Hochschulen bieten in zunehmendem Maß Studienprogramme an, die auf der Methode des Problemorientierten Lernens aufbauen. Jährlich machen zahlreiche Studenten sich mit dieser Form des Wissenserwerbs vertraut. Das Arbeiten in kleinen Gruppen an Aufgaben und Problemen, die von den Dozenten formuliert werden, ist kennzeichnend für diese Art des Lernens. Die Aufgaben dienen als Anregung für eine Reihe von individuellen Studienaktivitäten, die die Eigeninitiative der Lernenden fördern. In Kleingruppen analysieren Studenten und Auszubildende Probleme, formulieren Lernziele und berichten über Ergebnisse, die sie aus der Literatur und anderen Lehrmitteln gewonnen haben.

Das von drei erfahrenden Dozenten geschriebene Fachbuch vermittelt Studenten und Dozenten die notwendigen Fertigkeiten und Hintergründe zur Methode des Problemorientierten Lernens. Einzelne Beispiele und Aufgaben aus unterschiedlichen Fachbereichen von der Medizin, Ökonomie, Psychologie, dem Bauwesen sowie den Rechts-, Gesundheits- und Pflegewissenschaften erleichtern den Transfer in das eigene Fachgebiet.

Ullstein Medical
Verlagsgesellschaft mbH & Co.
Mainzer Straße 75
D-65189 Wiesbaden

ULLSTEIN
MEDICAL